Jörg Grond

Verletzungen

Zur Sozialisierung des Sozialen

Ein heilpädagogisches Lesebuch

Z - Verlag

Umschlag: Computerzeichnung von Georg (Name geändert), 18jährig, Mittelschüler, körperbehindert (Muskelschwund), mit dem Titel „Mein Vater“ und dem Kommentar: „Gehirn und Herz eiskalt, keine Finger, um Fingerspitzengefühl zu haben. Wer ist da der Behinderte?“

Jörg Grond

VERLETZUNGEN

ZUR SOZIALISIERUNG DES SOZIALEN

Ein heilpädagogisches Lesebuch

Z - Verlag

Die Deutsche Bibliothek - CIP-Einheitsaufnahme

Grond, Jörg:
Verletzungen : zur Sozialisierung des Sozialen ; ein heilpädagogisches Lesebuch / Jörg Grond. - Zizers : Z-Verl., 1995
ISBN 3-909307-01-9

Grond, Jörg:
Verletzungen: Zur Sozialisierung des Sozialen. Ein heilpädagogisches Lesebuch.

Gestaltung und Herstellung: Reto Grond
Druck RemaPrint AG, Wien
ISBN 3-909307-01-9

Ich widme dieses Buch als Dank Josef A., Heidi S. und Bruno B. und den vielen anderen Menschen mit Behinderungen und psychischen Störungen, für das, was ich von ihnen lernen durfte.

Inhaltsverzeichnis

Vorwort

Viele wünschten, dass ich aus meinen gut hundert verstreuten Publikationen einige in einem Buch zusammenfasse. Hiermit geschieht dies.
Vier Arbeiten entstanden zwischen 1985 und 1990, siebzehn seit 1990, die acht für mich wichtigsten 1994 und 1995.
Es handelt sich ausschliesslich um Auftragsarbeiten. Die längeren sind überarbeitete Vorträge, chronologisch geordnet. Die kürzeren sind Kolumnen und ergänzen die grösseren Beiträge.
Die Vorträge hielt ich vor sehr verschiedenen Fachleuten und vor Angehörigen von Menschen mit einer Behinderung. Die Themen waren vorgegeben und enthielten aktuelle Fragen. Darauf versuchte ich zu antworten. Deshalb erscheinen gleiche Gedanken in verschiedenen Zusammenhängen. Es sind meine Hauptanliegen.
Vieles habe ich gekürzt, einiges aktualisiert, weniges erweitert und die Beiträge mit Querhinweisen versehen. In den Vorträgen versuchte ich, die Zuhörer so persönlich wie möglich anzusprechen. In den Diskussionen war es möglich, nachzufragen, zu widersprechen und zu ergänzen. Den Charakter der Rede habe ich im Buch beibehalten. Wenn Sie mit mir Gedanken austauschen wollen, so wird mich Ihr Brief freuen.

Meine Sichtweisen gründen auf der praktischen Arbeit als Heilpädagoge, Psychologe und Psychotherapeut bei Menschen mit ganz verschiedenen Behinderungen und psychischen Störungen - vom Säugling bis zum Greis -, auf der Beratung und Schulung von Fachleuten und auf Fachliteratur. Die praktische Arbeit sprengt, weit mehr als neue Theorien und Ideologien, meine Betrachtungsweisen und macht mich unsicher.

Ich gestehe, dass ich mir in den Kolumnen das von der Seele schreibe, woran ich mich stosse und worunter ich leide. Sie dienen meiner Befreiung von gesellschaftlichen und fachlichen Zwängen. Die Geschichten in den Kolumnen sind erfunden, aber wahr.

Eines wird mir täglich neu bewusst: wie sehr Menschen am Rande, oft auch ihre Angehörigen und manche Fachleute, verletzt werden, selten gezielt, häufig durch die herrschenden Verhältnisse, durch unsere Sichtweisen und durch unsere Lebensgewohnheiten. Der Titel des Buches will das in den Mittelpunkt stellen.
Der Untertitel „Zur Sozialisierung des Sozialen" will zum Nachdenken anregen, will fragen, ob das, was wir sozial nennen, es auch tatsächlich ist.

Die einundzwanzig Beiträge können einzeln gelesen werden. Das Buch ist also ein Lesebuch und keine geschlossene Abhandlung. Was ich unter „heilpädagogisch" verstehe, finden Sie im Buch erläutert.

Bis an eine sind alle Arbeiten bereits in Fachzeitschriften publiziert worden und dürfen hier mit Genehmigung der Redaktionen abgedruckt werden. Dafür danke ich.

Ebenso danke ich den vielen, die mich in all den Jahren menschlich und fachlich unterstützt haben.

Zizers, 17.9.1995 Jörg Grond

1

Vom Umgang mit geistig behinderten Menschen

1985

1. Begriffserklärung

Lassen Sie mich zu Beginn die zwei Begriffe „Umgang" und „geistig behindert" aus unserem Thema umreissen.
Unter *Umgang* verstehe ich hier sowohl die Art und Weise, wie nichtbehinderte Menschen jenen mit einer geistigen Behinderung begegnen, als auch die besonderen gesellschaftlichen Bedingungen, unter denen behinderte Menschen leben. Hingegen ist die besondere Erziehung ausgeklammert. Damit befasst sich das Thema mit dem, was uns

alle als Mitmenschen ganz allgemein im Zusammenleben mit behinderten Menschen und ihren Angehörigen angehen dürfte oder sollte.
Geistig behindert ist ein Attribut, das 1958 von bundesdeutschen Eltern behinderter Kinder geprägt wurde und das seither in deutschsprachigen Ländern verwendet wird, um Menschen zu kennzeichnen, die insbesondere durch eine Schwäche der intellektuellen Fähigkeiten und als Folge davon in ihrem Sozialverhalten auf- bzw. abfallen .
Wie jeder Begriff verführt auch dieser dazu, sich das Gemeinte als etwas Einheitliches und in sich Geschlossenes vorzustellen. In Wirklichkeit aber sind Menschen, die wir als geistig behindert bezeichnen, untereinander sehr verschieden. Einige Spannungsbögen seien genannt. Sie reichen

- von lebenslang weitgehend Abhängigen und Pflegebedürftigen bis hin zu jenen, die mit geringer Hilfe ihr eigenes Leben privat und beruflich *führen* können,
- von Sprachlosen mit sehr geringem Sprachverständnis bis zu jenen, die sich umgangssprachlich im Alltag genügend verständigen können, allerdings viel besser mündlich als schriftlich,
- von Kontaktarmen, die lebenslang nur zu Menschen ihrer nächsten Umgebung Beziehungen eingehen können, bis hin zu solchen, die zu tragfähigen, tiefen und treuen Beziehungen fähig sind,
- von hochgradig Verhaltensgestörten bis zu solchen, die einen rechten Umgang pflegen können.

Eine *Groborientierung* über die intellektuelle Leistungsfähigkeit vermitteln auch der Intelligenzquotient (IQ) und der Entwicklungsquotient (EQ). Der Durchschnittswert für das Gesamt der Kinder ist IQ/EQ 100. Als geistig behindert bezeichnet man in der Schweiz Kinder mit einem IQ/EQ unter 75, in der BRD solche mit einem IQ/EQ unter 60.
Die wesens- und leistungsmässigen Unterschiede zwischen geistig behinderten Kindern sind also deutlich grösser als etwa jene zwischen den verschiedenen Schülern der Volksschuloberstufe (Hilfs-, Ober-, Real-, Sekundar-, Bezirksschule). Ein so allgemeiner Begriff hat nur

geringen theoretischen und praktischen Wert. Meine Ausführungen befassen sich denn auch mit den stärker Behinderten, also mit jenen, die in allen Kulturen (und wohl zu allen Zeiten) als „behindert“ auffallen, weil sie in besonderem Masse auf fremde Hilfe angewiesen sind. Vulgäre Ausdrücke für geistig behindert sind etwa: dumm, blödsinnig, töricht, einfältig, beschränkt, stumpfsinnig, albern. Früher häufig, heute immer seltener verwendete Fachbegriffe sind: schwachsinnig, geistesschwach und, vor allem im medizinischen Bereich für abnehmende Schweregrade: idiotisch, imbezil und zum Teil auch debil. Alle Fachbegriffe dienten einmal nur der besonderen Kennzeichnung dieser Menschen. Sie, wie auch die Vulgärausdrücke, wurden aber samt und sonders zu Schimpfworten und für geistig Behinderte zur Belastung, zum negativen Stigma, mitunter zur tödlichen Bedrohung.

2. Unsere Beziehung zum Phänomen „geistige Behinderung“

Das Gesagte deutet an, dass es sich bei der geistigen Behinderung offenbar um ein negativ belastetes Phänomen handelt, von dem sich jeder abheben will, indem er zum Beispiel den Begriff zum Schimpfwort macht und dadurch eigene unerwünschte, aber doch irgendwie verspürte oder gefürchtete Aspekte auf den Nächsten projiziert und sich selber so entlasten kann. Es bleibt die Frage: Wovon entlasten wir uns, was beschwören wir, indem wir unseren Nächsten schwachsinnig, idiotisch usw. nennen?
Deshalb war man immer wieder bemüht, neue, vorerst wertneutrale Begriffe zu schaffen; so auch geistig behindert. Und die Zukunft wird zeigen, wie lange es dauert, bis auch dieses Etikett, von seinem wirklichen oder vermeintlich negativen Inhalt eingeholt und infiziert, zum Schimpfwort wird. Erste Anzeichen sind beobachtbar. Das Ganze zeigt, dass ein Etikettwechsel den Gezeichneten nicht zu entlasten vermag, solange er selber nicht positiv verändert und der gesetzten Norm nähergerückt wird, sei es durch wirkliche Veränderungen

und/oder durch den Abbau von Vorurteilen, so dass er dann, zwar immer noch derselbe, als erträglich, uns ähnlich erscheint.
Welchen Schwierigkeiten wir dabei begegnen, wird durch folgende Fragen deutlich:

- Inwieweit gelingt es uns, hier und jetzt den geistig behinderten Menschen als einen, der im Grunde ist wie wir, zu akzeptieren, nicht bloss deklamatorisch, sondern überzeugt und ohne Unbehagen?
- Kann sich der homo sapiens den homo stupidus vorstellen, sich mit ihm identifizieren, ohne in Not zu geraten und ohne den andern bloss zu verniedlichen in der ehrlichen Meinung, ihn verstanden zu haben, und dabei nicht achtend, dass er ihn unter Umständen bloss verändert hat, nach seinem Bilde?
- Und was löst bei uns der Satz aus, dass Gott den Menschen nach seinem Bilde geschaffen hat, wenn wir an einen schwer geistig behinderten Menschen denken?

Unerlaubte, despektierliche oder bloss unbequeme, aber vielleicht dringende Fragen. Oder einfach Fragen, die uns nicht mehr und nicht weniger bedrängen, als wenn wir sie auf uns selber oder auf unsere Freunde oder Vorgesetzten beziehen?
Diesen Fragen kann sich auch stellen, wer keine Menschen mit einer geistigen Behinderung kennt, also nur aufgrund seines Bildes, das er sich von ihnen macht. Ein solches - möglicherweise ist es diffus - hat nämlich jeder.
Nun, wohl ein jeder von uns wird Mühe bekunden mit diesen Fragen. Und gerade dies und die erhaltenen Antworten, so bruchstückhaft sie auch sein mögen, vermöchten einiges über unseren Umgang mit geistig Behinderten auszusagen. Und wenn wir gleich reagierten wie jene, die an sozialpsychologischen Studien zum Thema mitmachten, so wären Zwiespältigkeit, Ambivalenz das hervorstechendste Merkmal unserer Antworten (*Bächtold* 1981).

3. Unsere Beziehung zu Eltern und Angehörigen von geistig Behinderten

Eltern erleben diese Zwiespältigkeit in besondererem Masse, wenn sie erfahren, dass ihr Kind geistig behindert ist. Diese Mitteilung, bei der Geburt des Kindes oder später, löst fast immer komplex diffuse Gefühle, bestehend aus vereitelter Freude, Angst, Verwirrung, Leugnung, Schuld, Scham und Trauer aus (siehe auch *Sporken* 1975). Davon sind Verwandte und Bekannte mitbetroffen, was bei diesen oft zu einer verlegenen Distanzierung oder hilflosen Mitleidsbezeugung führt. Dabei fehlt die Frage der Schuld auch in unseren Tagen fast nie; Schuld im Sinne von moralischem Versagen der Eltern. Hören wir dazu, stellvertretend für viele, wie ambivalent die Eltern *Benninger* die Geburt ihres Sohnes Reto erlebten, der ein Down-Syndrom hat, auch Trisomie 21 und Mongolismus genannt.
Vorerst stellt die Mutter lapidar fest: «So war für uns die Geburt von Reto ein schwerer Schock» (*Benninger* 1985, 170). Dieser war so intensiv, dass er zu einer Gefühlssperre führte. Auch das ist etwas Verbreitetes, denn, so die Mutter: «An die damaligen ersten Gefühle kann ich mich schlecht erinnern. Wir waren sehr traurig und benommen und wussten irgendwie gar nicht, was los war» (*Benninger* 1985, 171). Und über die Beziehung zum Kind: «Reto war mir tatsächlich sehr fremd. Durch die grosse Trauer hatte ich eine starke Distanz zu ihm. Das Gernehaben war weit im Hintergrund und gedämpft von Kummer und Schmerz. Im Spital wollte ich mich nicht mit ihm zeigen. Manchmal wünschte ich mir auch seinen Tod, um ihm Leid und uns die mir unlösbar und unerträglich erscheinende Aufgabe zu ersparen. Gleichzeitig habe ich mich schrecklich geschämt wegen dieser Gedanken und an mir gezweifelt und mich selbst verurteilt. ... Die Qual der ersten Zeit war für mich nicht nur gross, weil ich das behinderte Kind akzeptieren sollte, sondern auch, weil ich durch die eigenen ablehnenden Gefühle ganz stark an mir selbst zweifelte und mich selbst nicht mehr kannte» (*Benninger* 1985, 172f). Und in Bezug auf heute: «Ich konnte mir am Anfang auch noch gar nicht vorstellen, dass sich diese Gefühle mit der Zeit positiv ändern könnten, dies um so mehr,

weil die Behinderung ja immer offensichtlicher wird» (*Benninger* 1985, 173). Dann zwei Jahre später: «Ich sah, dass diese Kinder trotz ihrer Behinderung eben doch Kinder sind wie andere auch, Kinder, die lachen und spielen und natürlich auch weinen können» (*Benninger* 1985, 180). Und an die Kontakte mit andern Müttern von Down-Kindern denkend: «Ausserdem waren einige Mütter für mich sehr gute Vorbilder. Ich sah, wie selbstverständlich ihr Umgang mit den Kindern war, und das half mir sehr» (*Benninger* 1985, 180).

Der Vater: «Früher hatte ich ein furchtbares Bild von Down-Kindern. In der Nachbarschaft meines Elternhauses war nämlich ein Heim für behinderte Kinder. Meine Eltern hatten die Patenschaft für eines dieser Kinder übernommen, und wir besuchten es mehrmals im Jahr. Als Kind waren diese Eindrücke für mich beängstigend und die Besuche im Heim unangenehme Pflichtübungen. Nach Retos Geburt tauchten diese Kindheitserinnerungen wieder in mir auf. Ich glaube, dass die Erinnerungen noch schlimmer waren als die Eindrücke, die ich als Kind hatte. Ich sah Schreckgespenster, Karikaturen von Menschen, Wesen, die kaum etwas Menschliches an sich hatten. Und so sollte mein Kind sein? Die schrecklichen Bilder konnte ich durch das Lesen von Fachbüchern abschütteln» (*Benninger* 1985, 173f). Diese Lektüre hat den Ingenieur «langsam aus der Begrenzung und aus dem Pessimismus herausgeführt» (*Benninger* 1985, 174).

Reto ist heute 4 ½ jährig. Die Eltern haben eine beschwerliche Zeit der Entbehrungen, der wiederholten Enttäuschungen, aber, wie sie glaubwürdig bekunden, auch der persönlichen Reifung und der Freude mit Reto, der nun ihr Sohn ist, hinter sich. Und sie geben sich keinen Illusionen hin. «Wir haben einen langen Weg vor uns, eine gemeinsame Zukunft, die wir zusammen bewältigen müssen, und wir brauchen Freunde, die verbindlich mit uns auf den Weg gehen, uns begleiten, und von denen wir wissen, dass sie auch in Zukunft für uns da sind, wenn wir sie brauchen» (*Benninger* 1985, 182).

Diese Worte sprechen für sich, und ich verzichte auf eine Textanalyse. Hingegen nenne ich die in unserem Zusammenhang interessierenden Hauptlinien, die, gemessen an Hunderten von Eltern behinderter Kinder mit beliebiger medizinischer Diagnose, repräsentativ sind (*Speck*

und *Warncke* 1975; *Sporken* 1975; *Grond* 1985). Es sei aber betont, dass es sich um allgemeine Trends handelt, von denen sich Einzelfälle beträchtlich unterscheiden können.
Es sind dies:

1. Eltern sehen häufig vorerst vor allem die Behinderung, nicht aber ihr Kind. Sie erleben die Behinderung als Unglück, mitunter als Unheil. Das distanziert, erschwert die Entwicklung einer natürlichen Eltern-Kind-Beziehung, was wiederum oft zu Schuldgefühlen führt. Sowohl das Ja zum Kind als auch jenes zu dieser Elternschaft, und manchmal auch zur Partnerschaft, fällt schwer und erscheint vorerst oft als unerträglich und unlösbar.
2. Durch Erfahrung im *Zusammenleben,* wenn möglich mit behutsamer fachlicher Begleitung, kann sich die Situation verändern: Der Behinderte wird zum Kind, zum Menschen.
3. Das Unheil wird häufig zur Lebensaufgabe, wenn diese auch mitunter schwer, ja zu schwer wiegt und lastet.
4. Gefragt sind, ich erinnere, vor allem anderen, Freunde, „die verbindlich mit uns auf den Weg gehen". Erst dann folgt in dieser arbeitsteiligen Welt der Ruf nach Fachleuten. Dabei ist wichtig zu beachten, dass wir von der Behinderung und nicht von einer Krankheit sprechen. Eine direkte Lebensgefahr besteht also nicht. Behinderte Kinder weisen zwar häufiger als nichtbehinderte auch Krankheiten auf, vor allem als Folge von Organdeformationen. Aber nach Schätzungen sind 40 bis 70% in medizinischem Sinne durchaus gesund. Je schwerer die geistige Behinderung ist, um so häufiger treten auch Krankheiten, insbesondere solche als Folge von Hirnschädigungen (z.B. Epilepsie), auf.

Das Bild und die Wirklichkeit

Und das Hauptergebnis dieser Betrachtung ist: Das ursprüngliche *Bild,* das sich die Eltern von ihrem geistig behinderten Kind machten, erweist sich sehr häufig als zu *negativ.* Es kann als Vorurteil im Sinne einer nicht selbst erfahrenen und von der Gruppe, in der man lebt, übernommenen Meinung über ein Phänomen - hier über das geistig

behinderte Kind - betrachtet werden. Weil aber die betroffenen Eltern so lange, bis sie erfahren, dass ihr Kind geistig behindert ist, einfach Teil der Öffentlichkeit sind, ist zu erwarten, dass sie die Meinung der Öffentlichkeit wiedergeben bzw., dass der grosse Teil der Öffentlichkeit ähnlich reagieren würde, dass auch die meisten von uns solchen Vorurteilen ausgesetzt sind.
Nun ist nicht anzunehmen, dass jedermann sich dieser Vorurteile, dieser negativen Bilder dauernd bewusst ist. Sie sind vielmehr halbbewusst oder verdrängt und von deutlich objektiveren Vorstellungen überlagert, die wir uns aufgrund der in den letzten Jahren verstärkten Information über geistig Behinderte angeeignet haben.

Aber, so kann man es erklären, unter diesem intellektuellen Überzug schlummern deutlich tiefverwurzelte negative Bilder als latente Gefahr. Die persönliche Betroffenheit durch einen Menschen mit einer geistigen Behinderung, sei es als Eltern, als Verwandte oder Bekannte, lässt dann diese vielleicht archaischen Bilder ins Bewusstsein aufsteigen, und zwar mit solcher Wucht und Dominanz, dass das bloss Angelernte seine Wirkung weitgehend verliert. Dieser Vorgang zeigt, dass der intellektuelle Überzug bloss angelesen oder angehört, nicht aber erlebt und deshalb kurzlebig und wenig zuverlässig ist. Der so betroffene und emotional aufgewühlte Mensch fällt in phylogenetisch ältere Verhaltensmuster zurück. Und es ist eindrücklich, wie selbst betont aufgeklärte und emanzipierte Frauen und Männer (oder diese besonders?) in solchen Situationen, die allein intellektuell nicht verstehbar sind, wie von allen Sinnen verlassen, auf magische Erklärungen und Praktiken zurückgreifen, wie man sie in der Heilkunst der sogenannten Primitiven kennt (*Ackerknecht* 1979).
Beispiele: Der Behinderte ist die Strafe einer übernatürlichen Macht für irgendwelche moralischen Übertretungen der Eltern oder naher Verwandter, die dann in die Verantwortlichkeit miteinbezogen werden. Behinderung wird also zur Sanktion für vergangene Verfehlungen, insbesondere solche gegen die Körperlichkeit, wobei die Sexualität hier eine entscheidende Rolle spielt. Sie erhält dadurch subjektiv eine tiefere soziale Bedeutung, und diese Sinngebung ist es offenbar,

die zählt, völlig unabhängig von wissenschaftlichen Erkenntnissen. Und da die modernen Humanwissenschaften die geistige Behinderung nicht beheben können, ist es nur verständlich, wenn man alle Hoffnung in Praktiken setzt, deren Wirkung verstandesmässig, insbesondere naturwissenschaftlich, nicht erfassbar ist und gerade dadurch unendlich hoffen lässt.
Wer in der Gnade des Glaubens steht, hat es mitunter leichter, obschon gerade dieser Glaube durch den Schicksalsschlag oft tief erschüttert wird, ganz so, wie es im Buche Hiob steht. Mit unterschiedlichem praktischem Ausgang allerdings, denn die Behinderung wird nicht, wie bei Hiob die Krankheit und der Verlust, behoben, sondern hält lebenslang an. Die *Genesung* und *Befriedung* muss schon auf geistiger Ebene erfolgen .
Und ein Merkmal der *naiv* Glaubenden: Auch heute noch kann der „Schicksalsschlag" zu einem blossen Erdulden und Ertragen des Menschen mit einer Behinderung führen, so dass auch das, was getan werden könnte, zum Beispiel therapeutische und erzieherische Massnahmen, unterlassen wird, jetzt allerdings zum Nachteil des Betroffenen.

Aber eine Realität sei besonders hervorgehoben, gerade weil sie in der Öffentlichkeit seltener gesehen wird und vielen Nichtbetroffenen so unzeitgemäss anmutet. Ich begegnete Hunderten von Frauen und Dutzenden von Ehepaaren, die, vom Glauben oder einer Lebensauffassung getragen, die Aufgabe der Erziehung ihres geistig behinderten Angehörigen mit ganzem Einsatz wahrnahmen, ohne dabei ihren vergebenen Möglichkeiten der Selbstverwirklichung nachzutrauern. Die Aufgabe und der aus dem Zusammenleben mit dem behinderten Menschen erfahrene Lebenssinn war ihnen In-Halt genug. Aber, fast ausnahmslos mussten sich diese Frauen und Männer von den traditionellen Auffassungen über die Erziehung und über den Lebenswert eines behinderten Menschen lösen. Auffassungen, die mit den Sätzen wie „es lohnt sich doch nicht" oder „was soll der ganze Aufwand, du kannst doch nichts ändern" oder „du verbaust dir deine Zukunft" in einem Gemisch von Vorwurf, Unverständnis, Mitleid und wohl auch geheimer Bewunderung oft genug gerade von engsten Angehörigen geäussert werden. Wer dann noch durchhält, ohne vereinsamt zu resignieren, muss die persönliche Auffassung dessen, was Lebenswert ist, radikal umwerten. Und das ist nichts anderes als eine Loslösung von Bindungen an die Tradition und an die Angehörigen, ein Schritt in die Einsamkeit, genauer in die personhafte Verantwortung. Und diese Situation, in der man sich nicht verstanden fühlt und allein die Verantwortung zu tragen hat, ist es, und nicht der behinderte Angehörige, was am meisten schmerzt, nicht zuletzt deshalb, weil es eigentlich nicht sein müsste. Auch hier gilt, um mit *Buber* zu sprechen: «Von einer Bindung frei werden ist ein Schicksal, das trägt man wie ein Kreuz, nicht wie eine Kokarde» (*Buber* 1962, 796). Es ist aber eine Tatsache, dass diese Loslösung in manchen erst die Voraussetzung für echte persönliche Freiheit schaffte. Es stimmt hoffnungsfroh, dass heute auch diese Seite, vor allem von betroffenen Eltern, insbesondere Müttern, immer mehr auch öffentlich diskutiert wird.

Bemerkenswert ist nun, dass jemand nicht persönlich und nicht dauerhaft betroffen sein muss, damit die genannten Mechanismen ablaufen. Blosse Begegnungen, etwa bei gutgemeinten, aber unvorbereiteten Besuchen von Heimen für Behinderte, können dasselbe auslösen. Und die Folge davon ist eine verstärkte Distanzierung. Dies bestätigt die sozialpsychologischen Ergebnisse, die zeigen, dass negative Einstellungen durch blosse Begegnung (Zooeffekt) eher verstärkt als abgebaut werden. Wirksam sind vorbereitete und begleitete Begegnungen, in denen gemeinsame positive Erlebnisse möglich werden, die danach in Gesprächen aufgearbeitet werden. Aber wer soll, wer will und kann sich dafür Zeit nehmen?

4. Stellung des geistig behinderten Menschen in der Vergangenheit, oder: Wie haben wir die Vergangenheit bewältigt?

4.1 Vorbemerkung

Wir suchen nun nach möglichen Wurzeln dieser - wie ich es nannte - tiefverankerten latenten negativen Vorstellungen über geistig behinderte Menschen und fragen, welche Stellung diese in der Vergangenheit einnahmen. Dazu ist zu bemerken, dass es eine systematisch geschriebene Geschichte der behinderten Menschen oder gar der geistig Behinderten nicht gibt. In den zugänglichen Quellen werden zudem nur selten die Begriffe „geistig behindert" oder sinnverwandte Ausdrücke verwendet, in der Regel wird von Kranken, Alten und Behinderten ganz allgemein gesprochen.
Ich beziehe mich deshalb ausschliesslich auf einige wenige Aussagen über geistig Behinderte im vollen Bewusstsein, lückenhaft zu bleiben. Dabei konzentriere ich mich thematisch auf Meinungen zum Lebenswert der geistig behinderten Menschen und lade Sie ein, darüber nachzudenken, wie die Vergangenheit unser heutiges *Verhältnis* zu ihnen geprägt hat.

4.2 Kulturvergleich

Vorweg: Das, von unserem Standpunkt aus betrachtet, Negative wiegt deutlich vor. Geistig behinderte Menschen haben, zusammen mit Geisteskranken und anderen Menschen mit deutlichen Auffälligkeiten, abgesehen von Ausnahmen, ein trauriges Los geteilt. Entscheidend ist dabei, dass *kein* eindeutiger Zusammenhang zwischen der Qualität des Umgangs mit geistig Behinderten und wichtigen *soziologischen Kriterien* festgestellt werden konnte. Das heisst, unter jedem Kriterium ist jede Art der Behandlung, von der Tötung, Aussetzung, Verwahrlosung über die liebevolle Umsorgung bis hin zu bemerkenswerten Erziehungs- und Integrationsbemühungen beobachtet worden.

Die Kriterien

a) *Der materielle Wohlstand und der Stand der Kulturentwicklung*
Bei einigen Naturvölkern, die gegen harte Lebensbedingungen ankämpfen, wurden geistig behinderte oder missgestaltete Kinder getötet oder ausgesetzt, sobald die Behinderung bekannt war. Bei anderen geschah dies nur in Zeiten höchster Not, sonst wurden Behinderte liebevoll, ja zum Teil bevorzugt behandelt (*Koty* 1934). Umgekehrt war und ist ein relativer Wohlstand allein, etwa bei den Griechen und Römern wie in den Industriegesellschaften dieses Jahrhunderts, kein zuverlässiger Garant für eine bessere Behandlung der geistig Behinderten. So wurden während des Dritten Reiches Tausende von geistig Behinderten umgebracht (*Müller-Hill* 1984). Und *Blatt* und *Kaplan* publizierten 1967 einen Fotoband „Weihnachten im Fegefeuer", wo sie die Zustände in einer negativen Selektion von 5 US-amerikanischen Anstalten für geistig Behinderte der damaligen Zeit beschreiben. Die Verhältnisse sind unvorstellbar schrecklich und menschenunwürdig (*Blatt* 1974; *Blatt* und *Kaplan* 1967).
Doch auch in der Schweiz unserer Tage erlebte ich noch vereinzelte Abteilungen in psychiatrischen Kliniken, wo zum Beispiel 60 geistig behinderte Frauen zwischen 20 und 80 Jahren auf einer einzigen Abteilung von nur 9 Pflegern und Pflegerinnen - in beeindruckender Art und Weise zwar - gepflegt, im wesentlichen aber vor sich hinvegetierten und mit Medikamenten im Werte von knapp 60'000 Fr./Jahr stark sediert wurden, damit ein Überleben überhaupt möglich war. Nötig war zusätzliches Personal mit einem Kostenaufwand von ungefähr 600'000 Fr./Jahr. Es sei aber betont, es handelte sich um Ausnahmen, und sie waren nicht Folge von Böswilligkeit oder schlechtem Willen, man bemühte sich um Verbesserungen. Man wird sich in gewissen Kreisen eben erst in jetziger Zeit bewusst, dass diese Menschen, teils 60 Jahre in der Klinik ohne Förderung und ohne nennenswerte Beschäftigung, auch anders behandelt werden können. Man beginnt auch im schwerst Oligophrenen den Menschen zu sehen. Aber wir sind angesichts der schweren Depersonalisationssyndrome in der Durchführung von

Verbesserungsmassnahmen fachlich und menschlich noch sehr hilflos.[1]

Daneben verfügen wir über ein, an internationalen Normen gemessen, äusserst differenziertes und gut ausgebautes System der Früherziehung, Sonderschulung und unterdessen auch der geschützten Werkstätten und Wohnheime für geistig Behinderte. Dies zeigt, dass Wohlstand zwar eine Voraussetzung ist, allein aber nicht ausreicht, um Menschen mit einer geistigen Behinderung menschenwürdige Lebensverhältnisse zu garantieren.

Ähnlich steht es mit den Kriterien:

b) *Religion* (Naturreligion, Mehrgott- und Eingottreligionen),
c) *Art der Lebens- und Erwerbsform* (Nomadentum, Jägertum, Agrarwirtschaft, Industriegesellschaft),
d) *politische Systeme* (Stammesorganisationen, monarchische, demokratische, totalitäre Systeme).

Überall *kann jede Art der Behandlung beobachtet werden.* Ausschlaggebend war und ist scheinbar eine vom Solidaritätsgedanken getragene, gepflegte und gelebte *politische Kultur*, und die ist, wie wir alle wissen, ein besonders gefährdetes und unzuverlässiges Gut, das dauernd geschützt werden will. Geistig behinderte Menschen aber vermögen dies für sich nicht zu tun, sie sind auf Dritte, die ihre Interessen vertreten, angewiesen. Und diese haben mitunter die schwierige Aufgabe, von der Allgemeinheit Unterstützung zu fordern, ohne eine echte, materielle Gegenleistung anbieten zu können. Denn, das obgenannte Beispiel zeigt es: Es ist um ein Mehrfaches billiger, schwerst geistig behinderte Menschen mit Medikamenten „ruhig zu halten“, als sie menschenwürdig zu pflegen und zu fördern. Wohlverstanden, ich spreche von jenen, es sind einige Hundert in der Schweiz, die entweder nur gepflegt, aber nicht gefördert werden, und von solchen, die trotz guter Förderung lebenslang auf fremde Pflege und Betreuung angewiesen sind. Letztere vermögen zwar Bewusstsein, Lebensfreude und Lebensmut zu entwickeln, sind aber häufig so stark körperbe-

[1] In den letzten Jahren wurde wesentliches verbessert (J. Grond 1995)

hindert, dass sie die Betreuerin ohne echte Kosteneinsparungen höchstens etwas in den Verrichtungen des täglichen Lebens unterstützen können. Wir sind soweit, dass wir den Wert eines menschenwürdigen Daseins in Franken ausdrücken können! Wo immer Solidarität in der Praxis verweigert wurde, ist der Umgang mit Menschen mit einer Behinderung zum Unheil für diese geworden. Das gilt wohl auch heute.

4.3 Zur Frage des Lebenswertes von geistig behinderten Menschen

Der Athener *Platon* (427-347 v. Chr.) äusserte sich im „Staat", wo er seine Ansichten über Ethik und Dialektik und die Idee seines Idealstaates darlegte, wie folgt über die Behandlung verkrüppelter Kinder: «... die jedesmal gebornen Kinder nehmen die dazu bestellten Obrigkeiten an sich ... Die Neugeborenen der Schlechteren aber, und wenn eines von den andern verstümmelt geboren ist, werden sie, wie es sich ziemt, in einem unzugänglichen und unbekannten Orte verbergen» (*Platon* 5. Buch, IX, 460, S.232). Und zum Recht auf Heilbemühungen allgemein sagt Platon: «Wer an Leib und Seele gutgeartet ist, soll durch die Heilkunde gepflegt werden. Diejenigen, die nur dem Leibe nach gutgeartet sind, die sollen sie sterben lassen; die aber der Seele nach bösartig und unheilbar sind, (die sollen sie) selbst umbringen» (*Platon* 3. Buch, XVII, S.149). Die Begründung dafür, und die ist wichtig, gibt er mit Berufung auf Asklepios, den Gott der Heilkunst: «... weil er weder sich selbst noch dem Staate nützt» (*Platon* 3. Buch, XV, 407, S. 145). Auf unser Thema angewendet heisst das: Behinderte Kinder sollen entweder an einem unzugänglichen und unbekannten Ort verborgen oder dann getötet werden, denn ihr Leben ist für sie und für den Staat nutzlos.

Solche Forderungen sind nur verständlich, wenn man beachtet, dass nach Platon der einzelne, aber auch Ehe und Familie den Interessen der Allgemeinheit untergeordnet werden. Nach diesem Verständnis von Sittlichkeit ist es nur konsequent, wenn der einzelne fallengelassen wird, sobald er dem Staate nicht mehr dienen kann oder diesen gar belastet, und wenn das Abtreiben der Leibesfrucht und die Aussetzung

der schwachen und behinderten Kinder nicht bloss erlaubt, sondern zur Pflicht wird (*Platon* Kommentar 142, S.234).
Für jene, die die Interessen und die Würde des einzelnen grundsätzlich vor jene des Staates stellen, sind die zitierten Ansichten Platons unsittlich. Keine der beiden Ansichten kann aber aus *sachlichen* Prinzipien abgeleitet werden. Daraus folgt: Was in einer bestimmten Zeit gilt, wird von Menschen bestimmt, ist Teil des Zeitgeistes, der zum Teil durch Autoritäten geprägt wurde. Dies gilt auch heute!
Man hat den Rat Platons befolgt und warf die missgestalteten und hochgradig schwachsinnigen Kinder in die Schluchten des Taygetos-Gebirges. Dies zumindest, solange strenge Klassizität in Sitte und Kunst herrschte. Als aber die Verfallsperiode eintrat, fand man an missgestalteten Kindern Lust und Freude, und man benutzte sie als komische Figuren zur Erheiterung und stellte sie auch kunstfertig dar, wie die zahlreichen hellenistischen Groteskköpfe zeigen, die die verschiedenen Typen und Grade des Schwachsinns in vollendeter Wirklichkeit widerspiegeln (*Kirmsse* 1922).

Denn ihr Leben ist für sie und den Staat nutzlos!

Diese Begründung kehrt wieder, sie scheint zeitlos zu sein. Einmal bei *Dr. Martin Luther*, wie in seinen Tischreden nachgelesen werden kann. Er war überzeugt, dass geistig Behinderte entweder als «Söhne des, Satans» gefährlich sind oder als seelenlose «massa carnis» ein sinnleeres Leben führen. Deshalb empfahl er dem Kurfürsten zu Sachsen und dem Fürsten zu Anhalt, einen solchen in der Moldau zu ersäufen. Und als diese seinen Rat ablehnten, griff er zu seinen eigenen Mitteln: «So sollen sie in der Kirche die Christen ein Vater unser beten lassen, dass der liebe Gott den Teufel wegnehme» (*Luther* 1540, 9).
Dann, zum Beispiel 1907, als in Hamburg fortschrittliche Damen in öffentlichen Versammlungen «Gesetze für die Vernichtung körperlicher und geistiger Krüppel» forderten (*Kirmsse* 1922, 107), mit dem zusätzlichen Hinweis, die Ärmsten seien von ihrem elenden Dasein zu

erlösen, die Pflegekosten seien Verschwendung an völlig untauglichen Objekten.
Schliesslich 1920 in der vom Juristen *K. Binding* und vom Psychiater A. *Hoche* veröffentlichten Schrift „Die Freigabe der Vernichtung lebensunwerten Lebens. Ihr Mass und ihre Form“. Ich zitiere daraus: «Die zweite Gruppe besteht aus den unheilbaren Blödsinnigen ... Ihr Leben ist absolut zwecklos, aber sie empfinden es nicht als unerträglich. Für ihre Angehörigen wie für die Gesellschaft bilden sie eine furchtbar schwere Belastung. Ihr Tod reisst nicht die geringste Lücke - ausser vielleicht im Gefühl der Mutter oder der treuen Pflegerin. Da sie grosser Pflege bedürfen, geben sie Anlass, dass ein Menschenberuf entsteht, der darin aufgeht, absolut lebensunwertes Leben für Jahre und Jahrzehnte zu fristen ... Auch finde ich weder vom rechtlichen noch vom sozialen, noch vom sittlichen, noch vom religiösen Standpunkt aus schlechterdings keinen Grund, die Tötung dieser Menschen, die das furchtbare Gegenbild echter Menschen bilden und fast in jedem Entsetzen erwecken, der ihnen begegnet, (nicht) freizugeben - natürlich nicht an jedermann! In Zeiten höherer Sittlichkeit - der unseren ist aller Heroismus verloren gegangen - würde man diese armen Menschen wohl amtlich von sich selbst erlösen. Wer aber schwänge sich heute in unserer Entnervtheit zum Bekenntnis dieser Notwendigkeit, also solcher Berechtigung auf?» (*Binding* und *Hoche* 1920, 32). Diese Argumente, wissenschaftlich fundiert und mit entsprechendem Gewicht propagiert, wurden zu einer der wichtigsten Grundlagen für die Vernichtungsaktionen im Dritten Reich. Haben wir all das endgültig überstanden?
Sicher nicht jene, die eine Abtreibung als *intrauterine Euthanasie* betrachten. Denn seit die vorgeburtliche Diagnostik von Missbildungen in den 60er Jahren eingeführt wurde, stehen wir vor einer völlig neuen Situation. Zweck der vorgeburtlichen Diagnostik ist es, «Eltern schwer behinderter Kinder durch Ausschaltung des Wiederholungsrisikos gesunde Nachkommen zu ermöglichen. In anderen bekannten Risikosituationen, namentlich bei erhöhtem mütterlichen Alter, geht es darum, die Geburt von Kindern mit schweren körperlichen und geistigen Störungen zu verhindern ... Das Ziel kann allerdings nur erreicht

werden durch einen Abbruch von Schwangerschaften, bei denen eine der befürchteten Anomalien nachgewiesen wird» (*Schmid* 1981, 46). Und ein Kinderarzt: «Die Ursachen-Forschung ihrerseits kann im Idealfall zur Verhinderung einer geistigen Fehlentwicklung führen, z.B. Abtreibung von Embryonen mit schweren Chromosomenanomalien ...» (*Gysin* 1985, 58). Damit die Folgerungen besser verstanden werden, schildere ich kurz den Ablauf der vorgeburtlichen Diagnostik. Ich beschränke mich auf die Fruchtwasseruntersuchung (Amniocentese).

Es wird den Eltern empfohlen, sich schon vor der Schwangerschaft zu entscheiden, ob sie die genetische Untersuchung durchführen lassen wollen. Sinnvoll ist die Untersuchung nach weitverbreiteter Fachmeinung dann, wenn die Eltern entschlossen sind, bei nachgewiesener Missbildung die Schwangerschaft abzubrechen. Begründung: Die Untersuchung ist nicht völlig risikolos und verursacht viel Arbeit. In diesem Prozess können sich die Eltern in den genetischen Abklärungsstellen oder bei andern medizinischen Spezialisten beraten lassen. Die Untersuchung selber erfolgt ambulant, indem man der Mutter in der 16. Schwangerschaftswoche mit einer Nadel durch die Bauchdecke hindurch etwa 15 cm^3 Fruchtwasser entnimmt. Dieses wird in den Instituten für medizinische Genetik untersucht. Wenn der Befund positiv ist und die Mutter den Abbruch immer noch wünscht, so kann dieser gemäss Art. 120 Strafgesetzbuch (StGB) auf ein Gutachten des Genetikers hin legal vorgenommen werden. Er soll nicht kompliziert sein; die Mutter muss dazu einige Tage im Spital bleiben (*Schmid* 1981, 46-48). Technisch eine einfache Sache, wie so vieles in unserer Zeit.

Nun, hier geht es nicht um die Frage *für oder gegen den Schwangerschaftsabbruch,* und auch nicht *für oder gegen spezielle Indikationen.* Was uns interessiert, ist

- die *Begründung* für die Legalisierung des Schwangerschaftsabbruchs, wenn ein behindertes Kind zu erwarten ist,
- die *Umstände,* unter denen der Entscheid zustande kommt, sowie
- die *Auswirkungen* dieser neuen Praxis auf den Umgang mit geistig Behinderten in unserer Zeit.

Zur *Begründung* des Schwangerschaftsabbruchs: Es wird davon ausgegangen, ein behindertes Kind belaste eine Mutter so stark, dass die Gefahr gross ist, dass bei ihr schwere und dauernde gesundheitliche Schäden entstehen. Und um diese abzuwenden, ist der Schwangerschaftsabbruch nach Art. 120 StGB straffrei. Mit anderen Worten: Das behinderte Kind wird als unzumutbare Belastung für die Mutter betrachtet. In der Praxis wird selbstverständlich konkreter, manchmal viel differenzierter und mit grossem Ernst begründet und um einen Entscheid gerungen. Immer aber basiert der Entscheid für den Schwangerschaftsabbruch letztlich auf folgenden, mehr oder weniger bewussten Meinungen: Behinderte Kinder sind *medizinisch* - selten wird das Pädagogische berücksichtigt - nicht therapierbar, daher nicht trag- und zumutbar für die Eltern und für die Öffentlichkeit; sie brauchen nicht geboren zu werden, weil ihr Leben nicht lebenswert ist (*Schroeder-Kuhn* 1982; siehe auch Arbeit 14 in diesem Buch).
Und genau diese Auffassungen sind empirisch widerlegt durch die vielen Eltern und die vielen Menschen mit einer geistigen Behinderung, die ein durchaus sinnvolles Leben führen, durch solche Begründungen aber in arge Not geraten. Ob solche Menschen für die Öffentlichkeit tragbar sind, das allerdings ist eine dringend zu diskutierende Frage. Sie dürfte aber niemals aufgrund von mangelnder Information oder Vorurteilen über Menschen mit Behinderungen entschieden werden, und vor allem dürfte dabei nicht vergessen werden, dass die Entwicklung dieser Menschen in sehr hohem Masse von den ihnen gebotenen Lebens- und Lernmöglichkeiten und von der Einstellung der Öffentlichkeit abhängt. Die organische Schädigung *behindert* zwar die Entwicklung mitunter sehr stark, aber sie *verhindert* sie nicht. Und genau das wird in vielen Begründungen ausser acht gelassen.
Kommen wir zu den *Umständen*, unter denen die Beratung und Entscheidungsfindung stattfindet. Auch hier seien nur die Kernpunkte genannt. Es treffen Eltern, die über geistige Behinderung wenig bis nichts Sachliches wissen, dafür aber mit negativen Vorurteilen behaftet sind, auf einen Berater, für den die geistige Behinderung, wie wir hörten, eine gefürchtete Anomalie ist, der die Verhinderung solchen Lebens als Idealfall ansieht, der die vorgeburtliche Diagnostik als

Fortschritt der Medizin wertet und stolz darauf ist, dass es nun möglich ist, krankes Leben zu verhindern, und der oft genug wenig über Lebensformen geistig Behinderter weiss. Dass diese Bedingungen den Verlauf der Beratung auch oder gerade unbewusst beeinflussen, ist, gestützt auf alle Ergebnisse der Kommunikationspsychologie, als wahrscheinlich anzunehmen. In diesen Fragen gibt es nämlich keine neutrale Haltung, da, wo so schwerwiegende Güter wie Tod oder Leben gegeneinander abgewogen werden.
Damit aber können wir auch feststellen, dass hier einseitiges Wissen und Vorurteile über Menschen mit Behinderungen zu Vorentscheidungen in Fragen über Leben und Tod führen. Und das ist eines sozialen Rechtsstaates unwürdig, und *zwar völlig unabhängig von der grundsätzlichen Einstellung zum Schwangerschaftsabbruch*.
Und die *Auswirkungen* dieser Praxis: Da mir dazu keine Untersuchungen bekannt sind, muss ich mich auf meine Erfahrung stützen, und die zeigt folgende Tendenz: Aus der Möglichkeit, unter bestimmten Umständen die Schwangerschaft bei vorliegender Behinderung straffrei abzubrechen, wird schleichend ein allgemeines Recht und in gewissen Kreisen sogar eine Pflicht gemacht.
Konkret: Es besteht einerseits die Gefahr, dass Eltern routinemässig, das heisst ohne genaue Überprüfung *für* den Abbruch entscheiden, weil man ja scheinbar das Recht dazu hat. Anderseits gibt es Frauen, die aufgrund der Vorurteile und der Möglichkeiten des Abbruchs sich dazu verpflichtet fühlen. Dies, weil sie sich einerseits der Erziehung eines scheinbar so schwierigen Kindes nicht gewachsen fühlen, sie möchten es ja recht machen, anderseits, weil sie den Mut nicht haben, die Öffentlichkeit mit ihrem Kind zu belasten. Und wir sind soweit, dass Frauen, die, aus welchen Gründen auch immer, zum Beispiel ihr Kind mit Down-Syndrom ausgetragen haben, für ihr unverantwortliches Tun zur Rede gestellt werden. Platon steht bei der Begründung Pate; oder ist es etwas viel Älteres in uns?

5. Zur Förderung

Trotz und neben diesen latenten Gefahren wurde die Situation der Menschen mit Behinderungen vor allem in der zweiten Hälfte dieses Jahrhunderts ausserordentlich verbessert, was man am deutlichsten an den bestehenden Einrichtungen für sie ablesen kann. Heute kann jedes geistig behinderte Kind ab Geburt vorerst durch die Früherziehung betreut werden. Diese heilpädagogische Massnahme, meistens in den Familien durchgeführt, will vor allem die Eltern in der Erziehung ihres Kindes unterstützen, indem man mit ihnen zusammen Möglichkeiten der Förderung und Erziehung sucht und durchführt (siehe Arbeit 17 in diesem Buch). Fugenlos können diese Kinder dann Sonderschulen, heute vermehrt von zu Hause aus, besuchen und als Erwachsene meistens in geschützten Werkstätten und selten in der offenen Wirtschaft, beschäftigt und in der Familie, in Wohngruppen oder Wohnheimen ein Zuhause finden.

Alle diese Einrichtungen dokumentieren eindrücklich die Bereitschaft von Gesetzgeber und Volk, für Menschen mit Behinderungen etwas zu tun. Die grosse Aufgabe, die uns bleibt, ist zu versuchen, diesen Menschen nebst der fachlichen Hilfe auch in der Öffentlichkeit einen ihnen entsprechenden Platz einzuräumen. Dazu müssen beide, Behinderte und Nichtbehinderte, noch viel lernen. Dieses Wagnis brächte uns zwar kaum materielle Werte, aber mit angemessenem Anspruch versucht, vermöchte es unser Bewusstsein von Mensch und Welt wesentlich zu erweitern, was jeden einzelnen sich selber und seinen Mitmenschen näher bringen könnte.

6. Folgerungen

Nachdem einige Aspekte des Umgangs mit Menschen mit Behinderungen dargelegt wurden, will ich zum Schluss versuchen, daraus einige Empfehlungen und Perspektiven abzuleiten.

a) Niemand soll sich moralisch verpflichtet fühlen, mit ihnen besonders freundlich umzugehen oder gar einen überbordenden Eifer zu entwickeln. Das wäre kontraproduktiv.

b) Hilflosigkeit und Scheu bei Nichtbehinderten sind weitverbreitet und zeigen unseren kulturellen Stand im Umgang mit Randgruppen ganz allgemein. Wer mit solchen Menschen zu tun hat, lasse sich deshalb informieren und versuche, ihnen so „normal“ wie möglich mit gesundem Menschenverstand zu begegnen.

c) Das Muster „geistig Behinderte sind arme Geschöpfe und mitleidbedürftig“ ist kontraproduktiv. Hilfreicher ist die offene Haltung des Fragens: Was vermag dieser Mensch auch mir zu geben?

d) Die Frage ihres Lebenswertes ist kritisch aufgrund der gesamten Lebenssituation dieser Menschen, und nicht gestützt auf einseitiges Wissen und Vorurteile, zu diskutieren.

e) Die Öffentlichkeit sollte sich vermehrt um die Einrichtungen für behinderte Menschen interessieren, damit diese politisch mitgetragen werden. Die Behindertenhilfe ist nämlich Teil des gesellschaftlichen Lebens. Sie hat sich deshalb immer wieder neu und im Hinblick auf die jeweiligen gesamtpolitischen Verhältnisse zu legitimieren. Sie darf aber auch Anspruch erheben, als Aufgabe des Staates jene Aufmerksamkeit und Bedeutung zuerkannt zu erhalten wie etwa Wirtschaft, Landesverteidigung und Verkehr. Niemals dürfte sie, nur weil sie auf der belastenden Seite des Staatshaushaltes steht, schutzlos dem Diktat der Produktionszweige ausgesetzt werden. Eine angemessene Ausbildung und Betreuung der behinderten Menschen ist grundsätzlich, nicht aber in ihrem ökonomischen Aufwand, unabhängig von der Finanzlage unseres Staates zu garantieren.

f) Professionelle Behindertenhilfe ist letztlich Lebenshilfe. Ihre Bemühungen kommen aber nur dann zum Tragen, wenn das Leben

der behinderten Menschen nicht durch die Nichtbehinderten behindert und verhindert wird. Behindertenhilfe ist deshalb als gesamtgesellschaftliche Aufgabe zu verstehen, die nur dann für alle Teile befriedigend gelöst werden kann, wenn Behinderte und Nichtbehinderte gemeinsam ihren Teil dazu beitragen. Dazu gehört auch die Sicherstellung leistungsfähiger Institutionen. Darüber hinaus gibt es aber Anliegen, die jeden Bürger direkt angehen. Achten wir darauf, dass diese nicht an der Oberfläche stehen bleiben. Die Forderung nach „gängigen“ Strassen, öffentlichen Gebäuden und Einrichtungen für behinderte Menschen, gemeint sind hier vor allem solche mit Körperbehinderungen, prägt sich allmählich in das kollektive Bewusstsein ein und wird auch hier und dort realisiert. Das ist ein anerkennenswerter Fortschritt, selbst dann, wenn diese Begehren ohne ideelle Untermauerung berücksichtigt werden.
Was aber weit mehr Not tut, ist die Entwicklung *„gängiger“ kollektiver Lebenseinstellungen,* die es allen behinderten und nichtbehinderten Menschen ermöglichen, sich als Glieder einer menschlichen Gemeinschaft zu fühlen,

- in der jedem von Menschen geborenen Wesen eine sinnvolle Funktion zuerkannt wird,
- in der jedermann unabhängig von seinem ökonomischen Wert und trotz allfälliger Behinderungen sich selbst akzeptieren kann und sich nicht nur als Ballast der Öffentlichkeit vorkommen muss. Dies bedingt allerdings, dass der Wert *„soziale Sicherheit“* nicht gleichgesetzt wird mit „Sicherung des materiellen Existenzminimums“. *Vielmehr sollte sie verstanden werden als Möglichkeit, Leistungen zu erbringen, die von andern anerkannt werden, als Zusicherung, die eigenen Möglichkeiten ausschöpfen zu können, und als Gewissheit, sich im Notfall auf andere verlassen zu können, auch in materieller Hinsicht, ohne gleich abgesondert zu werden,*
- in der das Verbindende, die „menschliche Berufung“ und nicht das Trennende, die „unterschiedliche Leistungsfähigkeit“ betont wird,

- in der alle Existenzformen und Phasen des menschlichen Daseins, wie Behinderung, Krankheit, Kindheit, Alter als naturgegeben, ideell gleichwertig und als notwendig zur Erhaltung einer ausgewogenen menschlichen Kulturgemeinschaft anerkannt werden,
- in der nicht bloss die soziale Brauchbarkeit jener respektiert wird, die berufsmässig zur geistigen Entwicklung eines Volkes beitragen wollen, wie etwa Philosophen, Schriftsteller, Künstler, Theologen, Lehrer und Politiker, sondern auch der ideelle Aufforderungscharakter der sogenannt Randständigen beachtet wird. Behinderte Menschen etwa vermöchten durch ihre existentielle Echtheit und Glaubwürdigkeit, als Originale und nicht durch irgend eine Berufsfunktion, nachhaltig zur Besinnung aufzurufen, das Bewusstsein zu erweitern, mitunter in Ärgernis erregender Art und Weise allgemein menschliche Bedürfnisse vorzuleben. Voraussetzung hierfür ist, dass sie zur Kenntnis genommen und erhört werden, dass man mit ihnen zusammenlebt, dass man sie zu dieser Begegnung befähigt. Hiezu ist, ich wiederhole, eine radikale, das heisst an den Wurzeln ansetzende Überprüfung und Änderung unserer Wertvorstellungen notwendig. Dies ist ein Prozess, der heute infolge der Ernüchterung auf unsere offensichtlich einseitig orientierte Leistungsgesellschaft von immer mehr Menschen versucht wird.

Bibliographie

- *Ackerknecht, E. H.*: Geschichte der Medizin. Stuttgart: Enke, 1979 (4. Auflage)
- *Bächtold, A.*: Behinderte Jugendliche: Soziale Isolierung oder Partizipation? Ergebnisse einer repräsentativen Umfrage, Bern/ Stuttgart: Huber, 1981
- *Benninger, Herr und Frau*: Gespräche zwischen Herrn und Frau Benninger, Eltern von Reto, einem 2jährigen Knaben mit Down-Syndrom, und der Früherzieherin Frau G. Edelmann. In: *Tobler, R.; Grond, J. (Hrsg.)*: Früherkennung und Früherziehung behinderter Kinder. Voraussetzungen für die Zusammenarbeit in der Praxis. Bern: Huber, 1985, 167-182
- *Blatt, B.;Kaplan, F.*: Christmas in purgatory. Boston: 1967
- *Blatt, B.*: Fegefeuer. In: *Kugel, R.B.;Wolfensberger, W. (Hrsg.)*: Geistig Behinderte - Eingliederung oder Bewahrung? Stuttgart: Thieme, 1974, 17-26
- *Binding, K.; Hoche, A.*: Die Freigabe der Vernichtung lebensunwerten Lebens. Ihr Mass und ihre Form. Leipzig: J. Meiner, 1920
- *Buber, M.*: Werke, Band I. Schriften zur Philosophie. Über das Erzieherische. München: Kösel; Heidelberg: L. Schneider, 1962
- *Grond, J.*: Früherziehung. In: *Tobler, R.; Grond, J.*: Früherkennung und Früherziehung behinderter Kinder. Voraussetzungen für die Zusammenarbeit in der Praxis. Bern: Huber, 1985, 94-170
- *Gysin, Th.*: Früherfassung von geistigen Entwicklungsstörungen in der pädiatrischen Praxis. In: *Tobler, R.; Grond, J. (Hrsg.)*: Früherkennung und Früherziehung behinderter Kinder. Voraussetzungen für die Zusammenarbeit in der Praxis. Bern: Huber, 1985, 47-60
- *Kirmsse, M.*: Der Schwachsinnige und seine Stellung im Kulturleben der Vergangenheit und der Gegenwart. Zeitschrift für die Behandlung Schwachsinniger 1922, (6), 81-88; (7), 103-110

- *Koty, J.*: Die Behandlung der Alten und Kranken bei den Naturvölkern. Stuttgart: C. L. Hirschfeld, 1934
- *Luther, M.*: Tischreden 1540. In: Dr. Martin Luthers Werke. Kritische Gesamtausgabe, Tischreden Band 5, Nr. 5207, Weimar: H. Böhlaus Nachf., 1916
- *Müller-Hill, B.*: Tödliche Wissenschaft. Die Aussonderung von Juden, Zigeunern und Geisteskranken 1933-1945. Reinbek bei Hamburg: Rowohlt, 1984
- *Platon*: Der Staat. Übersetzung von F. Schleiermacher und erläutert von J. H. v. Kirchmann. Berlin: L. Heimann, 1870
- *Schmid, W.*: Genetik, Chromosomenanomalien, Geburtsgebrechen. Zürich: 1981
- *Schroeder-Kuhn, T.*: Schwangerschaftsabbruch - Ethische Probleme bei der genetischen Beratung. Geistige Behinderung, 1982 (4), 224-236
- *Speck, O.; Warncke, A. (Hrsg.)*: Frühförderung mit den Eltern. München: Ernst Reinhardt, 1983
- *Sporken, P.*: Eltern und ihr geistig behindertes Kind. Düsseldorf: Patmos, 1975
- *Tobler, R.; Grond, J. (Hrsg.)*: Früherkennung und Früherziehung behinderter Kinder. Voraussetzungen für die Zusammenarbeit in der Praxis. Bern: Huber, 1985, 167-182

2

Zur Gewalt

1995

Gewalt scheint in unserer Zeit aufgrund vielfältiger Ursachen und Bedingungen allgegenwärtig zu sein. Der Begriff ist aber auch zum Schlagwort geworden und damit verwaschen und ungenau. Ungenaue Begriffe sind die Folge unsauberen Denkens. Sie vernebeln das weitere Denken, leisten den rohen Emotionen Vorschub und beeinträchtigen das Handeln. Entweder wird gar nicht mehr gehandelt, weil man sich der allgegenwärtigen Gewalt hilflos ausgeliefert fühlt, oder es werden Exempel statuiert. Exempel statuiert man gegen bestimmte Menschen oder Gruppen, gegen Stellvertreter also. Fehlen solche, so kann man sie schaffen, durch politische Agitation. Bestimmte Menschen und Menschengruppen waren zu allen Zeiten oft Opfer politischer Agitation. Nicht selten gehörten die Menschen mit Behinderungen dazu. Die Geschichte des Umgangs mit ihnen ist eine Geschichte der Gewalt.

Was aber ist das Wesen der Gewalt? Gewalt ist nicht Kampf, auch nicht einfach Aggression. Aggression ist der Motor der Gewalt. Kampf findet zwischen Menschen statt und es gelten zumindest rudimentäre Verhaltensnormen. Wer Gewalt ausübt, respektiert keine Verhaltensnormen. Er erlaubt sich alle Mittel, mit denen er den andern überwältigen kann.

Früher nannte man die Verhaltensnormen Ehrenkodex, Konvention, Regeln. Heute nennt man sie oft Spielregeln. Spielregeln gibt es nur im Spiel, sie regeln den Ablauf, nicht den Inhalt. Wer das Leben als Spiel betrachtet, neigt dazu, die Spielregeln, den Ablauf stärker zu gewichten als den Inhalt. An einer bestimmten Veranstaltung beispielsweise zeigte der Hauptreferent auf, dass es lebensunwertes Leben gibt und dessen Vernichtung unter bestimmten Bedingungen ethisch nicht nur erlaubt, sondern sogar geboten sein kann. Ein Mensch mit einer Behinderung, der sich durch diese Aussage in seiner Existenzberechtigung gefährdet fühlte, schlug dem Referenten die Brille vom Gesicht. Damit hatte er die Spielregeln der freien Meinungsäusserung verletzt. Diese an sich verwerfliche Verletzung der Spielregeln wurde empört als Gewalttätigkeit geahndet. Die Inhalte aber, also das, was der Referent gesagt hatte und die tiefe Betroffenheit des behinderten Menschen wurden nicht diskutiert.

Reden wir von Spielregeln deshalb, weil uns das Gefühl für Ehre und Normen abhanden gekommen ist, weil wir das Leben mehr als Spiel, als Inszenierung, eigentlich als Theater, als Tun als ob und weniger als leibhaftig spürbares Geschehen erfahren? Sind wir so lebensfremd und gleichgültig geworden?

Im Kampf ist der Ausgang ungewiss, jeder kann gewinnen oder verlieren. Man muss mit dem Gegner rechnen, sich auf ihn einstellen. Der Gegner wird zum Subjekt. Wo Gewalt herrscht, gibt es keinen Gegner, sondern nur das Gewaltopfer, das Objekt. Mit dem Opfer muss man

nicht rechnen, man verfügt darüber wie über eine Sache. Im Kampf geht es um „Ich oder Du“. Bei der Gewalt geht es nur um ein Ich, es gibt kein Du. Dem Kampf folgt oft der Friede (ob gerecht oder nicht, sei dahingestellt), auf Gewalt folgt die Erniedrigung. Wo Gewalt herrscht, hat der andere keine Stimme oder sie wird ihm genommen. Bei der Diskussion um Infantizid und aktive Euthanasie z.B. werden Menschen mit einer Behinderung nicht gefragt, ob sie leben wollen. Und jenen Behinderten, die ihr Leben als lebenswert empfinden, glaubt man schwerlich, eben, weil sie behindert sind.
Im Kampf hat der Gegner Mittel, sich zu wehren, in der Gewalt ist das Opfer mittellos, sei es, weil es keine Mittel hat (z.B. keine Sprache, körperliche Unterlegenheit), sei es, weil man seine Mittel missachtet. So kann sich beispielsweise manch ein behinderter Mensch nur mit Verhaltensstörungen gegen einen vermessenen Umgang wehren. Manchmal wird diese nicht als einzig verbliebene Abwehr, sondern als Ausdruck der Behinderung umgedeutet. Geschieht dies, so wendet man sein einziges Abwehrmittel gegen ihn selber. Damit hat man eigenmächtig definiert, und das ist ein Akt der Gewalt.
Im Kampf wird der Gegner anerkannt, in der Gewalt wird der andere nur als Objekt erkannt und misshandelt. Wer nicht als Subjekt, als Mitmensch anerkannt wird, in den kann man sich nicht einfühlen, er betrifft uns nicht, geht uns nichts an, ist uns gleichgültig wie eine beliebige Sache. Man braucht ihn nicht zu schützen, auch dann nicht, wenn es um sein Ansehen oder gar um seine Existenz geht. Gleichgültigkeit ist aber ein guter Nährboden für Gewalt. Gegen Menschen mit einer Behinderung wird wohl soviel Gewalt möglich, weil sie vielen von uns gleichgültig sind. Kampf gegen Gewalt ist deshalb Kampf gegen Gleichgültigkeit. Das erfordert nicht Engagement für eine Sache, z.B. für bessere Lebensbedingungen, so wichtig diese auch sein mögen. Es erfordert, dass wir den andern als unseresgleichen anerkennen und ihn so vertreten, als gehe es um uns selber. Wer dies tut, ist nicht bloss engagiert, sondern tut das, was man als Liebe bezeichnet.

Greift die Gewalt an Menschen mit einer Behinderung so um sich, weil sich soviele für sie engagieren und so wenige sie wirklich lieben?

Und lieben so wenige die Menschen mit einer Behinderung, weil sie sich zu sehr für die Behebung der Behinderung einsetzen und dabei den behinderten Menschen übersehen und verwerfen? Sind wir mehr Sozialtechniker und kaum mehr Menschenfreunde, weil wir uns selber nicht mehr lieben und zu wenig achten?

3

Verhaltensstörungen bei Menschen mit einer geistigen Behinderung

1987

1. Der Stellenwert der Verhaltensstörungen bei Menschen mit einer geistigen Behinderung

1.1 In der Theorie

Hat es überhaupt einen Sinn, von Verhaltensstörungen bei Menschen mit einer geistigen Behinderung zu sprechen? Sind diese nicht an sich schon störend und gestört, ist es nicht schwer, sie zu verstehen, sie zu erziehen, mit ihnen umzugehen? Sind sie nicht manchmal kaum zu ertragen? Ist nicht jedes störende Verhalten, das solche Menschen zeigen, einfach Ausdruck und Teil der geistigen Behinderung? Mit andern Worten: Gehören die Verhaltensstörungen nicht einfach zur geistigen Behinderung? Ist nicht die geistige Behinderung an sich eine umfassende Verhaltensstörung? Um es vorweg zu nehmen: Theoretisch sind diese Fragen bis anhin ungenügend beantwortet. Dies zeigt sich, wenn man die Definitions- und Umschreibungsversuche von „geistiger Behinderung" und von „Verhaltensstörungen" miteinander vergleicht. Ich verzichte, hier näher darauf einzutreten und verweise auf einschlägige Umschreibungsversuche:

Für geistige Behinderung: *Bach* (1974), *Deutscher Bildungsrat* (1974), *Speck* (1980).

Für Verhaltensstörungen: *Schmid* (1985), *Schneider* (1978), *Speck* (1979).

Hingegen zähle ich einige Beispiele auf, die die meisten erlebt haben und die man heute im allgemeinen zu den Verhaltensstörungen bei Menschen mit einer geistigen Behinderung zählt: sich und andere schlagen, sich und andere kratzen, beissen, Gegenstände zerstören, Wut- und Zornausbrüche, Unruhe, sich abkapseln, Kontaktverweigerungen, Stereotypien wie schaukeln und fächeln, mangelhaftes Sicheinordnen, erneutes Einnässen, einkoten, weglaufen, Verstimmungen, Ein- und Durchschlafstörungen, Essstörungen ...

Wenn wir uns fragen, was diese Verhaltensstörungen für den Erzieher bedeuten (sollten), so könnte man sagen:

- Sie hemmen zusätzlich die ohnehin schon beeinträchtigte Entwicklung der Menschen mit einer geistigen Behinderung.
- Sie stören meistens die Umgebung, das heisst die Bezugspersonen, und erschweren die Erziehung.
- Sie betreffen vor allem das Sozialverhalten, das Gefühls- und Gemütsleben und beeinträchtigen dadurch auch die geistige Entwicklung.

Zu bemerken ist noch, dass man von Verhaltensstörungen erst sprechen sollte, wenn die Verhaltensweisen während längerer Zeit andauern.

Nun erfahren wir alle, dass das gleiche Verhalten, z.B. Unruhe, von den einen als störend empfunden wird, während andere sich damit abfinden. Man kann deshalb sagen: Ob ein Verhalten als gestört gewertet wird, hängt immer auch von der Bezugsperson, von ihrer Vorstellung, was normal, was gestört ist, ab. Deshalb stimmt es ein Stück weit, dass jene verhaltensgestört sind, die als verhaltensgestört bezeichnet werden. Aber das ist einseitig und verkürzt. Auch Hemmungen, Passivität und übermässige Anpassung, die die Umgebung gar nicht stören, die sogar angenehm sein können, zähle ich zu den Verhaltensstörungen, denn sie *hemmen die Entwicklung des Menschen*.

Ungenügend geklärt ist nicht nur die Abgrenzung zwischen geistiger Behinderung und Verhaltensstörungen. Auch das gesicherte theoretische Wissen über Verhaltensstörungen bei Menschen mit einer geistigen Behinderung, über ihre Ursachen, ihren Verlauf, wie man sie verstehen kann und wie man etwas dagegen unternehmen könnte, ist dürftig. Dies hat vor allem folgende Gründe, die einander wechselseitig beeinflussen:

- In den letzten Jahrzehnten ging es insbesondere darum, das Recht der Menschen mit einer geistigen Behinderung auf Erziehung, Bildung und Beschäftigung durchzusetzen und geeignete Institutionen zu schaffen. So mussten, schwerpunktmässig betrachtet, vorerst Sonderschulinternate, dann Externate, danach Früherziehungsstellen und schliesslich geschützte Werkstätten und Wohnheime eingerichtet werden. Parallel dazu musste immer wieder „bewiesen" werden, dass Menschen mit einer geistigen Behinderung grundsätzlich lernfähig sind, mit andern Worten: Die finanziellen Aufwendungen für sie mussten und müssen immer wieder neu gerechtfertigt werden. Dies erforderte von Eltern und Fachleuten viel Kraft und Zeit. Deshalb wurde eine allgemeine Auseinandersetzung mit Verhaltensstörungen, die, gemessen an den genannten grundlegenden Fragen eher zweitrangig erscheinen mussten, vernachlässigt.

- In der praktischen Heilpädagogik konzentrierte man sich vor allem auf die Förderung der allgemeinen Lernfähigkeit, ganz nach dem Muster und Vorbild der Volksschule.
- Die Humanwissenschaften haben, abgesehen von Ausnahmen, erst in den letzten Jahren begonnen, sich für den Menschen mit geistiger Behinderung zu interessieren. Die wissenschaftliche Heilpädagogik hat sich notgedrungen vor allem mit Fragen der Erziehungs- und Bildungsfähigkeit dieser Menschen befasst.
- Und wohl das Wichtigste: Lange Zeit wurden Verhaltensstörungen als etwas betrachtet, das wesensmässig zur geistigen Behinderung gehört, etwa so wie die eingeschränkte Fähigkeit, spielen oder sprechen zu lernen. Man wertete sie als typische Verhaltensbesonderheiten („die sind nun einmal so"), die nicht eigens zu berücksichtigen sind und die nicht eigens „behandelt" werden können.

All dies bedingt unser Wissensdefizit, das sich u.a. auch an der spärlichen deutschsprachigen Fachliteratur zum Problem „Verhaltensstörungen bei geistig behinderten Menschen" zeigt. Auffallend ist, dass man sich in den letzten Jahren vor allem mit Aggressionen bei ihnen befasste und hier besonders mit dem selbstverletzenden Verhalten. Dies wohl, weil dieses Verhalten besonders beeindruckt und weil man erfahren hat, dass es zumindest zum Teil verhindert oder gemildert werden kann (siehe *Brezovsky* 1985; *Bruckmüller* 1985; *Rojahn*, *Fenzau* und *Hauschild* 1985; *Burkart* und *Krech* 1986; *Jantzen* und *von Salzen* 1986; *Kane* 1979; *Kane* und *Hettinger* 1987).

1.2 In der Praxis

Ganz anders verhält es sich in der Praxis. Die meisten von uns, Eltern, Erzieher und Fachleute haben Mühe, das eigenartige, fremd anmutende und befremdende Verhalten von Menschen mit einer geistigen Behinderung zu verstehen und damit umzugehen. Es ist doch so, dass die Verhaltensstörungen uns Bezugspersonen oft weit mehr zu schaffen machen, als der Rückstand in der Entwicklung und die geminderte Leistungsfähigkeit. Wegen der Verhaltensstörungen getrauen sich so manche Eltern nicht, Besuch einzuladen, mit ihrem Sohn oder ihrer Tochter zu Besuch zu gehen, sich mit ihnen in der Öffentlichkeit zu zeigen, in die Ferien zu reisen. Sie fühlen sich ausgesetzt, haben den Eindruck, andere zu stören, unzumutbar zu sein, schämen sich, und oft genug fühlen sie sich für die Störung verantwortlich, ja schuldig. Sie sind selber durch die Verhaltensstörung sehr betroffen, und es braucht schon sehr viel Überlegenheit oder trotzigen Widerstand, um unter den entrüsteten Blicken und verletzenden Bemerkungen der Mitmenschen nicht selber gestört, verstört zu reagieren.

Wegen der Verhaltensstörungen entstehen wohl auch die meisten Schwierigkeiten mit den Fachleuten, etwa dann, wenn diese das „so schwierige Kind, den so schwierigen Erwachsenen“ im Heim oder in der Schule nicht mehr ertragen und die Eltern bitten, einen angemesseneren Platz zu suchen, oder sie einfach vor die Tatsache stellen, dass es/er nicht mehr tragbar ist. Es sind jene Situationen, in denen sich die Eltern besonders verletzt, auf sich selbst zurückgeworfen, alleingelassen fühlen. Es sind Momente der Einsamkeit, in denen man die Zukunft nicht mehr sieht, hoffnungslos und verzweifelt sein kann, Momente auch, in denen einem schmerzlich bewusst wird, wie unentrinnbar man mit seinem Sohn, mit seiner Tochter verbunden, daran gebunden, ja daran gekettet ist. Und so ist es nur verständlich, dass dann entweder eine „Schicksalsgemeinschaft gegen alle“ entsteht und damit die Flucht in die Einsamkeit, oder dass sich Wünsche und Gedanken einstellen, wie man diese unerträgliche, erdrückende Last loswerden könnte, bis hin zu Todeswünschen, meist allerdings gefolgt von zermürbenden Schuldgefühlen. Verhaltensstörungen werden leicht zum Ärgernis, weil sie unseren Bemühungen trotzen und den so geordneten Betrieb stören.

Mir scheint, dass wir vor lauter Förderungsbemühungen in der Behindertenhilfe, und geblendet und ehrgeizig geworden durch die beachtlichen Erfolge bei den problemloseren Menschen mit einer geistigen Behinderung, viel mehr Mühe haben, die „schwierigen“ zu ertragen, uns auf sie einzustellen, sie nicht abzuweisen. Und ich vermute, dass die beträchtlichen Förderungserfolge und die Integrationsbemühungen bei den Problemloseren für jene mit schweren Verhaltensstörungen zur echten Gefahr werden. Denn sie, die schwierig bleiben, erscheinen nun erst recht als auffällig und schwer erträglich. Zusammen mit ihren Angehörigen werden sie leicht ins Abseits, in die Abkapselung gedrängt. Wenn das stimmt, und meine Beobachtungen in Institutionen und meine Erfahrungen mit solchen Eltern scheinen mir recht zu geben, dann haben wir etwas falsch gemacht, dann müssen wir über die Bücher gehen und uns fragen, wie denn eine Behindertenhilfe aussehen könnte, die allen dient, die allen die Möglichkeit gibt, zu erfahren, dass sie dazugehören. Jedenfalls ist das keine echte Integration, wenn eine Gruppe vergessen bleibt oder gar, wenn dadurch neue Ausgesonderte entstehen. Ja, wir alle haben unsere liebe Mühe mit den Verhaltensstörungen; sie machen, dass wir uns gestört oder gar verhaltensgestört erleben, als ob sie ansteckend wären.

2. Ein möglicher Ansatz, um Verhaltensstörungen bei Menschen mit einer geistigen Behinderung zu verstehen

2.1 Vorbemerkung

Ich will nun eine Möglichkeit zur Diskussion stellen, wie man Verhaltensstörungen bei Menschen mit einer geistigen Behinderung verstehen könnte und versuche, daraus einige Konsequenzen für den Umgang mit ihnen abzuleiten. Dabei ist zu beachten, dass man nur mit grösster Zurückhaltung von *den geistig behinderten Menschen* sprechen darf. Denn Menschen, die wir so bezeichnen, können sehr grosse Unterschiede bezüglich Schweregrad, Mehrfachbehinderungen, Lernverhalten und Verhaltensstörungen aufweisen. Wenn ich sie hier dennoch allgemein so bezeichne, so nur in Bezug auf grundlegende Wesensmerkmale, die ebenso für Nichtbehinderte und somit für alle Menschen gelten. Diese Wesensmerkmale bilden auch die Grundlage für das Verständnis von Verhaltensstörungen. Wer sie nicht akzeptiert, wird mit meinen Ausführungen über den Umgang mit Verhaltensstörungen nichts anfangen können.

2.2 Der Mensch mit einer geistigen Behinderung erlebt ähnlich wie wir

Der Mensch mit einer geistigen Behinderung ist nicht der „ganz andere", nicht einer, den ich nicht verstehen kann. Es ist mir möglich, ihn zu verstehen, weil wir etwas Gemeinsames haben: Wir sind Menschen. Zugegeben, ihn zu verstehen kann schwierig, ja sehr schwierig sein, vor allem dann, wenn er nicht oder nur unverständlich reden kann. Und es gibt Situationen, da verstehe ich ihn überhaupt nicht mehr, da ist sein Verhalten für mich uneinfühlbar, aber das kann auch bei Nichtbehinderten vorkommen. Und vergessen wir nicht: Der geistig behinderte Mensch dürfte selber nicht weniger Mühe haben, *uns* zu verstehen.

Eine der *bedeutsamsten* Aufgaben im Umgang mit ihm scheint mir deshalb der Versuch zu sein, sein Verhalten als im Grunde verständliche und verstehbare Botschaft an mich, und nicht als Unsinn, zu verstehen. Was will er mitteilen? Oder zumindest: Wie könnte ich sein Verhalten verstehen? Dies dürfte im Alltag umso eher gelingen, je mehr ich versuche, mich in seine Situation zu versetzen und dann sein Verhalten zu deuten. Eigentlich eine Selbstverständlichkeit unter Menschen, aber nur, wenn man bereit ist, jemanden vorbehaltlos als Menschen, und nicht als eine Abart davon, zu akzeptieren. Dieses Einfühlen muss nicht eine Flucht in eine mystisch geheimnisvolle Beziehung sein, in der manche den Eindruck haben, nur sie verstünden den Menschen mit einer geistigen Behinderung wirklich und eigentlich könne man nicht darüber reden. Sich einfühlen schliesst nicht aus, dass man darüber spricht, andere an seinen Erfahrungen teilnehmen lässt und auch Fragen stellt, z.B. den Fachleuten. Zu oft erfahre ich, dass Eltern den Eindruck haben, Fachleute würden ihren Sohn oder ihre Tochter anders und für sie nicht nachvollziehbar deuten. Geht man der Sache auf den Grund, so stellt man häufig fest, dass die verschiedenen Meinungen aufgrund verschiedener Erfahrungen entstehen. Fachleute erleben den Menschen mit einer geistigen Behinderung nur zu bestimmten Zeiten und in bestimmten Situationen, z.B. in der Sprechstunde, in der Therapie, in der Schule oder in der Werkstatt. Sie sind in der Regel weniger betroffen, dafür aber auch unbefangener als die Eltern; sie arbeiten nach bestimmten Methoden und können auf Erfahrungen mit vielen zurückgreifen. Die Eltern hingegen sind in höherem Masse betroffen, leben mit dem Angehörigen zusammen und lernen ihn so anders kennen: tiefer, aber oft wohl auch befangener. In der Regel können sie ihn auch nicht mit andern vergleichen. Beide Arten der Erfassung sind aber notwendig. Die Erfahrungen der Eltern und der Berufserzieher sind vor allem dann wichtig, wenn wir akzeptieren, dass Menschen mit einer geistigen Behinderung ähnlich erleben wie wir. Denn dann werden die Beobachtungen und Erfahrungen aus dem Alltag mindestens so wichtig wie jene aus Untersuchungen, Therapien, Schule oder Werkstatt und Heim.

Ein Beispiel: Eine Lehrkraft hat grosse Mühe, ein körperlich schwerbehindertes Mädchen zu verstehen und sich ihm verständlich zu machen. Das Mädchen kann nicht reden. Wegen der Körperbehinderung sind auch seine Gestik und seine Mimik sehr stark beeinträchtigt. Beide, Lehrerin und Mädchen, sind „sprachlos“, verstehen einander nicht. Die Lehrerin fühlt sich überfordert. Das Mädchen zieht sich immer mehr zurück, wird apathisch und erkrankt häufig. In der Schule meint man, das Mädchen sei leistungsmässig überfordert und legt den Eltern nahe, ihr Kind in eine Schule für leistungsschwächere Kinder zu versetzen. Im Gespräch mit den Eltern vermag die Mutter der Lehrerin zu zeigen, wie sich ihre Tochter mit groben Kopfbewegungen, mit Bewegungen der Augen und mit Tonusveränderungen mitteilt und wie sie darauf in einfacher Sprache eingeht und dem Kinde viel Zeit gibt, um zu reagieren. Die Lehrerin hatte die Grösse und Bescheidenheit, sich von der Mutter anleiten zu lassen, und das Mädchen kann in der Klasse bleiben. Was als *Leistungsschwäche des Kindes* gedeutet wurde, zeigte sich als *Verstehensschwäche der Lehrkraft*. Dieses Beispiel steht stellvertretend für viele.

Deshalb sollten Eltern und Fachleute offen über ihre Erfahrungen reden und auch darüber, wie sie dazu gekommen sind. So könnten Enttäuschungen bei Eltern und Fachleuten eher vermieden werden, und die Untersuchungsergebnisse würden den Menschen mit einer geistigen Behinderung mehr helfen. Obschon diese Gespräche zwischen Fachleuten und Eltern heute besser möglich sind als früher, haben wir in dieser Beziehung doch alle noch sehr viel zu lernen (siehe Arbeit 16 in diesem Buch).

2.3 Eine geistige Behinderung begünstigt die Entstehung von Verhaltensstörungen

Eine geistige Behinderung ist offensichtlich ein guter Nährboden für die Entstehung von Verhaltensstörungen. Alle Untersuchungen und auch die Erfahrung zeigen, dass Menschen mit einer geistigen Behinderung häufiger Verhaltensstörungen aufweisen als Nichtbehinderte. Das ist eine Tatsache. Aber die Verhaltensstörung gehört nicht zwingend zur geistigen Behinderung, sind doch die meisten Betroffenen durchaus gut zu ertragen, ja mitunter geradezu sehr umgänglich. *Eine Verhaltensstörung ist also etwas, das oft zur geistigen Behinderung hinzukommt.* Sie ist, wenigstens grundsätzlich, z.T. vermeidbar oder korrigierbar. Sie beeinträchtigt aber die ohnehin schon behinderte Entwicklung der geistig behinderten Menschen und erschwert zusätzlich den Umgang mit ihnen. Verhaltensstörungen sind im Prinzip auch bei ihnen gleich zu erklären, zu verstehen und zu beeinflussen wie jene bei Nichtbehinderten, also z.B. bei uns. Dies gilt, obschon bei Menschen mit einer geistigen Behinderung viel häufiger als bei Nichtbehinderten hirnorganische Schädigungen nachweisbar sind, die die Entstehung von Verhaltensstörungen stark begünstigen können. Es gibt aber kein organisches Syndrom, das zwingend zu bestimmten Verhaltensstörungen führt. Man nimmt deshalb nur eine lockere Beziehung zwischen hirnorganischer Beeinträchtigung und Verhaltensstörungen an (*Schmidt* und *Voll* 1985, 134).

2.4 Diskrepanz zwischen Intelligenz und Beziehungsfähigkeit

Ich gehe davon aus, dass Menschen mit einer geistigen Behinderung in der Regel in ihren Gefühlen und ihrer Fähigkeit, Beziehungen einzugehen, beeinflussbarer sind als in ihrer intellektuellen Leistungsfähigkeit. Das hat positive und negative Auswirkungen. Es gibt nämlich viele, die im Verhältnis zu ihrer Leistungsfähigkeit ausgesprochen fein empfinden und auf musische Inhalte wie Tanz, Musik, Malen, Theater, Feste, auch auf religiöse Zeremonien und auf den Gemütszustand ihrer Bezugspersonen sehr ansprechbar sind. Diese an sich positive Seite, die erzieherisch vielfältig ausgeschöpft werden kann, macht sie aber auch verletzbar. Etwa dann, wenn sie ausgelacht, verspottet, verstossen werden, wenn sie sich missverstanden fühlen oder andere missverstehen, oder wenn sie in gespannten Verhältnissen leben wie z.B. die schwerbehinderte Jacqueline, die auf jeden Ehestreit ihrer Eltern mit hohem Fieber reagiert und dieses verliert, sobald ihre Eltern sich versöhnt haben. Auch verleiten manche von ihnen, eben weil sie so verständnisvoll erscheinen, ihre Eltern dazu, ihnen ihr Herz auszuschütten, sie zu Vertrauten zu machen, obwohl es oft unmöglich ist, zu sagen, wieviel und was sie verstehen. Das kann sie überfordern, denn ihre Belastbarkeit und Verarbeitungsfähigkeit reichen oft nicht aus, um die wahrscheinlich nur diffus erfasste Not anderer zu verkraften.
Wie reagieren nun Menschen mit einer geistigen Behinderung auf dauernde gefühlsmässige Überforderung und auf Kränkungen? Im Grunde genommen wie wir, nämlich mit Aggressionen, Hemmungen, Rückzugsverhalten bis hin zu Abkapselung oder Eigenbrötlerei, mit Verstimmungen oder mit scheinbar unbegründeten Tobsuchtsanfällen usw. Offensichtlich ist es für viele Nichtbehinderte schwierig zu akzeptieren, dass Menschen mit einer geistigen Behinderung gefühlsmässig so leicht ansprechbar sind und dass man ihnen deshalb mit jenem Takt und mit jener Achtung begegnen sollte, die wir für uns als selbstverständlich erwarten.

2.5 Menschen mit einer geistigen Behinderung haben gleiche Grundbedürfnisse wie Nichtbehinderte

Grundbedürfnisse zeigen sich als Kräfte im Menschen, die nach etwas verlangen. Die Kräfte sind Grundlagen menschlicher Entwicklung und sowohl Voraussetzung als auch Ergebnis der Auseinandersetzung mit der Umwelt, also auch der Erziehung und des Umgangs. Wird das Verlangen dauerhaft nicht gestillt oder werden die Kräfte nicht „kultiviert", so entstehen oft Verhaltensstörungen. Für unsere Belange beschränken wir uns, in Anlehnung an *Buber* (1962), auf zwei dieser Grundbedürfnisse, die zwar autonom sind, aber in Wechselbeziehung zueinander stehen. Es sind dies:

a) *das Bedürfnis, aktiv zu sein und etwas bewirken zu können,*
b) *das Bedürfnis, mit Menschen in Beziehung zu treten.*

In der Folge spreche ich von der Beziehung zwischen dem Bedürfnis aktiv zu sein und etwas bewirken zu können, und Verhaltensstörungen. Das zweite Grundbedürfnis muss ich aus Zeitgründen unberücksichtigt lassen. Mir scheint aber, dass man in den letzten Jahren ohnehin viel darüber geredet und geschrieben und seine Bedeutung für die Entstehung von Verhaltensstörungen ganz allgemein aufgezeigt hat. Dies geschah mitunter so einseitig, dass manche Eltern von einem „Beziehungsterror" sprechen. Sie meinen damit, dass sie sich von der Forderung, Beziehungen zu ihrem Angehörigen mit einer Behinderung einzugehen, terrorisiert fühlen, vor allem dann, wenn sie nicht wissen, wie der Kontakt geschehen soll. „Gern haben, Geborgenheit schenken, ja, aber sagen Sie mir bloss, wie ich das tun soll?", so äusserte sich ein überforderter Vater, der handeln wollte und nicht konnte, weil er nicht wusste, was er tun sollte.

3. Zusammenhang zwischen dem Bedürfnis, etwas bewirken zu können und Verhaltensstörungen

3.1 Bewirken-Können und Hilflosigkeit

Der Mensch will, nein, muss von Natur aus aktiv sein. Das ist eine physiologische Notwendigkeit. Ich denke da an die Bewegungen des Neugeborenen und des Kleinkindes wie saugen, strampeln, einfache Greifbewegungen, umherschauen. Diese haben, oberflächlich betrachtet, den Sinn, Spannungen im Körper auszugleichen. Alle diese Bewegungen, die man auch bei passiven Kindern mit einer geistigen Behinderung, etwa bei solchen mit einem Down-Syndrom, sehr früh beobachten kann, haben aber einen grundlegenden Sinn: Das Kind wird nicht nur von innen her bewegt, es beginnt sehr bald, sich selber zu bewegen und erfährt dadurch, dass *es etwas bewirken kann* bei sich und in seiner Umwelt. Beispiele: Es spürt die Bewegungen seiner Arme und Beine, merkt, dass es dann, wenn es den Kopf hebt, etwas anderes sieht, auch wenn es dies noch nicht versteht; merkt, dass dann, wenn es weint, jemand kommt, und viel später merkt es, dass z.B. ein Ton entsteht, wenn es die Rassel bewegt. Kurz, der Mensch muss offensichtlich erfahren dürfen, dass sein Verhalten Konsequenzen hat, dass er nicht einfach der Welt ausgeliefert ist. Fühlt er sich ausgeliefert, so wähnt er sich hilflos, und das lässt Angst und mitunter Verzweiflung aufkommen. Jeder wehrt sich dagegen, solange er nicht schon in die Schwermut versunken ist (*Seligman* 1979). Das gilt auch für den Menschen mit einer geistigen Behinderung, denn auch er ist, trotz seiner Behinderung, auf Gelingen und nicht auf Misslingen angelegt, das heisst auch er will erfahren, dass er etwas bewirken, verändern kann, dass er lebt. Sich als Bewirkender zu erfahren ist vorerst wichtiger als die Anerkennung durch Mitmenschen. Das wissen wir alle, denn immer wieder und vor allem dann, wenn wir uns einsam und verlassen fühlen, ist es entscheidend, dass wir auf unser eigenes Können bauen dürfen, z.B. eine bestimmte Arbeit verrichten können, in einem Hobby aufgehen, ganz für uns allein.

Entscheidend ist die elementare Tatsache, dass man sich nur dann als Bewirkender erleben kann, wenn man über Material im weitesten Sinne verfügt und wenn man gelernt hat, damit umzugehen. Beispiele: eine Rassel, um sie zu bewegen, Lehm, um einen Klumpen oder eine Statue zu formen, Farben, um einen einfachen Baum oder eine kunstvolle Landschaft zu malen, Wolle, um ein Stück Karton zu umwickeln oder einen Pullover zu stricken, Nahrungsmittel, um ein Menü zu kreieren, Sprache, um etwas auszudrücken, Ideen, um etwas zu entwerfen.

Voraussetzung für alle diese Fertigkeiten mit sehr unterschiedlichem Schwierigkeitsgrad ist, dass man die Welt wahrnimmt, sie betasten, riechen, schmecken, sehen, hören kann. All das muss aber gelernt werden. Kurz: Jeder Mensch braucht seine „Bühne", auf der er handeln und vor sich und andern bestehen kann. Um diese zu bauen, braucht er die Hilfe anderer, verteidigen muss er sie letztlich aber selber.

3.2 Verhaltensstörungen als einzige, sozial aber untaugliche Möglichkeit, sich als Bewirkender zu erfahren

Fragen wir deshalb, wie es sich damit beim Menschen mit einer geistigen Behinderung verhält, wie er seine „Bühne" baut, wie er sie in der Welt vorfindet, vorfinden darf. Damit er etwas tun kann, braucht er vorerst ein bestimmtes Mass an Anregung aus der Umwelt; er muss etwas sehen, hören, betasten, bewegen können, und zwar nicht eintönig. Manche nehmen nun weniger und verzerrter wahr als Nichtbehinderte. Andere werden auch heute noch in Ruhe gelassen, abgesondert, sei es, weil man sie schonen will, sei es, weil man nicht weiss, wie man mit ihnen umgehen sollte, oder sei es, weil man aufgrund der Enttäuschung, ein solches Kind zu haben, gefühlsmässig so blockiert ist, dass man vorerst für sich selber Zeit braucht, bevor man sich mit ihm über das Pflegerische hinaus abgeben, ihm begegnen kann.

Fühlt sich so ein Mensch zu wenig angeregt, so kann es sein, dass er sich selber anregt. Dies erfolgt wohl weniger bewusst aufgrund eines Entscheides als vielmehr, weil er dazu getrieben wird. Beispiele: Er

lutscht intensiv und lange, schaukelt, fächelt, klopft, kratzt, dreht Gegenstände oder sich selber im Kreise. Diese Verhaltensweisen, man nennt sie Stereotypien, werden oft rhythmisch ausgeführt, und manche steigern sich so sehr in sie hinein, dass sie kaum mehr ansprechbar sind. Aber man hat häufig den Eindruck, dass es ihnen dabei wohl ist und manche wehren sich vehement, wenn man sie dabei stört. Wir können davon ausgehen, dass dieses Verhalten für sie einen Sinn hat; sie erleben dabei, dass ihr Tun Konsequenzen hat. Wie kann das konkret aussehen? Einmal kann es sein, dass sie durch die intensiven Bewegungen ihren Körper besser spüren. Oder sie erleben, dass Erwachsene sich ihnen zuwenden, sobald sie sich ihren Stereotypien hingeben. Entscheidend ist nicht, wie Erwachsene diese Stereotypie werten, ob sie sie akzeptieren oder ob sie sie zu unterbrechen versuchen. Für den Betroffenen ist vorerst einzig wichtig, dass er erfährt, dass dann, wenn er etwas tut, z.B. die Stereotypie ausführt, der Erwachsene sich ihm zuwendet. Diese Erfahrung setzt keineswegs voraus, dass der Mensch mit einer Behinderung den Zusammenhang bewusst erfasst. Bei solchem Tun kann er sich als Bewirkender erleben. Er erfährt, dass er etwas selber und eigenständig tun kann, das Konsequenzen hat. Vielleicht ist es das Einzige, was er wirklich beherrscht. Das Verhalten hat für solche Menschen Überlebenswert, denn dadurch wird das Grundbedürfnis „sich als Bewirkender erleben" wenigstens teilweise gestillt. Und das ist vorerst wichtiger als der Umstand, dass andere sein Verhalten als Verhaltensstörung werten.
Es kann vorkommen, dass der Mensch mit einer geistigen Behinderung in seinen Stereotypien erlebt, dass er etwas *sehr gut*, ja *meisterhaft* beherrscht. Ein Beispiel: Ein 9jähriger Knabe mit schwerer Mehrfachbehinderung war vollständig pflegebedürftig, sprach kein Wort, und auch nach mehreren Monaten Betreuung waren die Mutter und ich unsicher, ob er Sprache überhaupt versteht. Dieser schwerstbehinderte Knabe konnte aber mit zwei Löffeln zwischen den Fingern der linken Hand so meisterhaft klappern, wie man es mitunter bei guten Volksmusikanten beobachtet. Es war die einzige Tätigkeit, die er beherrschte und auch immer wieder intensiv ausführte. Für uns war klar, dass die andauernde „Übung" und der persönlich erlebte Erfolg ihn

zum Meister werden liessen. Nachdem die Mutter nun dieses „Klappern“ positiv werten konnte, statt es bloss als sinnlosen und störenden Lärm zu betrachten, ergaben sich von hier aus Ansatzpunkte für den Aufbau verschiedener, allerdings bescheidener Fertigkeiten. Viel entscheidender als die kleinen Fortschritte war für die Mutter die Erfahrung, dass sie ihren Sohn nun anders verstehen und ihm begegnen konnte. Das Verhalten hatte für sie und für den Knaben wohl erstmals einen verbindenden Sinn erhalten. Sie drückte das so aus: „Jetzt haben wir einander, alles andere kann ich durchaus ertragen“.
Gleiche stereotype Verhaltensweisen können manche zeigen, wenn man von ihnen etwas verlangt, das sie noch nicht können, oder aber auch nach einer Förderstunde oder nach Enttäuschungen. Die Stereotypien können hier den Sinn haben, sich zurückziehen zu können in die private, geschützte Welt, in eine Lebensnische, wo man sich selber etwas Liebes tut.
Sie können aber auch dazu dienen, vor der Forderung zu fliehen oder angestaute Energien abzuladen, auszuleben. Meistens werden sie dabei aber nicht ruhiger, sie laufen vielmehr leer, bis hin zur Erschöpfung.
Es lohnt sich also zu fragen, ob der Mensch mit einer geistigen Behinderung mit seinem Verhalten, das uns mitunter so stört, nicht einfach erfahren will, dass er etwas bewirken, seine Umwelt kontrollieren kann, obwohl das Verhalten ihn in seiner Entwicklung hemmt und die Umgebung stört. Dies etwa auch dann, wenn er für uns uneinsichtig plötzlich schreit, erbricht, einnässt, einkotet, wegläuft, etwas zerstört, andere schlägt oder hingebungsvoll an Maschinen herumhantiert und zornig wird, wenn man ihn wegholt. Bei all diesem Tun erlebt er nicht bloss die direkte Wirkung, sondern oft auch noch die Reaktion der Bezugspersonen. Und je aufgebrachter, besorgter, „geladener“ wir reagieren, umso mehr geben wir ihm die Gewissheit, dass er „mächtig“ ist. Manche Erzieher fühlen sich durch solches Verhalten tyrannisiert. Sie meinen, der Mensch mit einer Behinderung wolle damit noch mehr Zuwendung erzwingen. Das kann, muss aber nicht so sein. Wer jede Verhaltensstörung ausschliesslich als Ruf oder Schrei nach Zuwendung versteht, wird sich dem „Störenden“ wahrscheinlich vermehrt widmen (*Wolff* 1978).

Wenn er aber nicht weiss, was er mit ihm anfangen soll, wird er erfahren, dass dieser das Störverhalten nicht aufgibt, im Gegenteil. Denn solche Menschen brauchen langfristig nicht einfach Zuwendung, sondern *Kompetenz*. Und diese ist aufzubauen durch Erziehung, Förderung und Arbeit. Es geht darum, Verhaltensweisen auszubilden, die wir akzeptieren können und die die Entwicklung des Betroffenen fördern, bei denen er sich aber trotzdem als Bewirkender erlebt, so dass sein Störverhalten überflüssig wird. Das Prinzip ist einfach; es zu verwirklichen ist aber oft sehr schwierig, vor allem, wenn das Verhalten bereits festgefahren ist. In diesem Sinne kann man sagen: *Angemessene Förderung ist die beste Voraussetzung, um das Entstehen gewisser Formen von Störverhalten zu verhindern und um sie abzubauen*. Jedenfalls beobachtet man immer wieder, dass bei jemandem das Störverhalten wie von selbst, das heisst ohne dass man es unterbindet oder verhindert, verschwindet, sobald er andere Verhaltensweisen beherrscht.
Wer aber nur versucht, Störverhalten zu verbieten, ohne den Betroffenen zu befähigen, etwas zu tun, das akzeptiert wird, der nimmt ihm oft die einzige Möglichkeit, vor sich selber zu bestehen. Das kann bedeuten, dass man das Störverhalten vorübergehend dulden muss, obschon es uns stört und der Mensch mit einer geistigen Behinderung dadurch sich selber in der Entwicklung hemmt.
Damit keine Missverständnisse entstehen: Ich stehe nicht ein für Förderung um jeden Preis. Es geht mir nur darum, zu zeigen, dass es besser ist, dafür zu sorgen, dass jemand etwas Eingenständiges lernt, statt ihn durch blosse Zuwendung abhängig und inkompetent zu erhalten.

3.3 Verhaltensstörungen als Versuch, in den Dingen Halt zu finden

Warum aber treten solche Verhaltensstörungen bei Menschen mit einer geistigen Behinderung so viel häufiger auf als bei Nichtbehinderten? Das ist wohl eine Folge der geistigen Behinderung. Im Unterschied zum Nichtbehinderten gelingt es ihnen nämlich viel weniger, ihre Umwelt (Menschen, Dinge und Handlungen) zu strukturieren und sie als *sinnvoll* zu erfassen. (Zu diesem Tatbestand gibt es verschiedene theoretische Ansätze, die nachgelesen werden können in *Brezovsky* (1985), *Burkart* und *Krech* (1986), *Jantzen* und *von Salzen* (1986), *Kane* (1979), *Kane* und *Hettinger* (1987), *Rojahn et al.* (1985), *Speck* (1989), *Stockmann* (1986).

Wenden wir uns dem Umgang mit den Dingen zu. Dabei vergegenwärtigen wir uns vorerst, welch immense Leistung es ist, in dieser komplizierten Welt alles so zu handhaben, wie es gemeint und üblich ist. Wie handhabt man z.B. ein Messer, wieso soll ein Löffel nicht auch verwendet werden, um ihn zu drehen, mit ihm zu klopfen, warum darf man Bücher nicht zerreissen, warum sind die Strassen nicht da, um sich nach Belieben darauf zu bewegen, warum darf man die in Verkaufsläden so wohlfeil ausgestellten Sachen nicht einfach nehmen, warum darf man nicht auch ein Mofa, ein Auto, eine eigene Wohnung haben usw.?
Wie lernt nun der Mensch, angemessen, das heisst zweckmässig und der Norm entsprechend, mit den Dingen umzugehen?
Kurz ausgedrückt:

- durch Nachahmung eines Vorbildes, indem er nachmacht,
- durch Versuch und Irrtum, indem er ausprobiert,
- durch Einsicht, indem er den Sinn des Gegenstandes und der Handlung zu erfassen versucht und dann handelt,
- oft durch eine Kombination der drei Vorgehensweisen, die mehr oder weniger durch Erzieher gesteuert werden können.

Ein Beispiel: Mit dem Messer zweckmässig und so, „wie man's macht", zu schneiden, kann man lernen, indem man abschaut, wie jemand damit umgeht und dann nachahmt, indem man's ausprobiert oder indem man versucht, den Zweck des Messers, die Idee, die im Messer konkretisiert ist, zu begreifen, und dann handelt. Ahmt man bloss nach, so ist das sehr rationell. Aber man ist unbeweglich und hilflos, wenn's einmal nicht nach gelerntem Schema abläuft, etwa wie jener, der nur nachahmend sein Auto zu bedienen lernte und erstmals eine Panne hat. Doch auch wer nur nachahmend lernt, muss den Sinn

des Messers und des Schneidens wenigstens teilweise erfasst haben. Entweder hat das Schneiden einen Sinn, weil es z.B. als angenehm empfunden wird, und/oder das Ergebnis wird bedeutungsvoll, weil man z.B. die entstandenen Apfelstückchen essen kann.
Auch ausprobierend lernt man aber nicht einfach blind und mechanisch, sondern nur, wenn man das Ergebnis entweder wenigstens diffus erahnt oder wenn man einem zufälligen Ergebnis (z.B. Apfelstückchen) einen Sinn abgewinnen kann.
Um durch Einsicht zu lernen, die anspruchsvollste Form, muss man hinter die Dinge sehen können, ihren Zweck und ihre Funktion wenigstens ansatzweise verstanden haben. Dinge sind doch in Material umgesetzte Ideen. Dass das Messer eine Schneide und einen Griff hat, die fest miteinander verbunden sind und aus bestimmtem Material bestehen, ist das Ergebnis eines langen Entwicklungsprozesses. Will man es durch Einsicht handhaben, so muss man diese Idee mindestens teilweise erfasst haben. Wenn Kinder so oft Dinge untersuchen, auseinandernehmen, ausprobieren, so doch wohl, weil sie „dahinter kommen wollen", mit andern Worten: Sie wollen die in Material umgesetzte Idee erfassen, denn das erhöht die Kompetenz und senkt die Hilflosigkeit. Zusammenfassend: Um Dinge zweckmässig und sozial akzeptiert zu handhaben, muss man entweder der Handlung oder ihrem Ergebnis einen Sinn verleihen können, oder man muss die Idee, die dem Gegenstand zugrundeliegt, wenigstens teilweise erschliessen. In jedem Fall ist ein Minimum an Vorwissen und an Sinnerfassung notwendig.
Ein wesentliches Merkmal der geistigen Behinderung ist nun die Schwäche, *Sinn zu erfassen.* Was bedeutet diese Schwäche für den Menschen mit einer geistigen Behinderung im Umgang mit den Dingen? Wohl, dass die Dinge, die er in seiner Welt antrifft, für ihn keine, nur eine geringe oder eine falsche Bedeutung haben. Ferner wird er nur mit Hilfe - und auch dann nur begrenzt - ihre Bedeutung erfassen.
Wie wird er sich behelfen? Er beschränkt sich auf wenige Gegenstände, die er beherrscht oder die ihm sehr wichtig geworden sind. Dann lebt er in einer beschränkten Welt. Oder er verwendet viele Gegenstände so, wie er's eben kann, und das ist oft unbeholfen,

„eigenartig" oder oberflächlich, indem er sie z.B. herumwirft. Mitunter beobachtet man, dass manche irgendeinen Gegenstand überallhin mitnehmen und sich vehement wehren, wenn jemand versucht, ihnen diesen wegzunehmen. Man nennt solche Gegenstände nicht ganz zutreffend Fetisch. Es scheint, dass diese Gegenstände diesen Menschen sehr viel bedeuten, dass sie sich daran klammern, ohne sie nicht auszukommen glauben. Da wird Energie gebunden. Eine mögliche Deutung: Der Gegenstand gibt Halt. Er schränkt aber auch ein, indem der Mensch mit einer geistigen Behinderung daran fixiert bleibt und sich nicht mehr für anderes interessiert. Es wäre interessant, der Frage nachzugehen, welche Beziehungen zwischen dem „Fetisch" eines Menschen mit geistiger Behinderung und dem „Besitz", z.B. dem Geld, an den sich manche Zeitgenossen klammern, besteht.
Ähnlich kann es sich mit den Gewohnheiten und den Ritualen verhalten: Sie geben Halt und Sicherheit, aber wie jeder Halt engen sie auch ein, legen fest, den Betroffenen und oft genug auch seine Mitmenschen. Dies etwa dann, wenn zuerst ein Tischritual ablaufen muss, obwohl man in Eile ist, wenn man nur bestimmte Kleider kauft, nur auf eine ganz bestimmte Art über die Strasse geht, nur zu ganz bestimmten Menschen zu Besuch geht usw. Es ist in der Tat im Alltag oft schwierig zu entscheiden, ob man jetzt Gewohnheiten auf Kosten der geistigen Beweglichkeit ausbilden soll oder ob man zu Offenheit anhalten will, auf die Gefahr hin, dass jemand haltlos bleibt oder haltlos wird.

3.4 Verhaltensstörungen als Ausdruck ungenügenden Haltes in den Dingen

Wer Mühe hat, die Welt zu strukturieren, seiner Welt einen Sinn zu geben, findet auch weniger Halt in ihr. Ich meine nicht Gott und die Welt, sondern die einfachen Dinge, die uns umgeben. Auch wir versuchen, bewusst oder unbewusst, Gegenstände, die wir brauchen, genauer kennenzulernen. Indem wir mit ihnen arbeiten, zu ihnen Sorge tragen, werden sie uns heimisch, sie bedeuten uns dann mehr als ihr Kauf- oder Gebrauchswert. Und wenn sie nicht mehr da sind, vermissen wir sie. Wer so lebt, dass er weder zu Gegenständen noch zu Räumen (z.B. Wohnung) persönliche Beziehungen aufbaut, bleibt ein Fremdling, steht der Welt gegenüber, betrachtet sie als Gegenstand, über den man verfügen kann, den man beliebig auswechseln, den man auch bedenkenlos zerstören kann. So ein Mensch vergibt sich die Chance und auch das Glück, von den Dingen gehalten zu werden. Von den Dingen gehalten wird nur, wer sie beseelt, zu ihnen Sorge trägt, kurz, Ordnung hält. Wer das nicht erfährt weiss kaum, was wohnen, was bei sich sein heissen kann. Wer so wenig gehalten ist, sich nicht halten lässt, wird leicht ungehalten, unruhig, oft auch rücksichtslos. Auf den Menschen mit einer Behinderung übertragen bedeutet dies, dass manche Unruhe ihren Grund darin hat, dass er sich durch die Dinge nicht gehalten fühlt, sei es, weil er sie nicht kennenlernen durfte, weil sie ihm nicht nahegebracht wurden, oder weil sie für ihn zu kompliziert sind. Oder aber, weil wir ihm seine eigene kleine Welt absprechen, indem wir uns sinnlos scheinende Gegenstände, die er sammelt, immer wieder wegwerfen, weil doch *unsere* Ordnung sein muss, indem wir ihm verbieten, sich in seine Ecke oder in sein Zimmer zurückzuziehen, weil jetzt doch Schule ist, weil man jetzt doch üben oder arbeiten muss, indem wir ihm verbieten, ein Foto oder seinen Lieblingsgegenstand am Arbeitsplatz zu haben oder ganz einfach neben einer bestimmten Person zu arbeiten oder sich immer wieder zu versichern, dass der Freund oder die Freundin noch da ist. Ich weiss, all dies stört unsere Ordnung. Aber manchmal sollten wir uns doch fragen, ob unsere Ordnung für den Menschen mit einer geistigen Behinderung nicht zur Un-Ordnung, zur Qual, zum Zwang, zur Bedrohung und Überforderung wird, so dass er sich nur noch mit einem Verhalten wehren kann, das wir dann Verhaltensstörung nennen. Wer Verhaltensstörungen zeigt und wer als verhaltensgestört gilt, macht Schwierigkeiten, bekommt aber auch solche. Seine Leistungen sinken, er fühlt sich selber leistungsgehemmt und in seinem Selbstwert getroffen.

4. Konsequenzen für den Umgang mit Menschen mit einer geistigen Behinderung

Was können wir dafür tun? Zuerst sollten wir uns stets fragen, ob unsere Institutionen für die Früherziehung, Sonderschulung, unsere geschützten Werkstätten, Wohnheime und Freizeitangebote nicht vielleicht doch zu sehr auf Vorstellungen von Leistung und Produktion ausgerichtet sind, wie sie für Nichtbehinderte gelten. Trifft das zu, so ist der Mensch mit einer geistigen Behinderung darin überfordert oder einseitig gefordert. Konkret: Wie berücksichtigen wir das Lernverhalten, das Arbeitstempo, den Arbeitsrhythmus, die Ermüdung, das Bedürfnis nach Bewegung, die Begabungen und die besonderen Schwächen wie etwa Wetterfühligkeit, Auswirkungen einer Krankheit, unbewältigte Probleme, die jemand in die Schule, zur Arbeit mitbringt und mit denen er allein nicht fertig wird? Vor allem aber: Geben wir ihm die Möglichkeit, sich als Bewirkender zu erleben? Vielleicht sollten wir doch gemeinsam überlegen, ob wir alle Möglichkeiten ausgeschöpft haben und den konkreten Alltag der behinderten Menschen wirklich ihrer Eigenart entsprechend gestaltet haben. Um es einfach auszudrücken: Man erkrankt doch oft am Alltag. Oder umgekehrt: Ein angemessener Alltag, in dem man jemand sein darf, etwas leisten kann, vor dem man bestehen kann und das andere auch anerkennen, in dem man, so wie man ist, angenommen wird, ist doch der beste Garant für eine gesunde Entwicklung. Manche Therapie und manche Sanktionen wären dann wohl überflüssig.

Aber auch wenn der Alltag optimal gestaltet ist, wird man oft nicht ohne Zusatztherapien auskommen. Zu hoffen ist dann, dass diese in enger Zusammenarbeit zwischen Haupterziehern und Therapeuten geplant und durchgeführt werden. Einerseits geht es darum, die Therapieziele vom Alltag her mitzudefinieren, andererseits aber sollten therapeutische Effekte in der Arbeits- und Wohnsituation unterstützt und die Alltagssituation aufgrund der Erkenntnisse aus den Therapien umgestaltet werden. Mit andern Worten: Alltag und Therapie sollten eine Einheit bilden, statt nebeneinander oder gar gegeneinander zu verlaufen (siehe Arbeiten 18 und 20 in diesem Buch).

Es wird aber immer wieder vereinzelt Menschen mit einer geistigen Behinderung geben, die auch dann sich selbst und ihre Bezugspersonen gefährden und überfordern, wenn Alltag und Therapieangebote inkl. Medikation optimal gestaltet und aufeinander abgestimmt sind. Hier wird man ohne vorübergehende oder dauernde Plazierung in einer geschlossenen Institution nicht auskommen. In wenigen Einzelfällen dürfte in Zukunft allein die psychiatrische Klinik für eine medizinisch und, so ist zu hoffen, auch pädagogisch einwandfreie Betreuung Gewähr bieten. Solche Plazierungen sind sicher für alle belastend. Wir sollten aber aufpassen, dass wir nicht, in Unkenntnis der wirklichen Verhältnisse, Betreuer oder Eltern, die sich zu diesem Schritt entschlossen, entschliessen mussten, vorschnell verurteilen.
Die Forderung nach einer angemessenen Welt kann auch den Bestrebungen nach „Integration um jeden Preis" zuwiderlaufen. Eines scheint mir einleuchtend: Wenn wir die Menschen mit einer geistigen Behinderung immer mehr anhalten, an unserer immer komplizierter werdenden Welt teilzunehmen, so müssen wir auch bereit sein, sie entsprechend darauf vorzubereiten. Wir sollten aber auch in jedem Einzelfall fragen, ob die Welt ihm nicht davonläuft, ihn überfordert, ob er fähig ist zu wählen und vor allem, ob er in der Lage ist, auf all das zu verzichten, was er haben möchte, aber nicht haben darf. Zu denken ist hier vor allem an jene Jugendlichen und Erwachsenen, die extern wohnen, mit der Welt konfrontiert werden, die über ihre Behinderung nachdenken, sehr wohl realisieren, dass sie anders sind und die am Anderssein leiden. Worunter leiden sie eigentlich? Darunter, dass sie auf so vieles verzichten müssen, was andere selbstverständlich haben dürfen. Sie leiden, weil sie durch ihre Begrenztheit benachteiligt sind. Ein konkretes Beispiel: Warum verdient mein jüngerer Bruder, er ist nicht behindert, sehr viel mehr als ich, obschon wir beide den ganzen Tag arbeiten? Warum darf ich nicht auch einen Töff, ein eigenes Zimmer haben, in die Ferien gehen, mit Nichtbehinderten zusammen arbeiten, eine Freundin haben, ausgehen, wohin und wie lange ich will? Dieses Beispiel steht stellvertretend für viele. Es zeigt, dass die geistige Behinderung trotz bester Bemühungen eben *immer Grenzen setzt*, eine Teilnahme am öffentlichen Leben immer ein-

schränkt, dass der Betroffene, vor allem, wenn er extern wohnt und lebt, immer in besonderem Masse verzichten muss. So betrachtet, ist es nur allzu verständlich, wenn ein solcher mitunter verstimmt, ungehalten, unzufrieden, aggressiv ist, sich gegen die Ordnung, eigentlich gegen sein Schicksal auflehnt, zu fliehen versucht oder gar krank wird. Was kann man dagegen unternehmen? Man könnte versuchen, auf folgende Fragen einzugehen:

- Hat er eine Lebensnische, die ihn zufriedenstellt, so dass der Verzicht etwas leichter fällt?
- Kann er sich von seiner Arbeit bereichern lassen?
- Hat er die Möglichkeit, seine Freizeit sinnvoll zu gestalten?
- Was ist für ihn eine sinnvolle Freizeitbeschäftigung?
  (Wir haben in einer Untersuchung festgestellt, dass nur etwa 10% der Erwachsenen mit einer geistigen Behinderung, die in einer geschützten Werkstatt arbeiteten und bei den Eltern wohnten, in der Freizeit das machten, was sie in der Schule gelernt hatten, z.B. Sport, Schwimmen, Malen, Spielen, Tanzen.)
- Hat er gelernt, zu wählen, zu fordern und zu verzichten? Lassen wir ihn wählen?
- Gestehen wir ihm das Recht zu, an den Errungenschaften unseres Lebens so weit wie nur möglich teilzunehmen?
- Sind wir in der Lage, zu ertragen, dass er stets ein beschränktes Leben wird führen müssen?
- Haben Eltern und Betreuer die Möglichkeit, über die auftretenden Fragen und Probleme offen zu sprechen? Diese Zusammenarbeit sollte nicht nur deklamatorisch als ebenso wichtig eingestuft werden wie die direkte Arbeit. Sie sollte *verwirklicht* werden. Doch dafür sind einige Voraussetzungen zu schaffen:
  - Beide Elternteile, und nicht nur die Mutter, sollten sich dafür Zeit nehmen, auch tagsüber, und nicht einfach erwarten, dass sich die Fachleute abends, nach einem vollen Arbeitstag, dafür zur Verfügung stellen.
  - Von den Fachleuten darf man diese Arbeit nicht als Zusatz- oder Freizeitarbeit erwarten, an der dann gemessen wird, ob eine Fachkraft engagiert ist. Diese Arbeit muss gleichberech-

tigt wie die Betreuungsarbeit im Pflichtenheft aufgeführt sein. Dies hat aber nur einen Sinn, wenn die Arbeit verrechnet und während der Arbeitszeit wahrgenommen werden kann und wenn die Fachleute dazu auch aus- und fortgebildet werden.

- Wichtigste Voraussetzung ist aber, dass Eltern und Fachleute den Mut und die Bereitschaft aufbringen, den Versuch der Zusammenarbeit zu wagen. Dies setzt voraus, dass beide ihre Rolle im Betreuungsprozess überprüfen und sich fragen, was denn die vielgeforderte partnerschaftliche Zusammenarbeit für sie in der konkreten Situation bedeutet. Können diese Bedingungen erfüllt werden, so darf man hoffen, dass die Zusammenarbeit für alle Betroffenen weniger als Angstarbeit und mehr als Hilfe erlebt wird.

- Wird die Lernfähigkeit des Jugendlichen und Erwachsenen mit einer Behinderung z.B. in Freizeit-Clubs, am Arbeitsort genügend ausgenützt? Wohlverstanden, nicht im Sinne einer einseitigen Verschulung, sondern als Versuch, die Lebensfreude durch eigene Kompetenz und durch Geselligkeit zu fördern.
- Sind wir bereit und ist es uns möglich, Schul- und Arbeitsplätze zu bieten, die, ohne auf Leistung zu verzichten, für den Menschen mit einer geistigen Behinderung vielleicht mehr als bisher zu eigentlichen Orten des Lebens werden können?
- Wird sein Können durch beharrliches Üben gefördert oder durch unstete Vielfältigkeit verhindert?

Ich habe versucht aufzuzeigen, welche Bedeutung das **Tun**, das **Selber-Bewirken-Können** für den Menschen und besonders für jenen mit einer geistigen Behinderung hat und dargelegt, welche Verhaltensauffälligkeiten entstehen können, wenn dieses Grundbedürfnis nicht gepflegt wird. Damit habe ich Verhaltensstörungen bewusst nur unter diesem Gesichtspunkt dargelegt. Unberücksichtigt blieben, wie eingangs erwähnt, alle Verhaltensstörungen, die aus ungenügenden zwischenmenschlichen Beziehungen entstehen.

Bibliographie

- *Bach, H.*: Geistigbehinderte unter pädagogischem Aspekt. In: Deutscher Bildungsrat, Band 34, Sonderpädagogik 3, Stuttgart: Klett, 1974, 17-115
- *Brezovsky, P.*: Diagnostik und Therapie selbstverletzenden Verhaltens. Stuttgart: Enke, 1985
- *Bruckmüller, M.*: Aggression und Regression bei geistiger Behinderung - Ausdrucksmittel oder Störung? Geistige Behinderung 1985 (2), 114-125
- *Buber, M.*: Werke, Band I. Schriften zur Philosophie. Über das Erzieherische. München: Kösel; Heidelberg: L. Schneider, 1962
- *Burkart, H.; Krech, R..*: Aggression und geistige Behinderung. Berlin: Marhold, 1986
- *Deutscher Bildungsrat*: Empfehlungen der Bildungskommission: Zur pädagogischen Förderung behinderter und von Behinderung bedrohter Kinder und Jugendlicher. Stuttgart: Klett, 1974
- *Jantzen, W.; von Salzen, W.*: Autoaggressivität und selbstverletzendes Verhalten. Pathogenese, Neuropsychologie und Psychotherapie. Berlin: Marhold, 1986
- *Kane, J. F.*: Behandlung schwerer Verhaltensstörungen bei geistig Behinderten. Literaturübersicht. Heilpädagogische Forschung 1979 (2), Band VIII
- *Kane, J. F.; Hettinger, J.*: Die Förderung von Menschen mit selbstverletzenden Verhaltensweisen. Geistige Behinderung 1987 (l), 13-21
- *Rojahn, J.; Fenzau, B.; Hauschild, D.*: Selbstverletzungsverhalten geistig Behinderter. Geistige Behinderung 1985 (3), 183-191
- *Schmidt, M. H.; Voll, R..*: Intelligenzminderungen und andere Varianten der Intelligenz. In: *Remschmidt, H.; Schmidt M.H. (Hrsg.)*: Kinder- und Jugenspychiatrie in Klinik und Praxis. Band II. Stuttgart/New York: G. Thieme, 1985, 30-140
- *Schmid, P.*: Verhaltensstörungen aus anthropologischer Sicht. Bern: Haupt, 1985

- *Schneider, R.*: Hirnfunktionsstörungen im Kindesalter. Stuttgart: Enke, 1978
- *Seligman, M. E.*: Erlernte Hilflosigkeit. München/Wien: Urban und Schwarzenberg, 1979
- *Speck, O.*: Verhaltensstörungen, Psychopathologie und Erziehung. Berlin: Marhold, 1979
- *Speck, O.*: Geistige Behinderung und Erziehung. München: E. Reinhardt, 1980
- *Stockmann, F.*: Verhaltensauffällige geistig Behinderte. Geistige Behinderung 1986 (4), 266-270
- *Wolff, G.*: Kindliche Verhaltensstörungen als sinnvolles Signalverhalten. Zeitschrift für Heilpädagogik 1978 (3), 145-155

4

VOM UMGANG MIT GEGENSTÄNDEN

1992

Wir besitzen mehr Gegenstände, als wir gebrauchen können, erwerben viele und oft überflüssige nur, um sie zu haben. Wir verwenden sie wie Gegen-Stände. Sie stehen uns gegenüber. Wir ersetzen sie, sobald sie defekt oder veraltet sind. Wegwerfware.
Heute werden viele verschiedenartige und stets verbesserte Gegenstände auf den Markt gebracht. Oft sind sie aber nicht wirklich verbessert, sondern bloss leicht verändert. Es wird uns weisgemacht, nur das Neueste sei gut genug. Wer das Neueste nicht hat, glaubt, veraltet zu sein.

Die Gegenstände werden auch so gemacht, dass sie rasch abgenützt und verbraucht sind. So müssen wir immer wieder neue kaufen. Es scheint, dass unsere Fähigkeit nicht ausreicht, alles zu konsumieren, was hergestellt wird. Ökonomen sagen, diese unsere Konsumierungsunfähigkeit sei ein Grund für die Arbeitslosigkeit. Und sie versuchen, unsern Konsum anzukurbeln.
Wenn nun aber die Gegenstände rasch zu verbrauchen sind, so hat es wenig Sinn, sorgsam mit ihnen umzugehen oder gar eine Beziehung zu ihnen aufzubauen. Wir leben ausserhalb der Dinge und finden in ihnen keinen Halt. Wir bleiben einsam inmitten der Gegenstände - und rücksichtslos.
Vor noch nicht allzulanger Zeit besassen wir wenig Gegenstände. Wir lebten im Mangel. Heute besitzen wir zu viele Gegenstände und leben im Überfluss. Der Überfluss wurde zum Übermass. Er verkehrte sich in einen neuen Mangel. Mangel aus Unmässigkeit. Es mangelt uns an Achtung vor den Gegenständen und an Beziehung zu ihnen. Unmässigkeit ist ungesund, in jeder Beziehung. Sie betäubt und macht, dass wir uns verlieren.
Wir können mit Gegenständen auch anders umgehen. Wir können sie beseelen, sie zu unseren Dingen werden lassen. Dann tragen wir Sorge zu ihnen. Wir handhaben sie behutsam. Wir pflegen sie und lassen sie reparieren. Und wenn ihre Zeit abgelaufen ist und wir sie ersetzen müssen, so tun wir das mit Wehmut. Weil sie eigentlich nicht ersetzbar sind, vermissen wir sie, zumindest, bis uns ihr Ersatz vertraut geworden ist.
Dinge können zu Vertrauten werden. Dann erzählen sie uns Geschichten. Jene, die wir mit ihnen zusammen erlebten. Ihr Wert ist für uns weit grösser als das, was sie kosteten. Unbeseelte Dinge aber, Gegen-Stände, erzählen keine Geschichten. Es ist wichtig, Dinge zu haben, die Geschichten erzählen. Wer keine Geschichten hat, ist geschichtslos, ein Mensch ohne Wurzeln. Wer keine Wurzeln hat, ist ungehalten im doppelten Sinne des Wortes. Wer die Gegenstände nicht pflegt und sie rasch ersetzt, hat auch keinen geistig-seelischen Besitz. Sein einziger Besitz ist dann oft das Geld, mit dem er neue Gegenstände kaufen kann. Geld aber erzählt keine Geschichten.

Es lohnt sich, zu fragen, welche Gegenstände unnütz sind, uns bloss ablenken und uns hindern, sie zu beseelen. Es lohnt sich auch, zu prüfen, welche Dinge uns Geschichten erzählen. Solche Dinge beruhigen und schaffen Zuversicht. Wir lernen dabei Rücksicht.

Es ist aber nicht ratsam, alle Gegenstände zu beseelen. Das würde nur die Raffsucht fördern.

Geschichten ergeben sich nur aus Erlebnissen. Geschichten schaffen heisst, bewusst leben und auch die kleinen Dinge mit den Sinnen wahrnehmen und sie auskosten. Die schönsten Geschichten sind oft leise, so, als seien sie auf Zehensptizen entstanden. Was lärmt und grob ist, eignet sich nicht für Geschichten, nur für Sensationen, für „actions". Manche von uns erfahren bloss noch die Sensation und die „action". Sie überhören die Geschichten.

Also könnte es darum gehen, so wenig wie nötig zu konsumieren und soviel wie möglich Geschichten entstehen zu lassen, die wir in den beseelten Gegenständen aufbewahren. So würden wir die Fülle erleben, den Mangel überwinden und der Unmässigkeit entgehen.

Wir vermögen nur aus der Fülle zu geniessen. Das ist eine uralte menschliche Erfahrung. Unsere reiche und reichhaltige Zeit bietet beste Möglichkeiten, um zu geniessen, aber auch stärkste Gefahren für die Unmässigkeit. Wer geniessen will, wird lernen müssen, Fülle zu schaffen. Das kann heissen, dass wir gegen den Strom des gedankenlosen und betäubenden Konsumierens, das eigentlich eher ein Verschlingen ist, schwimmen müssen.

5

Menschen mit schwerer Behinderung und unsere Gesellschaft

1989/1990

Zum Aufbau

Ich behandle das Thema, indem ich folgende Thesen zu begründen versuche:

a) Unser Wissen über Menschen mit schwerer Behinderung ist bruchstückhaft, wenig allgemein abgesichert und wenig anerkannt. Aber wir haben wenigstens begründete Fragen. Der Mensch mit schwerer Behinderung ist im guten Sinne fragwürdig geworden, denn man fragt nach ihm.

b) Was wir über Menschen mit schwerer Behinderung zu wissen meinen, ist durch starke Vorurteile geprägt. Diese Menschen sind im schlechten Sinne fragwürdig geworden, denn man stellt sie grundsätzlich in Frage.
c) Menschen mit schwerer Behinderung fordern uns heraus, Sinn, Ziele, Inhalte und Methoden heilpädagogischer Arbeit grundlegend zu überdenken.

1. Erste These

Unser Wissen über Menschen mit schwerer Behinderung ist bruchstückhaft, wenig allgemein abgesichert und anerkannt. Aber wir haben wenigstens begründete Fragen. Der Mensch mit schwerer Behinderung ist im guten Sinne fragwürdig geworden, denn man fragt nach ihm.

1.1 Zum Personenkreis

Damit Sie sich besser vorstellen können, was ich unter Menschen mit schwerer Behinderung verstehe, beschreibe ich einige ihrer Merkmale:

- Die allermeisten sind mehrfachbehindert, wobei die meisten auch Körperbehinderungen aufweisen, so dass sie auch in der Körperbeherrschung schwer beeinträchtigt sind.
- Fast alle leiden an medizinisch fassbaren Krankheiten und müssen dauernd Medikamente einnehmen.
- Es scheint, dass sie lebenslang pflegebedürftig sein werden.
- Sie können als Jugendliche und Erwachsene beruflich nicht eingegliedert werden, sind auch den Anforderungen einer geschützten Werkstätte und oft auch jener einer Beschäftigungsgruppe nicht gewachsen, sondern werden in den täglichen Verrichtungen begleitet, so gut es eben geht. Alle müssen mehr oder weniger umfassend gepflegt werden. Man versucht, ihren Tag so ab-

wechlungsreich wie möglich zu gestalten, wobei ihr Beitrag dazu gering ist. Sie nehmen aber teil am Leben anderer, erfreuen sich offensichtlich daran und schöpfen daraus Lebensmut und Lebenswillen. Jedenfalls sind sie unter solchen Umständen weniger krank;
- Nur wenige sprechen und verstehen einige Worte; die Kommunikation erfolgt über Mimik, Gesten, Tonusveränderung, Atem und Signale.
- Sie sind emotional sehr wohl ansprechbar, in der Regel jedenfalls mehr als kognitiv, sind aber ihren Stimmungen und Affekten und der Umwelt recht hilflos ausgeliefert. Sie vermögen sich wenig zu steuern. Einige sind hochgradig getrieben und in ihrer Unruhe kaum beeinflussbar.

Nun fragen wir, wie solche Menschen in der Fachliteratur, von Betreuern und von Nichtbetroffenen verstanden werden. Unter „Betreuer" verstehe ich die Eltern und alle Fachleute, die mit diesen Menschen arbeiten. Meine Erfahrungen beziehen sich vor allem auf pädagogische Fachleute.

1.2 In der Fachliteratur

1.2.1 Begriffe

Sinnverwandte Wörter für „Menschen mit schwerer Behinderung" sind:

- intensiv Behinderte (z.B. *Speck* und *Thalhammer* 1974; *Breitinger* und *Fischer* 1981),
- schwerst Behinderte (z.B. *Dank* 1987; *Fröhlich* 1986; *Kobi* 1986; *Thalhammer* 1986).

Eine Übersicht über die verschiedenen Begriffe und Betreuungsansätze gibt *Schröder* (1979). Um den Menschen stärker als die Behinderung zu betonen, verwende ich den umständlicheren Begriff „Menschen mit schwerer Behinderung".

1.2.2 Beschreibungsansätze

Fragt man, wie man den Menschen mit schwerer Behinderung in der Fachliteratur beschreibt und wie man sich um den Umgang mit ihm bemüht, so kann man zusammengefasst etwa folgendes sagen:

a) Man vergleicht seine Entwicklung mit jener nichtbehinderter Kinder und stellt fest, dass er einen schweren allgemeinen Entwicklungsrückstand aufweist. Für die einen kommt er nicht über die Entwicklungsstufe eines fünfmonatigen, für andere nicht über jene eines 2½ jährigen Kindes hinaus (z.B. *Trogisch* 1979). Man orientiert sich an einer Entwicklungstheorie, meist ist es jene von *J. Piaget*, und stellt dann fest, dass er lebenslang nicht über die Stufe der sensomotorischen Entwicklung hinauskommt, ja oft nicht einmal alle Phasen dieser Stufe bewältigt.

b) Es wird betont, dass er mit den konventionellen Intelligenz- und Entwicklungstests nicht angemessen erfasst werden kann, weil diese Verfahren an nichtbehinderten Kindern erprobt wurden und deshalb für ihn zu weitmaschig und in der Praxis gar nicht durchführbar sind (z.B. *v. Nordheim* 1983). Deshalb entwickelte man verschiedene Erfassungsbögen, mit denen das *konkrete Alltagsverhalten* differenzierter beschrieben wird (z.B. *Günzburg* 1982, 1983; *Fröhlich* und *Haupt* 1983).
Andere Autoren legen gröbere Stufen der Lern- und Lehrvollzüge vor, die dem Erzieher als Leitfaden bei der Beschreibung und Deutung des Verhaltens dienen sollen (z.B. *Kobi* 1986).

c) Diese genauere Beschreibung des Verhaltens in der Alltagssituation ist gegenüber den Ansätzen unter a) zweifelsohne ein Fortschritt. Dies insbesondere dann, wenn man versucht, *ganze Handlungen* zu erfassen (z.B. wie das Kind beim Essen den Löffel zu führen versucht), statt nur einzelne Verhaltenselemente (z.B. Greifen des Löffels) oder nur blosse Funktionen (z.B. „spürt" den Löffel in der Hand).

Es gilt aber zu sehen, dass mit diesen Methoden vorwiegend festgestellt wird, was jemand schon kann. Erfasst wird also *das Produkt*. Entscheidend ist aber, dass auch erfasst wird, wie jemand lernt und wie sein Verhalten durch jenes des Betreuers und durch die gesamte Umwelt (mit)geprägt wird. Bei Menschen mit schwerer Behinderung darf man mit aller gebotenen Vorsicht wohl sagen, dass ihr Verhalten und ihre gesamte Befindlichkeit, in hohem Masse durch ihre Umwelt beeinflusst wird. Aus diesen Überlegungen fordern immer mehr Autoren, vor allem aber die Praktiker, dass das Verhalten des Betreuers mit der gleichen Sorgfalt zu beschreiben ist wie jenes des Betreuten. Man versucht, die Interaktion zwischen beiden zu beschreiben und zu deuten und daraus abzuleiten, wie der Betreuer zweckmässiger begegnen und handeln könnte (z.B. *Moog* 1986; *Breitinger* und *Fischer* 1981, Kapitel 3).

d) Seit man versucht, Menschen mit schwerer Behinderung zu beschreiben, stellt sich immer wieder die Frage, ob und unter welchen Bedingungen es überhaupt möglich ist, eine angemessene Vorstellung von ihnen zu entwickeln. Dies, weil wir ihre Ausdrucksformen so schwer verstehen.

   Die Schwierigkeit, sich in sie einzufühlen, führt immer wieder dazu, dass man sie als kaum vorstellbar und in der Folge als unsinnige Wesen bezeichnet. Dies ist dann oft der Grund, dass man ihnen Lebenswert abspricht. Um dieser buchstäblich tödlichen Gefahr zu entgehen, aber auch um eine grundsätzliche Sichtweise zu eröffnen, hat man immer wieder betont, dass sie im Grunde gleich sind wie wir und dass es an uns ist, ihnen diese Wesensverwandtschaft zuzugestehen (z.B. *Grond* 1985, 1988 bzw. Arbeiten 1, 3, sowie 12 in diesem Buch).

   Hinter diesen Bemühungen steht die Überzeugung, dass die Nichtbehinderten mit ihren Beschreibungen nicht nur festlegen, was man unter einem Menschen mit schwerer Behinderung zu verstehen hat, sondern dadurch auch ihre Lebensbedingungen und somit auch ihr Selbstverständnis wesentlich prägen. Diese Menschen sind, so betrachtet, im hohen Masse so, wie andere sie definieren.

Erst wenn man die anthropologische Gemeinsamkeit unter allen Menschen stärker betont als die behinderungsbedingten Unterschiede, wird man ihnen gerecht. Einen sehr pointierten und leidenschaftlichen Versuch in dieser Richtung legt *Thalhammer* (1986) vor.

1.2.3 Bemerkungen zu den Ansätzen

a) *Vergleichen ist notwendig*

All die genannten Ansätze sind notwendig und problematisch zugleich. Notwendig sind sie, weil sie dem Betreuer Möglichkeiten zeigen, wie er den Menschen mit schwerer Behinderung beobachten, ihn verstehen, ja wie er sich selber in Beziehung zu ihm verstehen kann und wie er handeln könnte. Wir benötigen solche Hilfen. Solange wir nicht blind an sie glauben, sondern sie anwenden, indem wir sie uns und dem Menschen, mit dem wir jeweils zu tun haben, anpassen, sind sie eine echte Hilfe und Ausdruck des Fortschritts.

Problematisch sind alle Ansätze, weil alle mehr oder weniger, direkter oder indirekter den Menschen mit schwerer Behinderung an der Norm messen. Dadurch wird stets das betont, was er noch nicht kann, er erscheint als Minusvariante. Dies indirekt auch dann, wenn man sein Verhalten positiv beschreibt, das heisst wenn man sagt, was er kann, z.B. mit einer Hand greifen, einem Licht nachschauen, pürierte Nahrung schlucken, einfache Bedürfnisse über die Mimik ausdrücken, einzelne Worte verstehen. Immer dann, wenn das gesagt wird, kann der Betreuer mitdenken: „Und dabei ist er schon so alt!" Und wer sich nicht total vergisst, wird auch so denken. Damit aber hat er verglichen und festgestellt, dass eben ein Entwicklungsrückstand vorliegt.

Aber auch, wenn wir festlegen, was jemand neu lernen soll, haben wir es mit dem verglichen, was er eben noch nicht kann, aber lernen soll. Darf das nicht sein? Es ist und muss so sein, denn wir können nur vergleichend denken. Tun wir es nicht, so verlieren wir den Zusammenhang und damit auch den Sinn für unser Tun. Aber

noch mehr: Wer den Menschen mit schwerer Behinderung nur an sich selber misst und jeden Vergleich mit einer Norm ablehnt, läuft Gefahr, ihn zu verwöhnen, ihn zu unterfordern, ihm undiszipliniert nur den Launen des Augenblicks folgend zu begegnen und ihn damit verwahrlosen zu lassen. Dann hat er ihm auch seine Entwicklungsmöglichkeiten und die Erziehungs- und Betreuungsnotwendigkeit abgesprochen und sich selber zum Mass der Betreuung erhoben. Wer so handelt, ist anmassend. *Vergleichen liegt also in der Natur des Erziehungsprozesses und ist notwendig*. Nur über den Vergleich kann der Betreuer dem Betreuten dazu verhelfen, seine Möglichkeiten auszuschöpfen. Und nur der Vergleich mit intersubjektiven Werten bietet eine gewisse Garantie dafür, dass er nicht zum Opfer der Anmassung, Launenhaftigkeit und Eigenartigkeit des Betreuers wird. Auch diese Erziehung und Betreuung scheitert, wenn jemand sie als Privatsache betrachtet. Oder anders: Auch der Mensch mit schwerer Behinderung hat ein Anrecht darauf, in die Gemeinschaft aufgenommen zu werden. Deshalb muss und darf man ihm eine gewisse Anpassung zumuten. Alles andere führt in die Vereinzelung und Leere (Arbeit 18 in diesem Buch kritisiert und erweitert diese Ausführungen).
Entscheidend ist aber,

- dass man ihn mit Zielen und Fertigkeiten vergleicht, die für ihn erreichbar sind,
- dass man den Entwicklungsrückstand nicht moralisch wertet und
- dass man nicht vom dürftigen Verhalten auf eine ebenso dürftige Qualität als Mensch schliesst; denn von da aus ist es nicht mehr weit bis zu dem Punkt, wo man ihm Lebenssinn und Lebensrecht abspricht (sieheThese 2),
- dass man von der intensiven Behinderung nicht zwingend auf die Notwendigkeit einer ebenso intensiven Förderung schliesst.

b) *Vergleiche täuschen*

Täuschen kann der Vergleich mit einer Entwicklungstheorie vor allem bei Jugendlichen und Erwachsenen mit schwerer Behinderung. In gewissen Verhaltensweisen, z.B. Selbständigkeit in täglichen Verrichtungen, Sauberkeit, mögen sie etwa gleichviel leisten, wie nichtbehinderte Säuglinge und Kleinkinder. Was wissen wir aber über den konkreten Menschen, wenn wir feststellen, dass er sich in mancher Hinsicht wie ein nichtbehinderter Säugling oder ein nichtbehindertes Kleinkind verhält? Ja verhält er sich überhaupt so, auch wenn er oberflächlich das gleiche Verhalten zeigt? Ich denke nein, denn „sich verhalten" ist etwas Aktives. Es verhält sich stets der ganze Mensch mit all seiner Lebenserfahrung, mit all seinen Bedürfnissen und Interessen, mit all seiner Vitalität und mit seinen Hoffnungen und Ängsten. Und wenn wir unter diesen Gesichtspunkten einen Jugendlichen mit schwerer Behinderung, der das Greifen erlernt, mit einem nichtbehinderten Säugling, der dasselbe tut, vergleichen, wird rasch klar, dass der Vergleich eigentlich nichtssagend ist. Aber nur für jenen, der den Jugendlichen persönlich kennt und sich ihm stellt, statt bloss aus der Distanz Abläufe zu registrieren. Gezielt, intensiv, variantenreich, aber auch mutig, unvoreingenommen und hoffnungsfroh greift der Säugling zu. Mühsam ausprobierend, sich herantastend, gegen die gestörten Bewegungen ankämpfend, monoton und oft wenig motiviert, mitunter aus Angst vor dem Misserfolg oder aus Unkenntnis, wie es ist, Erfolg zu haben, quälen sich manche Jugendliche und Erwachsene mit schwerer Behinderung mit dem Greifen ab. Andere greifen zwar rasch zu, ohne inne zu werden, was sich da in der Hand befindet, ohne dass es ihnen möglich ist, eine Beziehung zum Gegenstand aufzubauen. Aber auch wenn wir das Verhalten der Bezugspersonen betrachten, werden wir oft krasse Unterschiede feststellen: Dort die einander ansteckende gespannte Aufmerksamkeit, Freude und Aufmunterung, hier oft genug das Bangen, ob's gelingt, vielleicht auch die Ungeduld oder die Abstumpfung an der Monotonie jahrelangen Tretens an Ort; - Sysiphus steht Pate!

Ja, oberflächliche Vergleiche sind fragwürdig. Aber auch, wenn wir versuchen, uns in den Menschen mit schwerer Behinderung einzufühlen, ihn in Analogie zu uns selber zu verstehen, können wir nicht die Gewissheit haben, „richtig" zu liegen. Was wissen wir schon, wie er empfindet, denkt und fühlt? Wer ihn, auch hier sicher wohlmeinend, in all diesen Bereichen sich selber gleichsetzt, läuft ebenfalls Gefahr, anmassend zu sein. Welchen Dienst erweist man ihm, wenn man ihm die Fragen in den Mund legt, die in uns aufsteigen würden, wenn wir so ausgeliefert, so hilflos und ohnmächtig wären (z.B. *Thalhammer* 1986).

Wenn beim blossen Vergleich anhand von Entwicklungstheorien die Gefahr der seelischen Entwertung oder gar Vernichtung des Menschen mit einer schweren Behinderung lauert, so ist es bei der unvoreingenommenen Gleichsetzung mit uns selber jene der Überhöhung und Mystifikation. Was und wie er ist, droht in beiden Fällen durch die eigene Konstruktion zurückgedrängt zu werden. Er wird verkannt. Es kommt zur Vergegnung, nicht zur Begegnung. Wer aber nur vergegnen kann, der erfährt nicht das Du und auch nicht das Ich: Seine Entwicklung wird zentral gehemmt.

c) *Vergleiche können die Eltern und Betreuer unnötig belasten*

Eine besondere Form von moralischer Wertung ist auch, wenn Eltern und Betreuer von der Schwere der Behinderung auf die Schwere der Erziehungsaufgabe und des Schicksals, ein solches Kind zu haben, schliessen, ja, wenn das als das Schlimmste dargestellt wird, was einem Menschen widerfahren kann. Ich masse mir nicht an zu sagen, eine solche Aufgabe könne nicht schwer sein. Ich bin nur überzeugt, dass es auch im Erziehungsbereich weit schwierigere Lebenssituationen gibt, die auch lebenslang andauern können: Ich denke z.B. an drogenabhängige, an psychotische oder schwer verhaltensgestörte, aber normalintelligente Kinder und Jugendliche.

Mir scheint, dass die Begriffe schwerstbehindert und intensiv behindert vorschnell und mitunter zu Unrecht zum Schlusse führen, dass auch die Erziehungsaufgabe, der Beruf und das Schicksal, das Leben mit solchen Menschen teilen zu müssen, schwerster und intensivster Art sind. Ich bin nicht einmal sicher, ob wir ihnen gerecht werden, wenn wir behaupten, dass *intensiv Behinderte* in jedem Fall einer besonders *intensiven Betreuung und Erziehung* bedürfen (siehe auch 3.2 c).

Wenn die bisherigen Ausführungen auch nicht mehr als Streiflichter sind, so zeigen sie doch, wie unsicher wir im fachlichen Umgang mit Menschen mit schwerer Behinderung sind, kurz: wie unbekannt sie uns sind. Dabei gab es sie wohl immer. Dank besserer medizinischer Betreuung und dank besserer Pflege und Erziehung, steigt aber auch ihre Lebenserwartung.

1.3 Was verstehen Praktiker der Behindertenhilfe unter Menschen mit schwerer Behinderung?

Diese Ausführungen beziehen sich ausschliesslich auf meine Erfahrungen in verschiedenen heilpädagogischen Institutionen und in der Aus- und Fortbildung von HeilpädagogInnen und FrüherzieherInnen in der Schweiz.

Vorweg: Praktiker der Behindertenhilfe verstehen darunter sehr Unterschiedliches. In der Regel zählen sie ihre „Schwächsten" dazu und sind dann ganz überrascht, dass es weit schwerer Behinderte gibt. Dies zeigt, dass Menschen mit schwerer Behinderung, so wie ich sie oben beschrieb, bei vielen Praktikern recht unbekannt sind, bzw. dass das konventionelle Verständnis von schwerstbehindert zu kurz greift. Dies hat u.a. folgende Gründe:

a) Nur wenige Heime und sehr wenige Externate nehmen solche Kinder auf. Deshalb haben nur wenige Praktiker die Möglichkeit, solche Kinder kennenzulernen.
b) In den Ausbildungsgängen für Heilpädagogen werden Fragen zum Umgang mit diesen Menschen immer noch nicht ausreichend behandelt. Nicht, weil man die Bedeutung der Thematik verkennen würde; es gibt wenig Referenten, die sich kompetent fühlen, darüber zu reden. Hinzu kommt, auch dies meine persönliche Erfahrung, dass sich nur eine, allerdings zunehmende, Minderheit der Studierenden für diese Thematik interessiert. Die meisten wissen, dass sie nie mit solchen Menschen arbeiten werden, weil sie sich das nicht zumuten. Sie erachten eine solche Arbeit, die stark durch pflegerische Tätigkeiten geprägt ist und in der man wenig Erfolg im traditionellen Schulverständnis hat, für sich selber als wenig

sinnvoll. Eine solche Arbeit sprengt ihre berufliche und oft auch ihre persönliche Identität. Einige fragen ganz offen, ob denn diese Menschen überhaupt schulfähig sind, ob das, was diese benötigen, noch als Erziehung und Unterricht verstanden werden kann. Man kann, man muss feststellen, dass Menschen mit schwerer Behinderung selbst bei manchen Heilpädagogen zu den unbekannten Wesen gehören, die unbeholfen und ohnmächtig machen, Angst auslösen und distanzieren. Diese Tatsache muss ernstgenommen werden. Dies umso mehr, wenn wir berücksichtigen, wie selbst Sonderschullehrerinnen und Therapeutinnen, die ganz ausgezeichnet mit ihnen arbeiten, ihre Tätigkeit erleben.

Alle betonen, dass sie die Arbeit als bereichernd und (über)fordernd zugleich erleben.

Als Belastungsmomente geben sie an:

- Wenig Reaktionen und wenig Initiative der Kinder (kein Kind kann sprechen). Dies erschwert es, sie zu erfassen und zu verstehen, um daraus Erziehungs- und Förderpläne abzuleiten. Zudem erfordert dies von den Mitarbeiterinnen sehr viel Eigeninitiative, die in einem Missverhältnis zu den Rückmeldungen/Fortschritten steht. Auch lebe man, was die Kinder betrifft, in einer sprachlosen/stummen Atmosphäre.
- Sie sagen, dass sie einerseits das, was sie beruflich gelernt haben, nicht ausreichend anwenden können und anderseits das, was sie eigentlich benötigen, nicht genügend kennen. Dadurch sind sehr viel persönliche Verantwortung und Einfallsreichtum notwendig. Diese individuelle und folglich allgemein wenig abgesicherte Arbeitsweise verunsichert und lässt immer wieder fragen, ob man denn auch „richtig arbeitet", ob man am rechten Arbeitsplatz ist, kurz: es ergeben sich Schwierigkeiten mit der eigenen Berufsidentität.
- Wegen der schweren Behinderungen können nur kleine und kleinste Fortschritte erzielt werden. Man hat immer wieder das Gefühl, an Ort zu treten, wenig Erfolg zu haben. Eine Physiotherapeutin berichtet, dass sie in den vegangenen 2½ Jahren kaum Fortschritte erzielte, sondern vorwiegend Rückschritte verhindern

musste. Symptome des Ausbrennens stellen sich ein. Die Mitarbeiterinnen müssen sich in hohem Masse selbst einreden, dass ihre Arbeit einen Sinn hat.

- Die notwendige Individualisierung der Arbeit, der Umstand, dass jede Mitarbeiterin weitgehend selber entscheiden muss, was im Einzelfall angebracht ist, ohne dass sie sich auf konventionelle Berufsbilder und Lehrmeinungen abstützen kann, macht es auch schwer, die Arbeit und die Berechtigung der Institution nach aussen zu vertreten.
- Es ist schwierig, vor den Eltern zu bestehen, wenn man so wenig Fortschritte erzielt.
- Als besonders belastend werden die bei schwerstbehinderten Kindern vorliegenden medizinischen Probleme wie Erstickungsgefahr wegen Verschleimung, progressiver Abbau und Sondenernährung erlebt. Dies, weil die Mitarbeiterinnen auf die Bewältigung dieser Aufgaben nicht vorbereitet sind. Aber auch die konstante Konfrontation mit dem Tod und somit mit der Frage nach dem Sinn des Lebens und dieser Sonderschulung ist für die meisten Mitarbeiterinnen ungewohnt. Dies entspricht auch nicht den konventionellen Berufsbildern einer Erzieherin oder Heilpädagogin.

Um Missverständnissen vorzubeugen, sei nochmals betont, dass die Fachleute, die sich so äusserten, ausschliesslich mit Menschen mit schwerer Behinderung arbeiten und dies geradezu vorbildlich tun. Zweifelsohne können die Belastungsmomente abgebaut werden, wenn man nicht spezielle Gruppen nur für sie bildet, sondern diese Kinder bei leistungsstärkeren, eigentlich beziehungsfähigeren Kindern integriert. Ich bezweifle aber, dass damit das Problem gelöst ist. Müssten wir nicht viel grundsätzlicher fragen? Darauf trete ich bei These 3 ein.

1.4 Was verstehen Nichtbetroffene unter Menschen mit schwerer Behinderung?

Auch hier stütze ich mich auf Befragungen in der Schweiz und auf zahlreiche Gespräche. In der Regel versteht man darunter Menschen, die den durchschnittlichen Massstäben unserer Gesellschaft nicht entsprechen, also jene, die nicht gesund, nicht produktiv, nicht konsumfähig sind. Und oft genug wird dann gleich gefolgert, dass solche Menschen, wobei man meistens auch jene dazuzählt, die wir geistigbehindert nennen, und zum Teil sogar die Lernbehinderten, ein leidvolles Leben führen müssen, eines, in dem ihnen das menschliche Glück vorenthalten bleibt (genauer siehe 2.4).

Ich möchte dieses Kapitel mit einer Frage zusammenfassen: Wie beeinflussen unsere fachliche Unsicherheit und die ambivalente Einstellung von Fachleuten und Nichtbetroffenen das Selbstverständnis und die Befindlichkeit der Menschen mit schwerer Behinderung, ihrer Angehörigen und Betreuer?

2. Zweite These

Was wir über Menschen mit schwerer Behinderung zu wissen meinen, ist durch starke Vorurteile geprägt. Sie sind im schlechten Sinne fragwürdig geworden, das heisst man stellt sie grundsätzlich in Frage.

2.1 Vorurteile

Bisher legte ich dar, dass unser Wissen über diese Menschen nur bruchstückhaft ist. Was aber tut der Mensch, wenn er sich mit etwas befassen muss, das er nur ungenau kennt und wenn es wie in unserem Fall an ausreichender, zuverlässiger Information mangelt? Oft übernimmt er ungeprüft Meinungen anderer, unbesehen, ob diese begründet sind oder nicht. Solches, nicht selber erfahrenes und überprüftes

Wissen nennt man Vorurteile. Oft werden diese noch durch persönliches Gedankengut angereichert. Genau dies scheint in hohem Masse bei der Vorstellung „Mensch mit schwerer Behinderung“ zu geschehen. Ich behaupte nun, dass Nichtbetroffene durchaus ein „Bild“ von ihnen haben. Dieses ist aber vorwiegend negativ und durch Vorurteile geprägt. Bedeutsam ist nun, dass der Nichtbetroffene sich dieses Bildes nicht ständig bewusst ist. Das Wissen wird aber reaktiviert, wenn er mit solchen Menschen konfrontiert wird, direkt oder nur in der *Theorie.* Und diese Reaktivierung des negativen Wissens kann je nach Qualität der Erfahrung fatale, mitunter gar tödliche Konsequenzen haben.

Ich zeige dies an einigen aktuellen Situationen (und erläutere damit die Ausführungen der Arbeit 1, Kapitel 4.3, S.24 in diesem Buch).

2.2 Er soll keine Rechte haben

Man spricht ihm ab, dass er eine Person ist mit Interessen und Rechten. So zu Beispiel *Feinberg* (1986). Er bezieht seine Ausführungen zwar auf «den katatonisch schizophrenen und den dumpf dahindämmernden Kranken mit einem nicht wiederherstellbaren Gehirnschaden» (*Feinberg* 1986, 166). Es muss aber wohl angenommen werden, dass er seine Ausführungen auch bei Menschen mit schwerer Behinderung gelten lassen würde. Er schreibt: «Wenn Mammutbäume und Rosensträucher keine möglichen Träger von Rechten sein können, dann auch kein unheilbar dumpf dahindämmernder Mensch ... Daraus folgt natürlich nicht, dass man diese Menschen nicht so lange wie möglich am Leben erhalten sollte: ... Selbst wenn wir verpflichtet sind, dahinvegetierende Menschen am Leben zu erhalten, so handelt es sich dabei doch nicht um Pflichten *ihnen selbst gegenüber.* Wir könnten dazu verpflichtet sein, um die Empfindungen anderer zu schonen oder um menschliche Regungen in uns selbst zu wecken; aber wir könnten es nicht um ihrer selbst willen tun, da sie unwiderruflich unfähig sind, *Gutes oder Schlechtes zu erfahren*» (*Feinberg* 1986, 166; letzte Hervorhebung durch *J.Grond.*).

2.3 Ihr Recht auf Leben ist in Frage gestellt

Wohin die Argumentation von *Feinberg* führen kann, zeigt sich weit konkreter bei *Peter Singer* (1984). Da Singer nur das ausspricht, was manche denken, will ich seine Argumente etwas ausführlicher und mit Zitaten belegt darlegen. Dies, weil es einer Vogel Strauss-Politik mit tödlichen Auswirkungen für behinderte Menschen gleichkommt, wenn wir uns dieser Argumentationsweise nicht stellen. *Singer* fasst seine Ausführungen zum Kapitel „Euthanasie bei missgebildeten Säuglingen" (*Singer* 1984, 179-188) wie folgt zusammen: «Der Kern der Sache ist freilich klar: die Tötung eines behinderten Säuglings ist nicht moralisch gleichbedeutend mit der Tötung einer Person. Sehr oft ist sie überhaupt kein Unrecht» (*Singer* 1984, 188). Zu diesem Schluss führen im wesentlichen folgende Ansichten:

1. Auch für *Singer* gilt nur jener Mensch als Person und hat somit ein Recht, nicht getötet zu werden, der über Rationalität, Autonomie und Selbstbewusstsein verfügt (*Singer* 1984, 179, Kap.4). «Missgebildete Säuglinge haben diese Eigenschaften nicht. Sie zu töten kann daher nicht gleichgesetzt werden mit dem Töten normaler menschlicher Wesen» (*Singer* 1984, 179).
2. *Singer* stützt sich auf Aussagen einiger Ärzte, die es falsch finden, an schwerer Spina bifida (offener Rücken) leidende Kinder zu operieren, um sie am Leben zu erhalten. Dies, weil ihr Leben „so elend sei". Daraus folgert Singer, «dass ihr Leben nicht lebenswert ist» (*Singer* 1984, 181). Deshalb ist es seiner Meinung nach «richtig, solche Kinder zu töten» (Singer 1984, 181).
   Man beachte: Hier wird auf Aussagen *einiger Ärzte* abgestellt, die Kinder wegen der Schwere der Schädigung nicht operieren wollen. Daraus schliesst Singer auf ein lebensunwertes Leben und erachtet die aktive Euthanasie, also das aktive Töten, als richtig.
3. «Eltern können mit gutem Grund beklagen, dass ein behindertes Kind überhaupt geboren wurde. In diesem Fall kann die Wirkung, die der Tod des Kindes auf seine Eltern haben wird, eher ein Grund dafür als dagegen sein, das Kind zu töten» (*Singer* 1984, 180). An anderer Stelle denkt *Singer* auch an das durch das behinderte Kind verminderte Glück der nichtbehinderten Geschwister (*Singer* 1984,

180). Kurz: Wenn Eltern entscheiden, dass ein Kind, egal mit welcher Behinderung, ihr Glück vermindert, so ist es nach *Singer* gestattet, das Kind zu töten.

4. *Singer* betrachtet Säuglinge «als ersetzbar» (*Singer* 1984, 184). Deshalb ist es auch gestattet, ein Kind mit irgendeiner Schädigung zu töten, sofern die Eltern dadurch ein weiteres gesundes Kind haben können. Bezogen auf Säuglinge, die an Hämophilie (Bluterkrankheit) leiden, sagt *Singer* (1984, 183): «Sofern der Tod eines geschädigten Säuglings zur Geburt eines anderen Kindes mit besseren Aussichten auf ein glückliches Leben führt, dann ist die Gesamtsumme des Glückes grösser, wenn der behinderte Säugling getötet wird. Der Verlust eines *glücklichen* Lebens für den ersten Säugling wird durch den Gewinn eines *glücklicheren* Lebens für den zweiten aufgewogen. Wenn daher das Töten des hämophilen Säuglings keine nachteilige Wirkung auf *andere* hat, dann wäre es nach der Totalansicht richtig, ihn zu töten» (Hervorhebung von *J.Grond.*).

   Man merke: Töten von Säuglingen ist dann gestattet, wenn dadurch das Glück der Eltern und der nichtbehinderten Geschwister erhöht und ein weiteres gesundes Kind geboren werden kann. Dabei wird angenommen, dass ein gesundes Kind ein glücklicheres Leben haben wird als ein irgendwie geschädigtes (*Singer* 1984, 183).

2.4 Singers Gedanken sind verbreitet und zum Teil bereits Realität

Wer diese Argumentation nicht teilt, der soll versuchen, zum folgenden Satz von *Singer* (1984, 186) Stellung zu nehmen: «Mir ist nicht ersichtlich, wie sich die Ansicht verteidigen liesse, Föten vor der Geburt dürften „ersetzt" werden, neugeborene Säuglinge dagegen nicht». *Singer* meint die heute verbreitete Praxis des Schwangerschaftsabbruchs, wenn sich herausstellt, dass das Kind behindert ist. Dabei beachte man, dass der Abbruch nach der Fruchtwasseruntersuchung im fünften Schwangerschaftsmonat durch eingeleitete Geburt erfolgt, in einer Zeit also, da die Mutter die Bewegungen des Kindes bereits deutlich spürt. In der Regel erfolgt der Abbruch mehr oder weniger bewusst mit den gleichen Argumenten, wie sie *Singer* vorbringt.

Diese Art zu denken scheint verbreitet zu sein, wie wir plötzlich und erschreckt feststellen. Dabei sind es nicht „schlechte" oder einfach „verdorbene" Menschen, die so denken. Die meisten „verstehen irgendwie" die Ideen, die *Peter Singer* vorträgt, aber von sich aus fordern nur wenige die aktive Euthanasie für Menschen mit schwerer Behinderung. Die meisten befürworten eine fachmännische Hilfe und entrichten auch die dafür vorgesehenen gesetzlichen Abgaben. Sie bemitleiden diese Menschen und fragen, wie sie von ihrer Hilflosigkeit und von ihrem Leiden erlöst werden könnten. Wahrhaftig eine widersprüchliche und unsichere Haltung, die auch Ohnmacht und Nichtwissen ausdrückt. Wer darf sich guten Gewissens anmassen, diese Einstellung zu verurteilen?
Wie ist ein solches Denken zu verstehen? Ich meine, dass es, wie bereits gesagt, beweist, dass die meisten Menschen entgegen verbreiteter Meinung durchaus ein „Bild" über den behinderten Menschen haben. Vereinfacht ausgedrückt, sieht dieses etwa folgendermassen aus: Er ist einer, den man sich nicht vorstellen kann (und dennoch tut), einer, den man mit gesundem Menschenverstand, ehrlichem Bemühen und lauterem Herzen allein nicht verstehen kann, einer, der ohnmächtig macht, der Angst auslöst, einer, dem man lieber aus dem Wege geht und den Fachleuten überlässt. Oft wird angenommen, dass es sehr schwer sein muss, mit einem solchen Menschen zusammenzuleben (siehe auch *Thomas*, 1980). Kaum jemand kann sich vorstellen, dass er dies „schaffen" würde.
Für viele hat das Leben dieser Menschen, für diese selber wie für die Familie und die Öffentlichkeit, keinen Sinn und keinen Wert. Deshalb erachten manche die Tötung behinderter Säuglinge als Erlösung für diese selber und als Entlastung für ihre Eltern.
Diese zuletzt geäusserte Meinung ist so alt wie die geschriebene Geschichte der Menschheit und kann in allen Kulturen nachgewiesen werden. *Platon*, *Martin Luther* und zum Teil auch *Comenius*, um nur

drei zu nennen, dachten so und nicht bloss *Binding* und *Hoche*, die Vordenker der Vernichtungsaktionen im Dritten Reich (*Grond* 1985 bzw. Arbeit 1 in diesem Buch).

2.5 Vorurteile beeinflussen auch Denker, die das Leben schützen

Selbst Denker unserer Zeit, die für den Schutz jeglichen Lebens und z.B. für ein Moratorium (Denkpause) in der Gentechnologie einstehen, relativieren den Wert des Lebens von Behinderten. So etwa *Hans Jonas*, wenn er schreibt: «Sicher ist ein schwerer und inkorrigibler Schadensbefund, wie Mongolismus, die beste aller Entschuldigungen für den Akt (des Schwangeschaftsabbruchs, Anmerkung durch *J. Grond*) ... und was unser Thema betrifft, so bleibt eine pränatale Aussiebung, die sich auf solche Fälle ernstester Art beschränkt, eindeutig im Felde „negativer Eugenik ...“» (*Jonas* 1987, 175).
Diese Aussage eines Mannes, der mit grossem Ernst den Schwangerschaftsabbruch ablehnt, sobald der Fötus die wesentlichen menschlichen Attribute aufweist, und das ist im fünften Schwangerschaftsmonat eindeutig der Fall, lässt aufhorchen. Dies auch, wenn er Mongolismus nur als die beste aller Entschuldigungen und nicht zwingend als ausreichenden Grund für den Schwangerschaftsabbruch betrachtet. Wie ist das zu verstehen? Ich fragte *Jonas*, wie er zu dieser Ausnahmehaltung kommt, und welche Erfahrungen er mit Menschen mit Down-Syndrom (Mongolismus) machte. Seine Antwort fasse ich z.T. sinngemäss und z.T. zitierend zusammen: Er sagt, «dass von allen für die Abtreibung anführbaren Gründen die des „Mitleids“ ... mit dem künftigen Menschenkind die hörenswertesten sind». Nachdem ich ihn darauf hinwies, wie das Leben der meisten Menschen mit Down-Syndrom verlaufen kann, und dass die Qualität dieses Lebens mehr von den Lebensbedingungen als von der Trisomie 21 abhängt, schreibt *Jonas*: «Mongolismus war, wie Ihre Belehrung klar macht, ein schlechtgewähltes Beispiel für solche Extremfälle.» Seine Erfahrung mit solchen Menschen „ist minim“. Zudem denkt auch *Jonas* an das Los der Geschwister, sowie an «die keineswegs vorauszusetzende

Fähigkeit der Eltern, mit der häuslichen Dauersituation fertig zu werden». Von dieser Seelennot wisse er ein wenig durch Hörensagen aus Bekanntenkreisen (alle Zitate aus dem Brief vom 25.10.88 von *H.Jonas* an mich).

Entscheidend ist in unserem Zusammenhang einzig, dass selbst grosse Denker wie *Hans Jonas* sich über das Schicksal behinderter Menschen, hier solche mit Down-Syndrom, äussern, auch wenn sie nur über minime Erfahrungen verfügen und die häusliche Problematik nur ein wenig vom Hörensagen aus Bekanntenkreisen kennen. Da zudem unbestritten ist, dass viele Eltern von Kindern mit Down-Syndrom ihrer Aufgabe durchaus gewachsen sind und ihr Kind oft genug auch positiv erleben, geht auch *Jonas* in diesem Punkt von einem einseitigen und verkürzten Wissen aus. Und das ist fatal, wenn man die sonstige Haltung von *Jonas* kennt (*Jonas* 1984, 1987).

2.6 Natur oder Kultur?

Ist diese Haltung, die eben de facto zur Lebensgefahr für Menschen mit schwerer Behinderung, ja für Behinderte allgemein wird, so unverständlich?

Ich denke, dass es *„natürlich"* ist, zumindest ist es sehr verbreitet, wenn man auf Behinderte mit Ablehnung, mit Angst und vielleicht auch mit Abscheu reagiert. Jedenfalls halten auch viele erfahrene Fachleute immer wieder im ersten Augenblick „den Atem an", wenn sie diesen erstmals gegenübertreten. Aber eben nur, bis sie ihnen *begegnen*, bis sie sich auf sie einlassen, kurz, bis sie erfahren, dass sie einander im Grunde doch ähnlich sind. Diese Erfahrungen sowie gleichlautende Aussagen von Eltern lassen den Schluss zu, das Menschen mit schwerer Behinderung oft solche sind, bei denen das Äussere abschreckt und den Weg zum Inneren in besonderem Masse versperrt. Es braucht Zeit, bis wir sie und sie uns erreichen, bis wir einander begegnen und dann eben feststellen, wie verwandt wir im Grunde sind. Sind sie uns vertrauter, haben wir weniger Grund, ihnen auszuweichen, nur aus Angst, die Begegnung mit ihnen könnte unsere eigenen verdrängten Armseligkeiten aufbrechen lassen.

Natürlich mag diese Scheu wohl sein, *kultürlich* ist sie nicht. Wir haben es einfach nicht gelernt, nicht lernen dürfen, zu oft wurden Behinderte ausgesondert oder gar versteckt, so dass viele von uns gar nicht die Gelegenheit hatten, ihnen zu begegnen, sie kennenzulernen und unsere Vorurteile zu revidieren. Aber ich denke, dass wir, die wir uns so gerne Anwälte der Behinderten nennen, hier ein gerüttelt Mass an Aufklärung leisten sollten, am besten wohl, indem wir zu unseren Überzeugungen stehen, ohne uns selber etwas vorzumachen.
Mit den bisherigen Ausführungen wollte ich zeigen, dass Menschen mit schwerer Behinderung sehr wohl und in unseren Tagen wieder in besonderem Masse existenziell bedroht sind, weil man sie falsch einschätzt, über sie verfügt, sie so definiert (festlegt), dass man überzeugt, und ohne öffentlich zur Rechenschaft gezogen zu werden, ihre Vernichtung fordern oder zumindest entschuldigen darf.

3. Dritte These

Menschen mit schwerer Behinderung fordern uns heraus, Sinn, Ziele, Inhalte und Methoden heilpädagogischer Arbeit grundlegend zu überdenken..

3.1 Mein Erfahrungshintergrund

Bisher redete ich über eine Realität, die ich direkt erfahre. Bei der Beurteilung der folgenden Ausführungen bitte ich Sie aber zu berücksichtigen, dass ich zwar seit 20 Jahren als Heilpädagoge und Psychologe auch mit Menschen mit schwerer Behinderung und ihren Eltern arbeite, Sonderschullehrer und seit 15 Jahren auch Früherzieher ausbilde und wiederholt bei der Planung und beim Aufbau von Institutionen mitwirkte. *Aber*: Mir fehlen sowohl die Erfahrungen als Vater eines Kindes mit schwerer geistiger Behinderung als auch jene eines Erziehers. Ich weiss also nur aus der Beobachtung, aus Erläuterungen

und aus der Literatur, nicht aber aus eigener Erfahrung, wie das ist, wenn man mit Menschen mit schwerer Behinderung langfristig zu tun hat, für sie verantwortlich ist, sie als solche, die aus eigenem Fleisch und Blut sind, versteht, verstehen sollte und mit ihnen zusammenlebt. Hätte ich diese Erfahrungen „aus der Nähe", wäre ich also anders betroffen, so würde ich möglicherweise auch anders reden. Wollen Sie deshalb meine Ausführungen lediglich als Denkanstösse nehmen, als Aussagen, bei denen ich mich reichlich unsicher fühle, von denen ich nicht weiss, wieweit sie meinem irrealen Wunschdenken, meiner Ohnmacht und Angst entspringen oder wieweit sie für den Umgang mit Menschen mit schwerer Behinderung taugen.
Auch was unser Thema betrifft, stehen wir also vor der eigenartigen, aber typischen Situation (zumindest?) in deutschsprachigen Ländern: dass Menschen ohne oder mit nur bruchstückhafter oder weit zurückliegender praktischer Erfahrung vor Eltern und Praktikern reden (müssen), oft als Experten. Möglicherweise konstruiere ich eine Realität, die Sie nicht als Ihre eigene wiedererkennen. Ich bitte Sie also um Ihre Kritik.

3.2 Verwerfung des Menschen mit schwerer Behinderung auch in der Heilpädagogik?

Ich führe den Gedanken von These 2 weiter und behaupte: Es gibt auch feinere, verkapptere Formen seiner Verwerfung, die man nicht leicht als solche erkennt. Ich denke an die Haltung mancher Betreuer, die alles daran setzen, diese Menschen zu verändern. Sicher erfolgt das in der Regel und auch bewusst in der Absicht zu helfen und zu fördern. Aber dieses Bemühen kann schleichend und unbemerkt ins Gegenteil ausarten. Dann nämlich, wenn wir einer Betriebsamkeit verfallen, weil wir den Menschen mit einer schweren Behinderung zuallererst, so wie er ist, nicht ertragen. Dann, wenn wir unseren eigenen und fremden Ansprüchen, ihn möglichst wirksam zu fördern, auch dann erliegen, wenn wir im Innersten sehr genau wissen, dass wir dadurch uns und ihn überfordern. Gelingt es auch dann nicht, so empfinden viele die ausbleibenden Fortschritte als persönliche Niederlage, als persönliches Versagen. Und wie reagiert man darauf? Manchmal, indem man noch mehr Therapien (Therapie, griech. therapeía eigtl. „das Dienen, der Dienst, die Pflege“. Therapeut, griech. therápon eigtl. „Diener, Gefährte“) versucht, nach Fachberatung verlangt und - indem man *ausbrennt*. Es scheint, dass auch wir in der Heilpädagogik vom Idol des Machbaren und Veränderbaren beherrscht sind. Vor lauter Fachansprüchen betrachten auch wir das Leben zunehmend als Problem, das zu bewältigen ist, statt als Wagnis, das gelebt werden will. Was aber tun, wenn sich die „Probleme nicht lösen lassen“, wie das mitunter im Umgang mit Menschen mit schwerer Behinderung, aber auch in der Betreuung von Alten und Chronischkranken die Regel ist? Ich weiss auf diese Frage keine befriedigende Antwort. Deshalb beschränke ich mich auf die Darstellung einiger Aspekte für den Umgang mit Menschen mit schwerer Behinderung.

3.3 Einige Aspekte des Umgangs mit Menschen mit schwerer Behinderung

a) Wir müssen uns radikal entscheiden, ob wir ihn als ein Wesen betrachten, das mit allen Mitteln und in erster Linie zu verändern ist, oder ob wir ihm zugestehen, dass er im Grunde ist wie wir: Ein Wesen, das selber etwas bewirken will und dafür etwas lernen muss, vor allem aber ein Wesen, das stets so durch andere akzeptiert werden will, wie es bereits ist (ausführlicher *Grond* 1988, bzw. Arbeit 3 in diesem Buch).
b) Es gilt, sich zu entscheiden, ob wir dem Zeitgeist gehorsam folgen wollen, indem wir das Machbare und die erlernbare Fachkompetenz stärker gewichten als das, was jeder von uns zu geben hat: Seine Offenheit als Begegnender, seinen gesunden Menschenverstand, der es ihm verbietet, *blindlings* an Massnahmen zu glauben, sondern sie personifiziert und relativiert anwendet. Mir scheint, dass wir uns oft selber um das prellen, was unserem Beruf Sinn gibt und auch um das, was uns diesen Beruf wählen liess, nämlich um die Freude und Zufriedenheit der Menschen mit einer Behinderung, die erst wirkliche Fortschritte ermöglicht. Wer so handelt,

geht lieblos mit sich selber um. Gefragt ist in erster Linie menschliche Kompetenz, das Engagement, die Fähigkeit zu staunen, die Intuition, das Schauen und die Liebe zu sich und zum Menschen mit schwerer Behinderung. Wer sich darum bemüht, der darf getrost, nein der soll die verschiedenen Methoden und Modelle zur Förderung (*Dank* 1987; *Breitinger* und *Fischer* 1981) persönlich gestalten. Dies scheint die einzig sinnvolle Art der Arbeit zu sein. Allerdings fällt dies nicht leicht. Denn jeder, der so arbeitet, muss sein Tun in viel höherem Masse verantworten (dürfen), als wenn er sich auf klare Konzepte, Lehrpläne und Therapien beziehen darf. Werden wir fähig sein, diesen Freiraum auch dann zu ertragen, wenn einzelne Mitarbeiter nicht immer in der Lage sind, ihr Tun zu begründen, wissenschaftlich schon gar nicht, sondern Einblick in ihre Arbeit gewähren und dann glaubhaft beteuern: „Für mich ist es selbstverständlich und es stimmt so". Vielleicht sollten wir in solchen Situationen daran denken, was *Augustinus* sagte, als er nachdachte, was „Zeit" ist, also auch etwas, worin wir wie selbstverständlich leben: «Solange mich niemand fragt, weiss ich es; wenn ich es einem auf seine Frage hin erklären will, weiss ich es nicht» (*Augustinus*, S.306).

c) Das Fatale an der Therapiebetriebsamkeit ist wohl, dass sich der so „Therapierte" vorwiegend als ein Wesen verstehen muss, das so, wie es ist, keinesfalls genügt. Man begegnet ihm als dem, der noch nicht ist. Aber auch wir begegnen ihm dann nicht als „wir selber", sondern als Rollenträger, als Funktionäre. Das aber ist keine Begegnung, sondern eher eine Vergegnung. Und ich vermute, dass diese Vergegnung sowohl ihn wie auch uns selber in Bedrängnis führt. Denn er und wir möchten doch auch so bestätigt werden, wie wir eben sind. Es trifft doch zu: «Jeder Mensch sucht in seinem tiefsten Wesen verzweifelt nach Bestätigung, hat das grosse existenzielle Bedürfnis, von einem anderen tief verstanden zu werden» (*Hycner* 1989, 117f). Aus diesen Gründen bezweifle ich auch, dass intensiv Behinderte einer besonders intensiven Förderung bedürfen, wenn diese Förderung vorwiegend fachtechnisch gemeint ist. Was sie benötigen, sind echte Begegnungen, doch das ist in der

Erziehung nichts besonderes. Hier ist es aber wohl mitunter besonders schwer, diese echte Begegnung einzugehen. Zu schwach, zu verzerrt, zu verwirrend und zu wenig eindeutig sind oft die Verhaltensweisen dieser Menschen.

d) Zu fordern ist, trotz aller Schwierigkeiten, vor allem eine stärkere Betonung der dialogischen Beziehung.
Ausgehend von *Buber* (1962, 1986), *Trüb* (1951), *Friedmann* (1987) und *Hycner* (1989) könnte das etwa folgendes bedeuten: Eine dialogische Beziehung ist dann entstanden, wenn zwei Menschen ein echtes Interesse aneinander haben, das heisst wenn sie sich bemühen, den anderen so wahrzunehmen wie er ist, den anderen von seiner Sicht aus zu verstehen. Ein solcher Dialog kann sprachlich, nichtsprachlich etwa über Mimik, Gestik oder auch geschwiegen sein. Sprache ist also nicht unbedingt erforderlich. Entscheidender ist, dass man dem anderen offen begegnet und das, was er einem mitteilt, vorerst auch glaubt. Beim Menschen mit schwerer Behinderung könnte das heissen, dass man versucht, zu fragen, was sein Verhalten und seine Reaktionen bedeuten könnten. Dies erfordert Offenheit und dass man nicht vorschnell analysiert und kategorisiert. Was z.B. will Peter mir mitteilen, wenn er schaukelt? Werte ich es etwa als eine lästige Stereotypie, die ich dann auch noch neurophysiologisch als Ausdruck erhöhter Aktivation erklären kann? Was weiss ich dann von Peter? Oder frage ich mich, ob er es tut, weil es ihm langweilig ist, weil es das einzige ist, das er gut kann, weil er sich so selber intensiv erlebt, weil er sich beruhigen, trösten oder abschalten, bei sich sein will, weil er sich vor Unangenehmem schützt, weil Schaukeln zum Automatismus, zur Gewohnheit wurde, weil ...? Wer so fragt, versteht das Schaukeln, die Verhaltensstörung also vorerst als Folge und als Ausdruck einer gestörten Beziehung. Es ist schwierig, herauszufinden, welchen Sinn das Schaukeln für Peter hat. Und man wird es, wenn überhaupt, so nur mit der Zeit und nur, indem man sich auf ihn einlässt, herausfinden. «Man kann aber nur dann eine echte Beziehung eingehen, wenn es gemeinsame Bedeutungen gibt» (*Hycner* 1989, 123). Im Umgang mit Menschen mit schwerer Be-

hinderung müssen diese Bedeutungen erst noch gestiftet werden. Es ist also Aufgabe des Erziehers, Brücken zu ihm zu bauen. Dazu sollte er vorerst das Verhalten soweit wie möglich akzeptieren. Dabei wäre davon auszugehen, dass die Behinderung, die Beziehung von klein auf erschwerte und dass die Eltern-Kind-Beziehung in der Regel belastet ist, so dass der Mensch mit schwerer Behinderung wiederholt nicht oder falsch verstanden, mitunter auch verstossen wurde. Und man sollte ihm zugestehen, dass dieses wiederholte Missverstehen misstrauisch machen und zu einer Begegnungsflucht führen kann. Also gilt es vorerst, das Misstrauen abzubauen und der Begegnungsflucht vorzubeugen. Dies wird eher gelingen, wenn man keine besonderen Ansprüche stellt, sondern das, was das Kind selber tut, und sei es noch so wenig, aufgreift und darauf ernsthaft antwortet. Dies gleicht durchaus den Spielen zwischen Eltern und ihrem Säugling oder auch den Spielen zwischen sich tief und zärtlich Liebenden. Der Betreuer wird sich zusätzlich gerne durch die verschiedenen Ansätze, die eigens für die Förderung von Menschen mit schwerer Behinderung erarbeitet wurden, anregen lassen. Aber er wird darauf achten, dass er die Übungen vom Kinde her gestaltet und sie nicht routinemässig durchführt.
Diese Begegnungsflucht ist nichts anderes als der Rückzug des Menschen nach innen, eine Reaktion auf die Begegnungsabsage, seit es ihn gibt. Mit guten Gründen ist anzunehmen, dass diese Begegnungsflucht so manchen von ihnen zutiefst und durch und durch prägt. Das auch in ihm ursprünglich vorhandene Bedürfnis nach Begegnung mit Menschen wurde durch die vielen Vergegnungen abgewiesen, zurückgestaut, gerann zum Unbewussten. In diesem Zusammenhang meint das Unbewusste, dass das, was so oft geschah, automatisierte und zur Haltung wurde, deren man sich nicht mehr bewusst ist. Hier ist es die Haltung „ich werde nicht verstanden“. Die Begegnungsflucht führt zu einer elementaren Introversion. Der Mensch bezieht sich auf sich selbst und kann so auf andere nicht eingehen. Er „meint“, sich auf niemanden verlassen zu dürfen. Was aber, wenn er sich auch nicht auf sich selbst verlassen kann? Wenn er nicht für sich selbst sorgen, seine Angelegenheiten

nicht selber regeln kann? Es bleibt nur noch die Resignation, die Flucht in die Krankheit, das Nicht-Leben-Wollen, oder bestenfalls der ungeordnete Versuch, alle Energien nach aussen abzureagieren in Stereotypien, in motorischer Unruhe und blindem Aktivismus. Oft verstärken sich diese Verhaltensweisen selbst. Der Mensch erlebt sich dadurch wenigstens als Agierender, als Ungeordneter allerdings. Aber es scheint, dass es mitunter besser ist, sich als Ungeordneter zu erfahren, als sich überhaupt nicht zu erfahren. Dieses Verhalten ist ein Notschrei nach Erlösung aus der Gefangenheit in sich, hin zu einer Begegnung. Gleichzeitig ist es aber auch Ausdruck einer tiefen Angst, eines Misstrauens, nochmals enttäuscht zu werden. Aber «Selbst im tiefsten Rückzug bleibt ein vages Bedürfnis der Seele nach echter Begegnung mit anderen» (*Hycner* 1989, 76). In Abänderung eines Satzes, den *Trüb* über Neurotiker schrieb, könnten wir sagen: «Im Menschen mit schwerer Behinderung regt sich aber noch jene tiefe „Unruhe des Herzens" (Augustinus, Pascal), in welcher das ursprüngliche, der transzendenten Hilfe bedürftige und gegenwärtige Selbst sich heimlich bemerkbar macht» (*Trüb* 1951, 57). Werden wir fähig sein, diese Unruhe des Herzens zu spüren?

Man wird dem Menschen mit schwerer Behinderung und uns selber dazu viel Zeit lassen müssen, bis wir die Brücke aufgebaut haben und bis er sich öffnet und sich über diese Brücke wagt. Wird der Erzieher solange ausharren? Wird er, angesichts des hohen Personalwechsels, noch vorhanden sein, wenn der Behinderte bereit und fähig ist, sich zu öffnen?

Erst wenn er durch diese Begegnung wenigstens ansatzweise sich selber gefunden hat, können Beziehungen zu anderen Menschen und zur Aussenwelt gewagt werden. Deshalb ist füglich zu fragen, was wir jemandem, der an Begegnungsflucht leidet, zumuten, wenn täglich mehrere Betreuer mit ihm arbeiten. Wären da weniger fachtechnische Bemühungen und mehr konstanter primärer Beziehungsaufbau nicht richtiger?

Wagt so jemand erst einmal eine Beziehung, so ist es entscheidend, dass diese ihm einen Sinn vermittelt. Dazu eignen sich Handlungen aus dem Alltag, die der Betreuer mit ihm durchführt, z.B. alles, was mit Pflege zu tun hat, und erst dann die verschiedenen Stimulations- und Aktivationsansätze. Mir scheint, dass Menschen mit schwerer Behinderung nebst den sicher erforderlichen „Funktionstrainings" aller Art auch und vielleicht vor allem die Gelegenheit haben sollten, so zu leben, wie es ihnen eben möglich ist.

e) *Es wäre notwendig, das Staunen neu zu lernen.* Es wäre notwendig, dass wir uns vermehrt überraschen lassen von dem, was der, mit dem wir gerade zu tun haben, ist und tut. Dies erfordert allerdings
   - viel intelligente Naivität und die Grundhaltung, dass der Umstand, dass wir *sind*, alles, was Menschen erreichen können, weit in den Schatten stellt,
   - das bereits erwähnte Bemühen, das Leben wieder mehr als Geheimnis statt als zu lösendes Problem zu betrachten,
   - die Bereitschaft, den Menschen nicht als defekten Mechanismus, der mit einer intensivheilpädagogischen Technologie zu reparieren ist, sondern als ein in seinem Grunde unversehrtes und unantastbares Wesen zu verstehen. So vermag man ihm eher in seiner Einmaligkeit offen und neugierig zu begegnen, so dass man Neues erfahren kann. «Die Erwartung dessen, was geschehen sollte, behindert immer das, was geschehen kann» (*Hycner* 1989, 118).

   Es ginge z.B. darum, dass man sich am Lächeln, an der entspannten Zufriedenheit von Thomas mehr freut als dass man sich ärgert, weil er immer noch in die Windeln macht. Es ginge darum, dass man die Freude oder die Angst in den Augen von Maja stärker wahrnimmt als die Tatsache, dass sie sich schlägt. Dass die Fähigkeit von Sonja, entspannt zu schlafen, wenn sie gefüttert wurde, wichtiger sein kann als die qualvolle Esstherapie, die sie dann nicht schlafen lässt. Dass es erstaunlicher ist, wenn Marco weint, weil die vertraute Erzieherin nicht da ist, als wenn ein Kind pflegeleicht nicht wahrzunehmen scheint, wer es pflegt. Es ginge also darum, zum dynamischen Zentrum jedes Menschen vorzustossen, zu jener Kraft also, die alle Äusserungen prägt. Geschieht dies, ist das Staunen möglich. Nun, ich weiss, von Zufrie-

denheit allein können auch diese Menschen nicht leben. Aber ich weiss auch, dass ohne Zufriedenheit alle Bemühungen nur Tand sind für Betreute und Betreuer.
Nun könnten Sie fragen, ob ich all dies beweisen kann. Ich kann es nicht. Aber das, was ich zu beschreiben versuchte, beobachte ich seit Jahren in einem Heim für Schwerstbehinderte. Es arbeiten dort nur Physiotherapeutinnen, Krankenschwestern und Praktikantinnen. Aber für diese Leute, die privat ein stilles Leben führen, ist ihre Arbeit der Lebensinhalt. Ich meine, dass diese tatsächlich eine dialogische Beziehung leben. Nicht, weil sie darüber gelesen haben, sondern weil sie sich dahin vortasteten. Was mich so beeindruckt, ist zu sehen, wie die Kinder dort aufleben, aktiv werden und dann dank der Therapie und der wohlbedachten Alltagsgestaltung unerwartete Fortschritte machen. Was ich zu beschreiben versuchte, ist also möglich. In diesem Heim ist es zudem so, dass die Mitarbeiterinnen zwar sehr wohl bewusst handeln, aber nicht immer in der Lage sind, ihr Handeln zu begründen. Und nicht selten beschämen sie mich, wenn sie auf meine Fragen antworten: „Das haben wir uns so nie gefragt. Aber wir denken, dass es vielleicht so und so sein könnte“. Möglicherweise stossen da die unwichtigen Fragen des Aussenstehenden auf das integrierte erfahrene Wissen der engagierten Praktikerinnen.

f) Um Missverständnissen vorzubeugen: Ich bin kein Gegner des Fachwissens. Ich bin aber der Überzeugung, dass die Person des Erziehers das wichtigste Erziehungsmittel ist, dass alle Techniken bei Menschen mit schwerer Behinderung weitgehend versagen, wenn sie nicht durch den Betreuer „beseelt“ eingesetzt werden. Um mit solchen Menschen zu arbeiten, so meine ich erfahren zu haben, muss man sich selber lieben, um sich selber zu sein. Dann hat man möglicherweise den Mut, Schule wieder vermehrt im ursprünglichen Sinne des Wortes zu gestalten. Das Wort Schule kommt vom Griechischen „scholé“, das aber heisst *Musse*.
Dabei ist aber zu sehen, dass sich heute manch einer, darunter sind auch Heilpädagogen anzutreffen, fragt, ob diese Kinder überhaupt schulungsfähig sind, ja was denn Bildungsfähigkeit und Sonder-

schulung angesichts so schwerer Behinderung bedeuten. Gerade die Frage der Bildungsfähigkeit wird uns, wie ich befürchte, in Zukunft stärker beschäftigen. Dabei darf nicht vergessen werden, dass der unselige Begriff der Bildungsunfähigkeit zwar aus den Gesetzen verschwand. In der Schweiz definiert man aber nach wie vor Bildungsfähigkeit als Vermögen, *bestimmte Kenntnisse und Fertigkeiten zu erwerben*. Zu diesen Fertigkeiten gehören auch die Verrichtungen im täglichen Leben wie Essen, Ankleiden, Körperpflege usw. Als bildungsfähig gelten «... auch solche, die in praktischen Disziplinen (Handfertigkeit) förderungsfähig sind oder noch in den Verrichtungen des täglichen Lebens ausgebildet werden können» (*Kreisschreiben über die Sonderschulung in der Invalidenversicherung* vom 1.1.1968, Randziffer 6). Diese Formulierung entstand zwar, als man Bildungsfähigkeit nicht mehr nur als Fähigkeit verstanden wissen wollte, die sog. Kulturtechniken wie Lesen und Schreiben zu erlernen, und man auch den sog. Gewöhnungsfähigen Sonderschulung durch die öffentliche Hand zubilligte. Man dachte damals aber nicht an Menschen mit so schweren Behinderungen. Trotz dieser erfreulichen Erweiterung des Begriffs ist zu fragen: Was geschieht denn mit jenen Kindern, die diese Mindestleistungen nicht erbringen, und dazu gehören zweifelsohne verschiedene Kinder, die wir als schwerstbehindert bezeichnen. Um zu verhindern, dass sie wieder als bildungsunfähig schulisch ausgesondert werden, sollte, nachdem man offenbar auf den Begriff der Bildungsfähigkeit nicht verzichten will, diese wie folgt definiert werden: *Bildungsfähigkeit ist einerseits grundsätzlich die Fähigkeit zu lernen, (und zwar unabhängig von zu erreichenden Minimalzielen) und anderseits das Ergebnis und nicht die Voraussetzung für Bildungsbemühungen der öffentlichen Hand.*

Dazu scheint es mir erneut notwendig, für alle Menschen folgende Rechte zu fordern:

a) *das Recht, grundsätzlich als bildungsfähig zu gelten.* (Bildungsfähigkeit ist nicht etwas Absolutes, sondern etwas, das jene, die die rechtlichen Kompetenzen dazu haben, definieren.)

b) *das Recht auf Bildungsbemühungen der Gemeinschaft.* Es ist allerdings unumgänglich, dass die Bildungsbemühungen, ihre Inhalte, Methoden, Organisationsformen und Ziele die Möglichkeiten des Menschen mit schwerer Behinderung stärker berücksichtigen als die öffentlichen Interessen. Diese Forderung dürfte aber, vielleicht weniger grundsätzlich, für alle Stufen unseres Bildungssystems gelten.

Die heutige Praxis in der Schweiz entspricht durchaus den erwähnten Forderungen, aber wir tun gut daran, die oben genannten kritischen Stimmen ernst zu nehmen und für die Interessen der Menschen mit schwerer Behinderung einzustehen, bevor es zu spät ist und andere uns zwingen, zu reagieren. Dabei sollten wir uns vorerst eingestehen, dass es schwierig ist, ihre Bildungsfähigkeit einsichtig zu machen - solange man Bildung und Schulung ausschliesslich als Prozesse versteht, die den Menschen so verändern sollen, dass er selbständiger, leistungsfähiger wird und im schlechtesten Fall die Allgemeinheit weniger kostet (weil er sich z.B. selber pflegen kann). Es sei wiederholt: Es ist um ein Mehrfaches billiger, Menschen mit schwerer Behinderung mit Medikamenten bei anständiger Hygiene „ruhig zu halten", statt sie ihren Möglichkeiten entsprechend zu erziehen. Mit ökonomischen Argumenten lässt sich ihre angemessene Betreuung nicht mehr rechtfertigen. Die meisten dieser Menschen bleiben ihr Leben lang auf umfassende Hilfe Dritter angewiesen. Wie werden wir angesichts dieser Tatsache in profitorientierten Gesellschaften ihren Anspruch auf Sonderschulung und besondere Betreuung begründen müssen? Wird uns das gelingen? Es wird schwer sein, denn es bedingt, dass wenigstens in diesen Fällen die Orientierung am Profit hinter die ausschliesslich ethisch oder religiös begründbare Orientierung an Humanität zurücktreten muss.
Und ein letztes: Wer so arbeiten will, braucht zweifelsohne Fachwissen. Dieses ist lernbar. Wer nämlich diese Arbeit als reine Privatsache und als reine Angelegenheit des „Spürens" versteht, läuft Gefahr, den Menschen mit schwerer Behinderung ausschliesslich in seinem Sinn

und Geiste, nach seiner Anmassung zu manipulieren. Das aber ist unverantwortlich (siehe auch 1.2.3 a).

Abzulehnen ist auch, wenn jemand nur darnach trachtet, dass die ihm anvertrauten Menschen es vor allem „schön“ haben, ohne Ansprüche zu stellen. Wer so handelt, billigt ihnen keine Entwicklungsmöglichkeiten zu. Er hat keine Hoffnung, dass sie mehr werden können als sie sind. Sie werden dann leicht zu hoffnungslosen Fällen. Wie muss einem dann zumute sein?

Also wird es stets und immer wieder darum gehen, behutsam den engen Weg zwischen Therapiebetriebsamkeit und trägem Schlendrian zu gehen.

Wir stehen am Anfang eines Weges voller Fragen und Hoffnungen. Da wir kaum die Wahl haben, den Weg nicht zu gehen, so hoffe ich, dass wir ihn gemeinsam mit unseren Fragen und Hoffnungen eher wagen können.

Bibliographie

- *Augustinus*: Bekenntnisse, Buch XI. Übertragung von C.J. Perl. Luzern: Schweizer Volksbuchgemeinde, 1963
- *Breitinger, M.; Fischer, D.*: Intensivbehinderte lernen leben. Würzburg: Vogel-Verlag, 1981
- *Buber, M.*: Werke Band I: Schriften zur Philosophie. München: Kösel; Heidelberg: L. Schneider, 1962
- *Buber, M.*: Begegnung. Autobiographische Fragmente. Heidelberg: L. Schneider, 1986, (4. durchges. Auflage)

- *Dank, S.*: Individuelle Förderung Schwerstbehinderter. Dortmund: Modernes lernen, 1987
- *Feinberg, J.*: Die Rechte der Tiere und zukünftiger Generationen. In: *Birnbacher, D. (Hrsg.)*: Ökologie und Ethik. Stuttgart: Reclam, bibliographisch ergänzte Ausgabe, 1986
- *Friedmann, M.*: Der heilende Dialog in der Psychotherapie. Köln: Edition Humanistische Psychologie, 1987
- *Fröhlich, A.D.*: Mütter schwerstbehinderter Kinder. Heidelberg: Edition Schindele, 1986
- *Fröhlich, A.; Haupt, U.*: Förderdiagnostik mit schwerstbehinderten Kindern. Eine praktische Anleitung zur pädagogisch-therapeutischen Einschätzung. Dortmund: Modernes Lernen, 1983
- *Grond, J.*: Vom Umgang mit geistig Behinderten. Schweizerische Kirchenzeitung 1985 (51/52), 778-784. In diesem Buch Arbeit 1.
- *Grond, J.*: Verhaltensstörungen bei geistig Behinderten. Schweizerische Heilpädagogische Rundschau 1988 (1), 1-7. In diesem Buch Arbeit 3.
- *Günzburg, H.C.*: Pädagogische Analyse und Curriculum für Schwerbehinderte, S/E=P-A-C; S/P-A-C1; S/P-A-C2. Stratford-upon-Avon: SEFA (Publications) LTD, 1982, 1983
- *Hycner, R.*: Zwischen Menschen. Köln: Edition Humanistische Psychologie, 1989
- *Jonas, H.*: Das Prinzip Verantwortung. Frankfurt a.M.: Suhrkamp, 1984
- *Jonas, H*: Technik, Medizin und Ethik. Frankfurt a.M.: Suhrkamp, 1987
- *Jonas, H.:* Brief an *J. Grond* vom 25.10.88.
- *Kobi, E.E.*: Das schwerstbehinderte Kind: Grenzmarke zwischen einer persönlichkeitsorientierten „Pädagogik des Berwerkstelligens“ und einer personorientierten „Pädagogik gemeinsamer Daseinsgestaltung“. In: *Thalhammer, M. (Hrsg.)*: Gefährdungen des behinderten Menschen im Zugriff von Wis-

senschaft und Praxis. München: Ernst Reinhardt, 1986, 81-83
- *Kreisschreiben* über die Sonderschulung in der Invalidenversicherung vom 1.1.1968. Bundesamt für Sozialversicherung (Hrsg.). Bern: EDMZ
- *Moog, W.*: Interaktionsanalyse bei Schwerstbehinderten - Ein Lehrziel in der sonderpädagogischen Lehrerausbildung. VHN, Jg.55, 1986, 35-48.
- *v. Nordheim, G.*: Förderdiagnose und Förderplan bei Schwerstbehinderten. In: *Feuser, G. et al. (Hrsg.)*: Förderung und schulische Erziehung schwerstbehinderter Kinder und Jugendlicher. Symposion 1982 (Verband Deutscher Sonderschulen) 1983.
- *Schröder, S.*: Beschreibungen und Definitions-, Betreuungs-, Förderungs- und Erziehungsansätze bei schwerst- und mehrfachgeschädigten Geistigbehinderten. Zeitschrift für Heilerziehungspflege 1979 (2)
- *Singer, P.*: Praktische Ethik. Stuttgart: Reclam, 1984
- *Speck, O.; Thalhammer, M.*: Die Rehabilitation der Geistigbehinderten. München: Ernst Reinhardt, 1974
- *Thalhammer, M.*: Warten und Erwarten, Träumen und Trauern. Anthropologische Fragmente zur Schwerstbehindertenpädagogik. In: *Thalhammer, M. (Hrsg.)*: Gefährdungen des behinderten Menschen im Zugriff von Wissenschaft und Praxis. München: Ernst Reinhardt, 1986, 122-149
- *Thomas, D.*: Sozialpsychologie des behinderten Kindes. München: Ernst Reinhardt, 1980
- *Trogisch, J.*: Anleitung zur Überprüfung der Lernbedingungen Geistigschwerstbehinderter in Dauereinrichtungen. Zur Orientierung 1979 (1)
- *Trüb, H.*: Heilung aus der Begegnung. Stuttgart: Klett, 1951

6

Selbstbestimmt leben - Ein unbequemes Gespräch

1990

Ich fragte einen Freund, was ich tun müsse, um selbstbestimmt zu leben.
Wenn Du so fragst, nehme ich an, dass Du Dich fremdbestimmt, ohnmächtig und einsam fühlst?

Ja, vielleicht, ein bisschen, gab ich überrascht und etwas beschämt zu. Was soll ich tun?
Prüfe, ob Du es satt hast, nach Anordnungen zu arbeiten, ob Du Dich Deiner Pflicht entziehen, Gehorsam durch Autonomie, und das heisst

Selbstgesetzlichkeit, ersetzen willst, ob Du das Dienen verlernt hast und Dich zum Mass aller Dinge aufschwingst?

Du redest wie ein vergrämter Patriarch, wie ein missgünstiger Institutionsleiter. Versuch's doch etwas konstruktiver.
Er liess sich nicht beirren und fuhr fort, sogar in der Mehrzahl.
Ihr Helfer, Ihr habt Euch dem Fachlichen, den Methoden, dem Buchwissen verschrieben, dieses oft nicht verdaut und Euch dabei selber aufgegeben. Ihr fordert Supervision, interdisziplinäre Zusammenarbeit, Fortbildung, Fallbesprechungen und merkt nicht, dass Ihr dabei immer mehr durch andere, auch durch Gruppenmeinungen, fremdbestimmt werdet. Ihr wollt, um alles in der Welt, die Behinderten verändern, setzt zu hohe Ziele und - scheitert. Kein Wunder, dass Ihr Euch dann ohnmächtig und durch die Behinderten, die der Therapie widerstehen, enttäuschen lasst!

Auch das ist nicht sehr schmeichelhaft und überdies unzulässig verallgemeinernd. Dennoch, was rätst Du mir?
Entziehe Dich nicht! Antworte auf die Fragen, die Dir die Behinderten, ihre Eltern und Deine Mitarbeiterinnen und Mitarbeiter stellen. Nicht auf die wörtlichen, sondern auf die gemeinten Fragen kommt es an. Kurz: Lerne, Deine Verantwortung wahrzunehmen.

Du weichst aus. Ich frage nach Selbstbestimmung und Du redest von Verantwortung.
Selbstbestimmung gibt es nur aus der Verantwortung heraus. Alles andere ist Egoismus, kultureller Autismus.

Das ist doch aber reaktionär und überholt.
Nur für den Bequemen und Kurzsichtigen. Verantwortung heisst nämlich "Red und Antwort stehen - einem andern". Der Verantwortungsbewusste lässt die Sache des andern zur eigenen werden.

Ist das aber nicht Bevormundung und Fremdbestimmung? - Trotzdem, was soll ich tun?

Tun kannst Du eigentlich nichts. Aber zulassen, indem Du Dich einlässt auf den andern. Das braucht viel Zeit, für beide.
Gib Dir also Zeit und sei geduldig. Vielleicht gelingt es eher, wenn Du fragst, wo Du Dich im andern versteckt hältst. Hast Du Dich im andern gefunden, dann ist er Dir vertraut, dann ...

Aber was hat das mit Selbstbestimmung zu tun?
Echte Selbstbestimmung gibt es nur, wenn Du Dich und den andern einbeziehst und von da aus denkst und handelst. Schliesst Du Dich aus, indem Du Dich etwa hinter Deinem Fachwissen, Deinen Arbeitsbedingungen und sonstigen Geboten und Verboten verschanzst, gibst Du Verantwortung ab und Dich selber auf. Schliesst Du den andern aus, so wirst Du anmassend, selbstsüchtig und rücksichtslos.

Deiner Meinung nach wäre es also besser, von Selbstverantwortung statt von Selbstbestimmung zu reden.
Zu reden und danach zu handeln! Nur so kannst Du Dir Deinen Freiraum schaffen und ihn bewahren. Nur so kannst Du Dich enttäuschen, was nichts anderes bedeutet, als Dich von Täuschungen, eigenen und fremden, zu befreien. Wer das Leben als Enttäuschungsprozess versucht, gewinnt an Freiheit und wird eher ergänzt, und das heisst: ganz und heil. Das ist zwar nicht alles, aber das, was in Deiner Hand liegt. Und jetzt möchte ich einen Jass klopfen.

Wir spielten, bestimmten uns selbst, indem wir einander fest im Auge behielten und erreichten ein 2:2 unentschieden.

7

Wohnen und Freizeit

Bedeutung und Problematik für Menschen mit Behinderungen und für ihre Angehörigen

1989/1990

1. Vorbemerkung

Meine Ausführungen stützen sich auf Erfahrungen bei der Planung von Einrichtungen für Behinderte, insbesondere geistig Behinderte, bei der Reorganisation von Wohnheimen, von Abteilungen für geistig Behinderte in psychiatrischen Kliniken und auf den Erfahrungen in der Beratung von Mitarbeitern in Institutionen für geistig Behinderte und schliesslich auf meinen persönlichen Erfahrungen im Wohnen und in der Freizeit.

Vor allem die ersten Erfahrungen zwangen mich zu fragen, was denn Wohnen und Freizeit auch für mich persönlich bedeuten.

Einige dieser Fragen versuche ich hier ansatzweise zu beantworten. Dabei war mir die Literatur einiger Existenzialisten und jene, die als Reaktion auf den Existenzialismus entstand, besonders wichtig. Der Existenzialismus verstand den Menschen als einen, der in die Welt geworfen und ihr schutzlos ausgeliefert ist, als einen, der nirgends, ausser in sich selber, Sicherheit finden kann, als einen Heimatlosen. Dies hat eine breite Diskussion über die Bedeutung der Geborgenheit und damit auch des Wohnens und des Umgangs mit der Zeit ausgelöst. Davon und von belletristischen Büchern (*de Saint-Exupéry* 1948; *Haushofer* 1968) liess ich mich anregen. Die jüngste Literatur zum Problem Wohnen betont vor allem Fragen der Planung, der Einrichtungen, der Organisation, also des Machbaren oder dann die psychologische Problematik des Wohnens (zum letztgenannten siehe z.B. *Flade* 1987). Meine Ausführungen sind folglich eher eine Einladung zur Besinnung, was denn Wohnen und Freizeit bedeuten könnten für jeden von uns. Sie enthalten allgemeine, aber nicht konkrete Hinweise, wie dies erfolgen kann. Dies scheint mir angemessen, denn es ist ein möglicher Weg, um der Betriebsamkeit, dem Funktionalismus, dem Machbaren, die ich auch im Behindertenwesen als Gefahr festzustellen meine, zu entgehen. Es ist ein Versuch, kurz innezuhalten und uns zu fragen, warum wir dies oder jenes tun, ob das, was funktioniert, zur Routine wurde, ob das, was die Wissenschaft als zweckmässig empfiehlt, auch schon gut und erstrebenswert ist.

Zum Aufbau

Bevor ich mich mit der Bedeutung von Wohnen und Freizeit befasse, fragen wir, wer denn der Mensch mit einer Behinderung, insbesondere der Mensch mit einer geistigen Behinderung ist.
Danach fragen wir nach der Bedeutung des Wohnens und der Freizeit und setzen dies in Beziehung zu unserem Verständnis vom Menschen mit einer geisten Behinderung.

2. Zum Verständnis des Menschen mit einer geistigen Behinderung

Vorerst

Der Mensch mit einer geistigen Behinderung ist nicht etwas Absolutes, etwas Feststehendes. Er ist vielmehr so, wie wir ihn verstehen, so wie wir ihn sein und werden lassen. Er ist in höherem Masse als der Nichtbehinderte ein existentiell Abhängiger: Die Nichtbehinderten bestimmen weitgehend, wer er ist und werden darf, wie er leben darf, wie er leben soll.

Kulturelle Hypothek

Wenn wir nun fragen, wie der Mensch mit einer geistigen Behinderung im Verlaufe der Kulturgeschichte verstanden wurde, wie man mit ihm umging, so kann man kurz zusammengefasst folgendes feststellen:

- Zu allen Zeiten, in allen Kulturen wurden Menschen mit einer geistigen Behinderung sehr unterschiedlich behandelt: von der Tötung, Aussetzung, Verwahrlosung über die liebevolle Umsorgung bis hin zu bemerkenswerten Erziehungs- und Integrationsbemühungen kann man alles beobachten (näheres siehe *Grond* 1985, bzw. Arbeit 1 in diesem Buch).
- Im Allgemeinen, das heisst abgesehen von Ausnahmen, muss man feststellen, dass der Mensch mit einer geistigen Behinderung eigentlich ein akulturelles, ahistorisches Wesen war. Die Errungenschaften einer Kultur kamen ihm kaum zugute; er war ein Randständiger. Dies bis in unser Jahrhundert, so z.T. auch heute noch. Diese traurige Tatsache ist aber gleichzeitig auch eine Chance, um jetzt von Grund auf etwas Besseres aufzubauen.
- Wo immer Solidarität in der Praxis verweigert wurde, ist der Umgang mit Menschen mit einer geistigen Behinderung zum Unheil für diese geworden. Das gilt wohl auch heute. Ich verweise

lediglich auf die Diskussion um die pränatale Diagnostik und Tötung von Behinderten (z.B. *Singer* 1984; *Feinberg* 1980).
- Zu allen Zeiten sprach man dem Menschen mit einer geistigen Behinderung ab, dass sein Leben für ihn und für die Gemeinschaft einen positiven Sinn habe. Er galt und gilt, wiederum abgesehen von Ausnahmen, als etwas Unsinniges, das es zu vermeiden oder zu beseitigen gilt, als etwas, das nur Leid und Sorgen bereitet, höchstens noch als jemand, an dem man sich schadlos halten kann, indem man sich über ihn lustig macht, ihn verspottet, ihn zum eigenen Vergnügen missbraucht (siehe Arbeiten 5 und 12 in diesem Buch).

Auswirkungen auf unsere Zeit

Diese historischen Tatsachen gilt es meines Erachtens zu berücksichtigen, wenn wir uns um Menschen mit einer geistigen Behinderung bemühen. Denn trotz manchen Verbesserungen in den letzten Jahrzehnten haben wir dieses in der Geschichte tief verwurzelte negative Bild über den Menschen mit einer Behinderung bei weitem nicht überwunden. Entscheidend ist nun, dass die Mehrzahl jener, die mit Menschen mit einer geistigen Behinderung zu tun haben, mit ihnen arbeiten und zusammenleben, eben auch dieses zweifelhafte Bild in sich tragen. In der Begegnung wird dieses Bild immer menschlicher.
Nun meine ich, ohne Vorwurf, festzustellen, dass mancher wissenschaftliche Versuch, den Menschen mit einer geistigen Behinderung zu beschreiben, zu definieren, festzulegen eben auch noch von diesem kollektiven negativen Bild geprägt ist. Vor allem bei jenen Autoren, die wenig oder keine direkte Lebenserfahrung mit Menschen mit einer geistigen Behinderung haben. Die Umschreibungen sind denn auch vorwiegend negativ und zeigen, was er alles nicht oder weniger kann als der Nichtbehinderte. Er wird oft als Defizit-, als Minusvariante des Nichtbehinderten dargestellt, und er kann sich nicht wehren. Man schreibt zu viel über ihn, statt mit ihm zu reden, statt ihn anzuhören, direkt oder indirekt. Die Tendenz, den Menschen mit einer geistigen Behinderung zu definieren, festzulegen, kann sich auch darin zeigen,

dass wir zu wissen meinen, was für ihn gut und schlecht ist, dass wir in guten Treuen bestimmen, unter welchen Bedingungen er sich wohlfühlen, er leben soll, indem wir ihm vorschnell das verordnen, für ihn das schaffen (etwa Schulen, Therapien und Einrichtungen), was unseren Massstäben entspricht. Bei aller Achtung vor dem Normalisierungsprinzip möchte ich doch folgendes zu bedenken geben: Nach diesem Prinzip soll «dem geistig Behinderten ein weitgehend normales Dasein ermöglicht» werden (*Dänisches Gesetz* 1959). Es sollen für ihn normale, gewöhnliche, typische, allgemeine Lebensverhältnisse geschaffen werden. Er soll mit den anderen Bürgern des Landes gleichgestellt werden. Sofern es dabei nur darum geht, *Wohnen, Arbeit, Freizeit und die Hilfsangebote aus dem Sozial- und Gesundheitswesen gleich zu gestalten wie für die Nichtbehinderten*, so seien doch zwei Fragen erlaubt:

a) Entspricht diese äussere Anpassung, so sehr ich sie als Reaktion auf die menschenunwürdigen Grossanstalten bejahe, den Möglichkeiten und Bedürfnissen des Menschen mit einer geistigen Behinderung? Oder geschieht hier nicht, sicher wohlmeinend, einfach eine erneute Anpassung/Festlegung an unsere Vorstellungen von Leben?
b) Ist denn unsere Art zu arbeiten, zu wohnen, die Freizeit zu verbringen, Dienste des Sozial- und des Gesundheitswesens zu benützen, für uns selber so unangefochten, so fraglos lebenswert? Ich erinnere an die Tatsache, dass das allgemeine Unwohlsein, die zunehmende Hektik und Unsicherheit, die Bedrohung der Autonomie und die zunehmende Anonymität in unserer Zeit doch wohl einiges mit der Art zu tun haben, wie wir wohnen, arbeiten, unsere Freizeit verbringen und mit unserer Gesundheit umgehen. Nur ein Beispiel: Wir richten immer wieder neue Therapien ein, die weitgehend der Symptombehandlung dienen, ohne dass wir ausreichend nach den Ursachen der Beschwerden und Unzulänglichkeiten fragen. Viele konsumieren Therapien ohne zu fragen, was damit eigentlich mit ihnen, mit ihrem Körper, mit ihrer Seele, mit ihrer Identität geschieht und merken oft zu wenig, dass sie dadurch immer mehr eigene Veantwortung, eigene Unabhängigkeit und Identität vergeben.

Andere verordnen Therapien - sicher um zu helfen. Das kann sehr wohl berechtigt und notwendend sein. Aber ist es nicht manchmal eine Verlegenheitslösung, ein sich verstecken hinter einer Massnahme? Etwa dann, wenn wir genau merken, dass der Hilfesuchende eigentlich unsere Anteilnahme, ein gutes Wort, Verständnis, ein wenig Begleitung und vor allem Beratung, wie er sich selber helfen könnte, bräuchte, also dann, wenn er uns zuerst und zuletzt als Mitmenschen und nur dazwischen als Fachkraft benötigen würde.

Deshalb: Wieweit ist unsere Welt für Menschen mit einer geistigen Behinderung nachahmenswert, lebensfördernd und wieweit ist sie nicht vielmehr eine Zumutung? Genügt z.B. das oft gehörte Argument für die Integration, dass das gemeinsame Lernen von Behinderten und Nichtbehinderten vor allem den Nichtbehinderten viel an sozialer Kompetenz bringe? Unter welchen Bedingungen darf man so etwas tun und wer entscheidet darüber, in wessen Auftrag und mit welchem Recht? Es sind schwierige Fragen, die zur Besinnung und zum gemeinsamen Suchen aufrufen. Und wenn wir suchen, wenn wir uns diese Zeit geben, so sollte dies nicht durch Fachleute allein erfolgen. Die Erfahrungen der Eltern und vor allem die Erkenntnisse aus dem *langdauernden* Zusammenleben mit Behinderten und die Meinung jener Behinderten, die sich äussern können, aber auch die behutsame Deutung der Interessen der Nichtsprechenden, sollten unbedingt mitberücksichtigt werden. Daraus folgt, dass man in dieser Zeit des Umbruchs, wo wir Wohn-, Arbeits- und Freizeitmöglichkeiten für Menschen mit geistiger Behinderung schaffen, nicht zu rasch und zu technokratisch nur eine Idee der Betreuung bevorzugen und grosse Werke schaffen. Was angebrachter erscheint, ist eine grösstmögliche Offenheit, Mut zum Versuch und die Bereitschaft, die Erfahrungen auszuwerten und dann zu verbessern. Wir wissen einfach zu wenig, was dem Menschen mit einer geistigen Behinderung angemessen ist, zu was er fähig ist. Begründet können wir einzig sagen, was sicher falsch ist: Nämlich, dass man ihn in der Einsamkeit verwahrlosen lässt und unterfordert, dass man ihn von der Umwelt abkapselt und dass man ihn sich in unübersichtlichen Grossinstitutionen verlieren lässt.

Ein mögliches Verständnis des Menschen mit einer geistigen Behinderung

Anmerkung: Dieser Teil enthielt vieles aus Arbeit 3, Kapitel 2.2 - 2.5, S.47-51 in diesem Buch. Deshalb habe ich ihn hier weggelassen.

3. Bedeutung des Wohnens

Nun wenden wir uns der Frage zu, was denn aufgrund der bisherigen Ausführungen „wohnen" für den Menschen mit einer geistigen Behinderung und für seine Angehörigen bedeuten kann.

Was heisst wohnen?

Die Wortbedeutung

Wohnen heisst gotisch *wunian* und das bedeutet: zufrieden sein, zum Frieden gebracht, im Frieden bleiben (*Heidegger* 1952, 74f). Friede wiederum bedeutet das Geschonte, das, was vor Schaden und Bedrohung bewahrt bleibt. Wir kennen es auch im Wort umfrieden = schützen, bewahren. Der Grundzug des Wohnens ist also, dass man in einem eigenen *Raum* geschützt ist vor den Bedrohungen, vor dem Ansturm und vor den Anforderungen der Aussenwelt.

Wohnen ist also mehr als sich in einem Raum aufzuhalten. Es bedeutet eine Art zu sein, eine Gestimmtheit, dass man zum Frieden, zu sich kommt und dadurch neue Kraft erhält, um wieder hinauszugehen in die Welt. *Bollnow* sagt: «Der Mensch kann nur zum Frieden kommen, indem er zu wohnen vermag» (*Bollnow* 1955, 168, ferner *Bollnow* 1971, 1983).

Offensichtlich braucht der Mensch diesen Schutz, diese Abgrenzung, diesen Ort des Rückzugs, wo er bei sich sein darf, zu sich kommen darf. Hat er ihn nicht, so droht Unbehagen, ja Krankheit: bei allen Menschen, und bei jenen mit einer geistigen Behinderung in einem besonderen Masse. Wie zeigt sich diese „Krankheit“? Möglicherweise ist es eine besondere Krankheit unserer Zeit? Mir scheint, dass der Mensch, der nicht wohnen, nicht zu sich kommen kann, nirgends einen Schutz erlebt, sich selber verliert. Er verliert vor allem sein Gleichgewicht und sein Mass. Er erscheint dann unmässig, masslos, unruhig und ungehalten, weil er nirgends mehr gehalten ist. Und wer so masslos und ungehalten wird, verliert sich leicht an die Aussenwelt, indem er z.B. Ersatz sucht im blossen Konsumieren, in der Sensation und in der Zerstreuung.
Entscheidend ist nun, dass das Wohnen gelernt sein will, immer wieder von neuem. Fragen wir deshalb nach den Bedingungen, die das Wohnen erleichtern. Diese gelten auch für den Menschen mit einer geistigen Behinderung, denn er ist uns in den Grundbedürfnissen gleich.

Es sind folgende:

- Vorerst muss der Mensch einen Raum haben, der ihm allein zur Verfügung steht. Dies kann ein Teil eines Zimmers, ein Bett, ein ganzes Zimmer, eine Wohnung oder ein ganzes Haus sein. Der Raum darf nicht zu klein und nicht zu gross sein. Ist er zu klein, kann man sich nicht umtun, ist er zu gross, verliert man sich darin.
- Der Raum muss Intimität zulassen. Wann empfinden wir einen Raum als intim? In grossen, unübersichtlichen, auch prunkvoll eingerichteten Räumen kann sich Intimität nicht einstellen. Auch nicht, wo Unordnung oder übermässige Ordnung (die sog. gute Stube) herrscht. Man muss sich im Raum frei, ungezwungen bewegen können. Der Raum muss überblickbar, genauer: beseelbar sein. Dazu ist notwendig, dass er mit Einrichtungen nicht überfüllt ist, und die Einrichtungen zweckmässig sind. Vor allem aber sollte es möglich sein, die vielen kleinen Dinge ohne grossen

materiellen Wert wie Fotos, Erinnerungsgegenstände aller Art „aufzustellen". Diese Dinge erzählen Geschichten und geben dem Bewohner Halt, Vertrauen und Hoffnung. (Vertrauen kommt von treu und meint indogermanisch Eiche, Baum, Festigkeit. Treu bedeutet demnach „stark, fest wie ein Baum" und Vertrauen kann demnach heissen: Halt finden wie an einem Baum).

- Der Raum, und hier meine ich nicht mehr einfach ein Zimmer, sondern z.B. ein Haus, ein Wohnheim, muss eine Ordnung haben. Jeder Raum darin sollte einem bestimmten Zweck dienen. Vor allem aber braucht es einen Mittelpunkt. Das kann die Küche, das Wohnzimmer, der Aufenthaltsraum, vielleicht auch ein Betraum sein. Diesem Mittelpunkt kann man sich nähern und sich wieder entfernen, man weiss, wo man steht. Dort kann man sich auch treffen, *mit andern*. Denn die Intimität eines Raumes wird erhöht, wenn man darin mit anderen wohnen darf. Neben dem *gemeinsamen* Wohnen ist es aber notwendig, dass der *persönliche, private* Raum zur Verfügung steht, (privatio heisst: Aus der Allgemeinheit ein Stück für sich herausschneiden und es dauernd schützen und verteidigen. Wer das nicht kann, nicht darf, depriviert, das heisst verwahrlost, verkommt leicht.).
- Wenn der private Raum so wichtig zu sein scheint, so ist es selbstverständlich, dass man auch Zeit und Gelegenheit haben muss, um sich dorthin zurückzuziehen, und dass man dort unbeaufsichtigt sein darf, allein oder mit jenen, die man eingeladen hat, ohne nachher Rechenschaft darüber ablegen zu müssen, was man „im Zimmer getan hat".
- Der Raum muss für den Einzelnen überblickbar sein. Für Menschen mit einer geistigen Behinderung sind die sehr grossen Institutionen eben nicht überblickbar. Man kann mit geeigneten Markierungen, Farben und Hinweiszeichen und vor allem mit Unterteilungen den Überblick zwar erleichtern, die Gefahr sich zu „verlieren", bleibt trotzdem.
- Der Mensch, auch jener mit einer geistigen Behinderung, benötigt nun nicht nur den geschützten Raum. Er muss den Raum auch verlassen können, in die Welt hinausgehen können zur Arbeit und

in die Freizeit. Darf er das nicht, so wird er leicht beschränkt und überdrüssig. Also sollte sein Ort des Wohnens diese Kontakte ermöglichen.
- Wer wohnen will, muss auch eigenen Besitz haben, etwas, über das er allein verfügen darf, etwas, *das er nicht teilen muss*.
- *Und schliesslich*: Er muss sich eingebunden fühlen in menschliche Beziehungen.

Ist all dies einigermassen erfüllt, so fühlt sich der Mensch heimisch. Heimat aber ist mehr als nur die Wohnung. Sie bedeutet auch nicht einfach ein Land, ein Stück Erde. Das sind zwar die unbedingten Voraussetzungen, damit man sich heimisch fühlen kann. Heimat bedeutet vielmehr, in tragenden Lebensordnungen zu leben: Das sind etwa Gewohnheiten in Kleidung, Ernährung, Freizeitverhalten, Sitten und Gebräuchen, die Art zu denken und zu sprechen, auch das religiöse Brauchtum, kurz all das, was das Charakteristische an einer Region, einer Stadt, einem Dorf, einer Familie ausmacht. Es sind dies die sozialen Lebensmuster, die wissenschaftlich weitgehend unerforscht sind, aber in der Volksliteratur erzählt und eigentlich nur jenem restlos zugänglich sind, der sie von klein auf erfährt. Diese Eigenarten also sind es, die Heimat ausmachen. Und dies ist es auch, was den Behinderten, die ihre Heimat verlassen müssen, so schwer fällt, so sehr fehlt.
Heimat ist aber vor allem der Ort, an dem sich jemand nicht rechtfertigen muss, weil es ihn gibt. Muss er um seine Existenzberechtigung bangen oder kämpfen, so vermögen ihn auch beste Lebensordnungen, z.B. Einrichtungen, nicht zu tragen.

All dies sollte weitmöglichst berücksichtigt werden, wenn es zu entscheiden gilt, wie und wo Menschen mit einer Behinderung leben sollen. Ausser in den Grossinstitutionen können in allen Formen des Wohnens die aufgezählten Bedingungen verwirklicht werden, sei es in der Familie, in der Wohngemeinschaft, in der Wohnschule, in der eigenen Wohnung oder im Wohnheim.

Ja, auch in der Familie, sofern die Angehörigen ausreichend darauf achten, dass der Mensch mit einer geistigen Behinderung im Rahmen seiner Möglichkeiten selbständig werden kann. Manche Fachleute fordern, dass der Mensch mit einer geistigen Behinderung sich möglichst früh von der Familie ablöst und in einer speziellen Institution wohnt. Dadurch hofft man, dass er die Versetzung in ein Heim leichter schafft, wenn seine Eltern nicht mehr für ihn sorgen können. Zudem glauben sie, dass geistig Behinderte in der Familie eher verwöhnt und unselbständig bleiben. lch sehe diese Gefahren. Manchenorts habe ich auch eigentliche Tragödien wegen der zu späten Ablösung miterlebt. Trotzdem möchte ich folgendes zu bedenken geben:

- Die Ablösung kann in der Tat auch im späteren Alter ohne grosse Schwierigkeiten erfolgen, wenn der Mensch mit einer geistigen Behinderung rechtzeitig darauf vorbereitet wird, „seine“ Institution mehrmals besuchen kann, eigenes Mobiliar und die oben genannten kleinen Dinge, die Geschichten erzählen, mitnehmen darf und vor allem, wenn er rechtzeitig Beziehungen zu Heimbewohnern und zu Betreuern aufbauen kann. Ferner bedürfen manche Familien einer Beratung und Unterstützung im Umgang mit ihrem geistig behinderten Angehörigen, damit dieser sich selbständig entwickeln kann und auch Kontakte zur Aussenwelt pflegt. Es ist nicht einzusehen, warum man diese ambulante Hilfe, die finanziell weit günstiger ist als eine Heimunterbringung, nicht auch staatlich leisten soll.
- Ich denke an die vielen frühen Ablösungen mit all den Schwierigkeiten, die sich daraus für den Behinderten und seine Angehörigen ergeben, wenn nur die Möglichkeit oder gar die Verpflichtung der Heimunterbringung offen stehen.
- Wenn man jemanden nur deshalb in frühen Jahren schon in einem Heim oder sonstwie zentral unterbringt, damit die Schwierigkeiten einer späten Unterbringung nicht entstehen, dann müsste dasselbe auch für all jene gelten, die später in ein Altersheim umziehen müssen.
- Es ist auch denkbar und realisierbar, dass Angehörige oder Bekannte einen Menschen mit einer geistigen Behinderung bei sich

aufnehmen. Allerdings wäre es auch hier notwendig, dass diese von der öffentlichen Hand für ihren Mehraufwand unterstützt würden.
- Schliesslich: Der Gedanke, dass eine Gemeinschaft dann am lebendigsten ist, wenn möglichst verschiedene Menschen zusammenleben, gilt auch für Menschen mit einer Behinderung.

Daraus folgt, dass wir möglichst verschiedenartige Formen des Wohnens anstreben und personell durch Beratung und auch materiell unterstützen sollten.

4. Freizeit

Ich versuchte darzulegen, dass der Mensch nur dann seelisch gesund bleibt, wenn er wohnen kann, das heisst, wenn ihm im unüberblickbaren Raum ein schützender *Raum* zur Verfügung steht, den er beseelen, persönlich prägen kann.

Ähnlich verhält es sich mit der *Zeit*. Auch diese ist an sich unüberblickbar, schreitet immer fort. Und auch hier ist dafür zu sorgen, dass jeder Mensch seine Zeit gestalten kann. Die Zeit ist wie der Raum zu gestalten, zu beseelen. Geschieht dies nicht, verrinnt die Zeit oder man weiss nicht, was mit ihr anfangen, man hat Langeweile und muss die Zeit totschlagen. Wer die Zeit nicht selber gestalten kann, nichts mit ihr anzufangen weiss, flieht in der Regel in die Betriebsamkeit oder versinkt in die Untätigkeit, auch in die Trägheit.
Es entspricht dem Wesen des *gesunden* Menschen, dass er seine Zeit gliedern will, dass er Zeit für etwas haben will, aber auch, dass er nicht der Zeit ausgeliefert, von ihr gedrängt, gehetzt werden will. Der Mensch mit einer geistigen Behinderung hat nun besondere Mühe, die Zeit zu gliedern, zu planen, sich auf etwas vorzubereiten. Er ist besonders gefährdet, der Zeit zu erliegen, indem er entweder rastlos von Ding zu Ding geht oder sich seinen Stereotypien hingibt. Er sorgt sich

auch weniger um seine Zukunft. Deshalb lebt er mehr im Jetzt, auch in seinen Tagträumen. Dafür vermag er den Augenblick oft besser auszukosten als manche Nichtbehinderte, die so oft der Zukunft ausgeliefert sind und nur manchmal in Gedanken und Gefühlen dort sind, wo sie sich gerade aufhalten.
Der Mensch mit einer geistigen Behinderung benötigt Hilfen, damit er seine Zeit gestalten kann.
Bei uns ist es üblich, die Zeit in Arbeits- und in Freizeit zu gliedern. Wir haben auch eine beachtenswerte Freizeitindustrie mit sehr differenzierten Angeboten entwickelt.

Es ist zweifelsohne ein grosser Fortschritt, dass man in den letzten 25 Jahren vermehrt dem Menschen mit einer geistigen Behinderung das Recht auf und das Bedürfnis nach Freizeit zugesteht und vieles unternimmt, damit er seine Freizeit sinnvoll und bereichernd erlebt. Auch für geistig Behinderte haben wir eine eigentliche Freizeitindustrie entwickelt, die gesellschaftlich ein recht hohes Prestige geniesst.
Die Erfahrungen aus der Freizeit mit Jugendlichen und Erwachsenen mit einer geistigen Behinderung zeigen,

a) dass sie sehr viel mehr zu lernen vermögen, sehr viel mehr Interessen haben und entwickeln können, als viele meinten;
b) dass sie auch oder in besonderem Masse als Erwachsene lernwillig und lernfähig sind;
c) dass eine sinnvolle Freizeitgestaltung die Lebensfreude, die Lebenstüchtigkeit und vor allem die Fähigkeit, zu Menschen und zu Gegenständen in Beziehung zu treten, fördert. Durch die Freizeit wächst das Bedürfnis, an dieser Welt teilzunehmen;
d) dass sie in der Freizeit nicht nur manches lernen. Allein die Tatsache, dass sie Freizeit haben und dort wie Erwachsene behandelt werden, scheint ihr Selbstbewusstsein zu stärken. Dadurch sind sie unabhängiger und vermögen mehr Verantwortung für sich und für andere zu übernehmen. Aber sie fordern auch mehr von ihrer Umgebung, vor allem, dass sie das, was sie in der Freizeit lernten, auch im Alltag anwenden können. Beispiel: Wenn sie den Umgang mit Geld gelernt haben, möchten sie auch solches ausgeben. Deshalb

ist zu fragen: Haben sie solches, gestehen wir es ihnen zu und sind sie auch fähig, Geld angemessen auszugeben, statt sich verleiten zu lassen. Dieses Beispiel, das beliebig ergänzt werden könnte, zeigt;

e) dass Freizeit stets aus der konkreten Situation jedes einzelnen sorgfältig geplant werden sollte, wobei die Arbeits- und die Wohnverhältnisse, aber auch die Fähigkeiten des Menschen mit einer Behinderung und seiner Umgebung, mitzuberücksichtigen sind;
f) dass die Betreuer zumindest zu informieren sind, was in den verschiedenen Freizeitangeboten geschieht, damit sie überlegen können, wie das Neugelernte in den Alltag umgesetzt werden kann. In der Regel sind zweierlei Massnahmen notwendig:
   - Abbau von Verboten und Geboten, damit die Menschen mit einer geistigen Behinderung selber mehr Verantwortung übernehmen können.
   - Konkrete Hilfen in der Umsetzung von Gelerntem. Man schafft geeignete Möglichkeiten, damit das Gelernte angewendet werden kann, sorgt dafür, dass es auch geschieht und achtet darauf, dass die Umsetzung erfolgreich verläuft.

Ferner zeigen die Erfahrungen aus der Freizeit mit Jugendlichen und Erwachsenen mit einer geistigen Behinderung:

g) Es ist eine Tatsache, dass viele von ihnen, wie viele von uns auch, dazu neigen, Freizeitangebote einfach zu konsumieren, dass spektakuläre Angebote den „gewöhnlichen" vorgezogen werden, dass Quantität oft mehr zählt als Qualität, dass sie oft Mühe haben, eigene Bedürfnisse zu formulieren und aus dem vielfältigen Angebot zu wählen und dass sie in all dem Hilfe und Unterstützung benötigen. Kurz: Das Freizeitverhalten der Menschen mit einer geistigen Behinderung ist nicht anders als jenes der Nichtbehinderten. Mit einem Unterschied: Sie lassen sich mehr beraten und besuchen mehr Angebote als Nichtbehinderte. Beispiel: Von 130 geistig und psychisch behinderten Menschen besuchten 118 oder 90,7% regelmässig Freizeitangebote. Bei ihren Elten waren es 13%.
h) Behinderte Menschen, die ihre Freizeit nicht ausserhalb des Hauses verbringen, tun dasselbe wie ihre Eltern. Wir stellten fest, dass nur 10% der Behinderten jene Freizeittechniken wie malen, basteln,

musizieren, die sie in der Schule lernten, in der Familie anwenden. Ganz einfach, weil sie es von sich aus nicht tun und von den Eltern darin nicht unterstützt werden. Viele Eltern kennen diese Techniken gar nicht.

i) Es ist zweckmässig, wenn das Freizeitangebot vielfältig oder zumindest abwechslungsreich ist. Zu unterscheiden sind:
   - Kurse, in denen ein bestimmtes Wissen vermittelt wird.
   - Veranstaltungen, in denen man nichts bestimmtes lernen will, in denen das gemacht wird, was der jeweiligen Gruppe Freude macht, um der Freude willen. Solche Kurse sind für die Leiter besonders anspruchsvoll.
   - Veranstaltungen, die der körperlichen Ertüchtigung dienen.
   - Veranstaltungen, die dem musischen Tun wie Malen, Musizieren, darstellendes Spiel, Theater usw. dienen. Das beschauliche Leben kommt vor dem tätigen. Es gibt dem Tun seine Richtung.

j) Bei allen Vorzügen der Freizeitgestaltung für die Menschen mit einer geistigen Behinderung darf nicht vergessen werden, dass auch sie das Recht und das Bedürfnis haben, in der Freizeit allein zu sein und das zu tun, was ihnen gerade gefällt. Auch oder gerade, wenn es keinem äusseren Zweck dient, wie etwa bloss Musik hören, fernsehen, Heftchen anschauen, flanieren oder vor sich hindösen, mit oder ohne Stereotypien. Aber ich kenne Betreuer und Eltern, die bereits ein schlechtes Gewissen haben, wenn ein behinderter Mensch in der Freizeit nicht aktiv und kreativ ist, sondern einfach nichts tut.

5. Abschliessend

Ich habe Wohnen als Strukturierung/Beseelung des Raumes und Freizeit als Strukturierung/Beseelung der Zeit dargestellt. Wenn wir uns bemühen, die Menschen mit einer geistigen Behinderung mit einem vielfältigen Angebot dabei zu unterstützen, so tragen wir wesentlich dazu bei, dass ihr und unser Alltag sinnreicher und gesünder wird, denn der Alltag besteht wesentlich aus Wohnen und Freizeit. (Die Arbeit als weiterer wichtiger Teil des Lebens gehörte nicht zum Thema dieses Vortrages.)

Bibliographie

- *Bollnow, O. F.*: Neue Geborgenheit. Stuttgart/Köln: Kohlhammer, 1955
- *Bollnow, O. F.*: Mensch und Raum. Stuttgart: Kohlhammer, 1971
- *Bollnow, O. F.*: Anthropologische Pädagogik. Bern: Haupt, 1983
- *de Saint-Exupéry, A.*: Citadelle. Paris: Gallimard, 1948. Deutsch: Die Stadt in der Wüste. Bad Salzig/Düsseldorf: Verlag Rauch, 1951
- *Feinberg, J.*: Die Rechte der Tiere und zukünftiger Generationen. In: *Birnbacher, D. (Hrsg.)*: Ökologie und Ethik. Stuttgart: Reclam, 1980, 140-179
- *Flade, A.*: Wohnen. Bern: Huber, 1987
- *Gesetz* über die Fürsorge für geistig Behinderte und andere besonders schwach Begabte. (Lov om forsorgen for aendssvage og andre saerlig svagtbegavede Nr.192 v.5.6.1959) Dänemark
- *Grond, J.*: Vom Umgang mit geistig Behinderten. Schweizerische Kirchenzeitung 1985 (51/52), 778-784. In diesem Buch Arbeit 1.
- *Grond, J.*: Verhaltensstörungen bei geistig Behinderten. Schweizerische Heilpädagogische Rundschau 1988 (1), 1-7. In diesem Buch Arbeit 3.
- *Haushofer, M.*: Die Wand. Hamburg/Düsseldorf: Classen, 1968
- *Heidegger, M.*: Bauen, Wohnen, Denken. In: *Bartning O. (Hrsg.)*: Mensch und Raum. Darmstadt: Neue Darmstädter Verlagsanstalt, 1952, 72ff
- *Singer, P.*: Praktische Ethik. Stuttgart: Reclam, 1984

8

Wohnen - Illusionen und Wirklichkeit

1991

Der Mann, von dem ich hier erzähle, übernahm vor zwei Jahren die Leitung eines Wohnheimes für dreissig Erwachsene mit einer geistigen Behinderung und bezog mit seiner Frau und seinen zwei Söhnen die Dienstwohnung im Heim. Er wollte mich dabeihaben, als er an seiner Wohnungstür das Täfelchen „privat" entfernte. „Wir wollen das Privileg nicht, privat wohnen zu dürfen, wenn alle behinderten Bewohner keinen einzigen privaten Raum haben. Sie sollen genauso Zutritt zu unserer Wohnung haben, wie wir ihre Zimmer ungefragt betreten. Wir wollen eine grosse Familie sein."

Kürzlich war ich wieder dort. An der Wohnungstüre hängt eine nicht mehr neue Tafel „PRIVAT“, nur deutlich grösser und auffälliger als die alte. An der Zimmertüre des einen Sohnes steht von Kinderhand gezeichnet „Zutritt verboten“, und an der anderen „Halt“, mit drei Ausrufezeichen.

Ich bemühte mich, nicht hinzusehen. „Du hast richtig gesehen, das sind unsere Barrikaden. Wir hielten den Terror einfach nicht mehr aus. Wir mussten uns unsere eigene Wohnung regelrecht zurückerobern. Nicht, dass die Behinderten rücksichtslos gewesen wären, im Gegenteil. Anfänglich war das herrlich. Wir hatten stets Besuch, in der Stube, in der Küche, in den Kinderzimmern. Nur unser Schlafzimmer, das hatten wir für uns behalten. Wir waren wirklich eine einzige grosse Familie. Und wir waren stolz darauf. Man bewunderte uns auch dann noch, als wir, jeder für sich, bereits ungute Gefühle hatten. Natürlich bemerkten wir, dass unsere Söhne den behinderten Bewohnern immer mehr auswichen, dass sie Witze über sie machten, böse und erniedrigende, und dass sie sich immer öfters bei Freunden aufhielten. Zu einem Gespräch darüber kam es nie. Bis meine Frau an einem Sonntagmittag explodierte: „Ich halte das Gelaufe nicht mehr aus. Ich fühle mich erdrückt. Ich will hier raus!“ Das war wie der erste Donnerschlag eines heftigen Gewitters. Gemeinsam zogen wir über die Behinderten her. Es war fürchterlich. Und niemand schämte sich.
In vielen Gesprächen suchten wir nach neuen Lösungen. Uns wurde klar, dass jeder von uns einen eigenen, eben einen privaten Raum braucht, sonst depriviert, verwahrlost er. Erstmals begriffen wir, was Wohnen heisst. Wir lechzten nach einem Raum, in den wir uns zurückziehen können, wo wir, von Wänden geschützt, ganz uns selber sein dürfen. Ich habe verstanden, dass ich nur im geschützten Raum, in meinem Zimmer, loslassen kann und so zu neuen Einsichten gelange. Weisst Du, dass Wand etwas mit wenden, mit „neu sehen“ zu tun hat?“

Und recht belehrend fuhr er fort, ich vermute, dass er sich doch rechtfertigen wollte: „Hat der Mensch keinen geschützten Raum, den er selber gestalten darf, so verliert er Gleichgewicht und Mass. Er wird ungehalten und masslos. Und wer masslos und ungehalten ist, wird rücksichtslos und selbstsüchtig.“

Ich schwieg und dachte an die Bewohner. „Natürlich gilt das im Prinzip auch für die behinderten Bewohner. Aber was soll ich tun? Ich kann die Strukturen des Heims nicht ändern, die Zweierzimmer nicht zu Einerzimmern machen. Dafür haben wir anderes unternommen. Wir haben die Bewohner ermuntert, ihre Zimmer mit eigenen Gegenständen einzurichten, weisst Du, Fotos und die vielen kleinen Dinge, die Geschichten erzählen und uns heimisch werden lassen. Sie dürfen eigene Möbel mitbringen, wir ermuntern sie auch, bewusster Kleider zu kaufen und Besuch einzuladen. Niemand betritt ein fremdes Zimmer, ohne anzuklopfen und auf das „Herein“ zu warten. Zu den Duschräumen haben Betreuer nur im Notfall Zutritt. Wer sich in der Freizeit auf sein Zimmer zurückziehen will, darf es. Niemand braucht Rechenschaft abzulegen, was er dort tut. Jeder hat einen eigenen Schrank mit einer abschliessbaren Schublade. Es ist den Betreuern verboten, Bewohner zum Aufstehen zu zwingen, indem sie ihnen einfach die Bettdecke wegreissen. Wer Geschenke bekommt, entscheidet selber, ob er teilen will. Mehr können wir nicht tun. Das einzusehen war für uns schwer. Aber, hat das nicht auch mit Wohnen zu tun?“

Bevor ich etwas sagen konnte, wurden wir zu Tisch gebeten, wo wir in Ruhe alte Erinnerungen auffrischten, denn bei Tisch sind, um des Wohnens willen, Fachgespräche verboten.

9

Die Schulung von Kindern mit schwerer Behinderung - eine Herausforderung für Schule und Gesellschaft

1990

Hinweis an die Leser: Diese Arbeit besteht aus zwei Vorträgen, die hier als eine in sich einigermassen geschlossene Arbeit abgedruckt werden. Die Kapitel 1-5 entstammen dem „Vortrag zum 15jährigen Bestehen der Heilpädagogischen Sonderschule für mehrfachbehinderte Kinder Zürich", gehalten am 29. September 1990 in Zürich. Die Kapitel 6-10 bildeten den Vortrag „Zum Verständnis vom Menschen mit schwerer Behinderung, Konsequenzen für die Betreuung", gehalten am 17. November 1990 an der Impulstagung der RGZ-Stiftung

(RegionalGruppe Zürich) zugunsten cerebral Gelähmter und der Erziehungsdirektion des Kantons Zürich in Zürich.
Der erste Teil behandelt mehr grundsätzliche, der zweite mehr praktische Fragen. Sie werden einige Wiederholungen antreffen. Diese habe ich, weil sie jeweils in anderem Zusammenhang auftreten, bewusst stehen lassen.

1. Ein Fortschritt

Es war zweifelsohne ein grosser Fortschritt, als man in den vergangenen fünfzehn Jahren Sonderschulen für Kinder mit schweren Behinderungen gründete, solche Kinder vermehrt in Sonderschulheime aufnahm oder Pflegeheime in Sonderschulheime umwandelte. Dadurch wurden Kinder mit schweren Behinderungen, die bis dann als bildungsunfähig galten, in die menschliche Bildungsgesellschaft aufgenommen. Wer nicht bildungsfähig war, war nämlich von der Gesellschaft ausgeschlossen, ausschliesslich auf das Wohlwollen seiner Eltern angewiesen oder er wurde in Pflegeheimen untergebracht. In diesen Heimen war man zwar um eine menschenwürdige Hygiene bemüht. Infolge des Geld- und Personalmangels lebten die Kinder aber mit wenig Anregung und mit wenig Beziehungen zu Erwachsenen und untereinander. Oft versanken sie in sich, verloren sich, verwahrlosten, obwohl das Pflegepersonal sein Bestes gab. Man kannte mehr oder weniger die Ursachen der Schädigung und sah diese zu Recht als medizinisch nicht beeinflussbar an. Wie man erst später erfuhr, wurde aber irrtümlicherweise angenommen, dass die *Hirnschädigung allein* die Entwicklung der Kinder bestimmt, so dass Erziehung und Schulung als wenig aussichtsreich betrachtet wurden. Die trotz der Schädigung verbliebenen Lernmöglichkeiten und die Tatsache, dass die Lernfähigkeit mehr eine *Folge* statt die *Voraussetzung* der Erziehung und Schulung ist, und vor allem die Bedürfnisse der Kinder mit schwerer Behinderung nach dauerhaften Beziehungen und nach Anregung, wurden vorerst weitgehend übersehen.

Man betrachtete die Kinder als krank, als Pflegefälle, als bildungsunfähig und oft genug auch als erziehungsunfähig. Erst als man die Ergebnisse der Deprivationsforschung und die Erfahrungen in der Erziehung und Förderung von Kindern mit schwerer Behinderung, vor allem in anthroposophisch geführten Heimen, zur Kenntnis nahm, begann man die Pflegeheime sukzessive in Sonderschulheime umzuwandeln und der Erziehung und Förderung mehr Gewicht beizumessen. Die verschiedenen Untersuchungen zur Deprivationsforschung in Kinderheimen zeigten, dass Kinder, die in einwandfreien hygienischen Verhältnissen lebten, aber ohne dauerhafte Beziehung zu BetreuerInnen und ohne Anregung blieben, in ihrer Entwicklung stehenblieben oder gar Rückschritte machten, im Extremfall bis zum Tod. Auch beobachtete man bei diesen Kindern vielfältige Verhaltensstörungen (siehe u.a. *Bowlby* 1951; *Meierhofer* 1961; *Spitz* 1957, 1967).
Die Gründung *externer* Schulen für solche Kinder war und blieb bis heute eine Seltenheit. Auch nahmen bei weitem nicht alle bestehenden Sonderschulen für Geistigbehinderte und für Körperbehinderte solche Kinder auf. Wo dies geschah, wurden die Eltern in besonderem Masse entlastet und konnten wenigstens zum Teil aufatmen. Einerseits wussten sie ihre Kinder während ein paar Stunden pro Tag in guter Obhut in der Schule, so dass vor allem die Mütter wieder etwas Zeit für sich und für die Familie hatten, Mütter, die oft genug den ganzen Tag mit der Pflege oder der Aufsicht ihres behinderten Kindes beschäftigt, gebunden waren. Anderseits, und das bezeugen viele Eltern, wurde ihre seelische Last, ein Kind mit einer schweren Behinderung zu haben, das so anders ist, das nicht einmal das Grundrecht auf Schulung und Bildung hat, wenigstens teilweise erleichtert. Das Bewusstsein, ein bildungsunfähiges Kind zu haben, eines, das in den Schulämtern ausgelöscht, eigentlich vernichtet wurde, empfanden diese Eltern als besondere Kränkung und als amtliche Besiegelung eines schweren Schicksals.
Darüber hinaus erfuhren die Eltern, dass andere, eben fachliche Betreuer, sich ihres Kindes annahmen, oft liebevoll, dass sie es förderten und dass es Fortschritte machte. Für so manche Eltern wurde dadurch

ihr Kind erst recht zu einem sozialen Wesen, es erhielt auch öffentlich ein menschliches Gesicht und menschliche Würde zuerkannt.

Der Gründung solcher Schulen gingen keine grossen Untersuchungen voraus, durch die man zu erkennen versuchte, was denn Schule sein kann, ob Schule bei solchen Kindern sinnvoll ist, welche Lernerfolge möglich sind, ob es sich wirtschaftlich lohnt usw. Erstmals richtete man Bildungsinstitutionen ein, obwohl man wusste oder zumindest vermutete, dass sich die Bemühungen nicht in Franken auszahlen würden. Man wusste, dass diese Kinder trotz Schulung nie erwerbsfähig sein werden, und man vermutete, dass sie auch nicht so selbstständig werden, dass man später Pflegepersonen einsparen kann. Man wollte nicht zuerst Gewissheit, ob sich das wirtschaftlich lohnt. Man gründete die Schulen aufgrund der ethischen Überzeugung, dass auch diese Kinder Menschen sind und deshalb ein Anrecht auf Schulung haben. Dahinter stand aber auch der Druck der Eltern. Diese forderten externe Schulen, denn viele waren nicht mehr bereit, ihr Kind nur deshalb in ein Heim zu geben, weil es schwerbehindert war. Möglich wurden diese Schulen schliesslich auch, und das vegisst man zu oft, weil die notwendigen Finanzen zur Verfügung standen.

Man hat die Schulen gegründet und man war gespannt, was daraus werden wird, was man aus den Erfahrungen mit diesen Schulen lernen kann. (Ich verwende das Wort Schule auch für einzelne Gruppen für Kinder mit schweren Behinderungen in bestehenden Sonderschulen und Heimen.)

2. Was hat man gelernt?

Vorerst, dass diese Kinder lernfähig sind, dass ihre Lernfähigkeit nicht eine *Voraussetzung* für, sondern eine *Folge* der Betreuung ist. Man weiss zwar nie, was und wieviel diese Kinder lernen. Das lässt sich oft auch mit subtilsten Abklärungen nicht voraussagen. Unser diagnostisches Wissen bei diesen Kindern ist noch weit bruchstückhafter und unsicherer als bei leistungsstärkeren Kindern. Wir tun deshalb gut daran, uns diese Unwissenheit einzugestehen, statt sie mit falschem Stolz zu verdrängen. Was und wieviel diese Kinder mit schweren Behinderungen lernen, zeigt sich mehr als bei andern erst im umfassenden Erziehungsversuch. Deshalb ist es sinnlos, fachlich ungerechtfertigt, ja schlichtweg falsch, wenn man für diese Kinder Aufnahmebedingungen formuliert, aus denen hervorgehen soll, was das Kind schon kann und was es wahrscheinlich schulisch noch lernen wird (*Grond* 1990, bzw. Arbeit 5 in diesem Buch).
Uns wurde also bewusst, *dass* diese Kinder lernen können. Das scheint mir weit bedeutsamer zu sein als die Frage, wieviel sie lernen werden. Denn wenn wir ihnen zugestehen, dass sie lernfähig sind, gestehen wir ihnen auch zu, dass sie *Zukunft* haben. Dies lässt uns wieder hoffen, für sie und für uns, hoffen, dass etwas werden wird, dass etwas *gelingen* wird - mit ihnen zusammen.
Damit erlösen wir diese Kinder und uns selber aus der Starre der Hoffnungslosigkeit. Aus dem „hoffnungslosen Fall“ kann so ein Kind, ein Mensch werden, und wir können die Gewissheit haben, dass sie und wir auch hier gelingen können und nicht misslingen müssen.

Man erfuhr aber rasch, dass konventionelle Unterrichtsmethoden, auch solche, die in der heilpädagogischen Sonderschule taugen, nicht einfach übernommen werden konnten. Man war gezwungen, neue Wege in der Betreuung dieser Kinder zu gehen und entwickelte, nicht zuletzt angeregt durch die Erfahrungen aus anthroposophischen Schulen, neue Förder- und Trainingsmethoden wie die basale Stimulation, die basale Kommunikation, die basale Aktivation, eine Vielfalt an Körpertherapien (*Rohmann* 1990), und man erkannte den Wert des musischen

Tuns wie Musik, Malen, Bewegung noch tiefer als in der übrigen Sonderschulung. Diese Erkenntnisse wurden unterdessen auch in den heilpädagogischen Sonderschulen übernommen und z.T. beginnt man sie auch in den Regelschulen zu beachten. Das heisst nichts weniger, als dass man durch die Betreuung von Kindern mit schwerer Behinderung auf Grundbedürfnisse des Menschen aufmerksam wurde, die man auch bei schulisch leistungsstärkeren Kindern nicht vernachlässigen darf, wenn einem eine ausgewogene Entwicklung am Herzen liegt.
Man hat aber auch erkannt, und das z.T. nicht ohne Probleme, dass sich die Arbeit mit solchen Kindern nicht in erster Linie am messbaren Fortschritt feststellen lässt. Zu sehr geht es darum, zu verhindern, dass die Kinder Rückschritte machen und dafür zu sorgen, dass sie wenigstens ihren Entwicklungsstand bewahren.
Man hat erkannt, und das war mitunter schmerzlich, dass beim Umgang mit solchen Kindern die Fachkompetenz zwar wichtig, die *menschliche Kompetenz* aber entscheidend ist. Wer mit solchen Kindern arbeitet, muss *jemand sein* und nicht bloss etwas tun können. Er muss sich selber und die Kinder aushalten, durchtragen, sich stellen, ehrlich und ohne Vorbehalt, denn zu sensibel reagieren diese Kinder auf die Einstellung und auf die Befindlichkeit ihres Betreuers. Er muss sich aber auch hinwenden zu jenen Bereichen im Menschen, die sich der Machbarkeit, auch den Therapien, entziehen. Er muss das Zulassen neu lernen und das Verändernwollen um fast jeden Preis etwas hintanstellen. Irgendwie ist die Haltung notwendig, dass der Umstand, dass es diese Kinder gibt, weit wichtiger ist als das, was sie können, jetzt und in Zukunft. Das aber heisst nichts anderes, als das Staunen und die Ehrfurcht vor dem Menschen als einem Wesen, das letzlich unerfasslich ist, neu zu lernen. Ehrfurcht kann man nur vor dem haben, was irgendwie unverfügbar ist, das technisch, auch durch Unterricht und Therapie, nicht herstellbar ist. Einmal mehr, aber erstmals in der Schule, hat man die Grenzen des fachlich Machbaren als unverrückbar und die unbedingte Bedeutung des Menschen als Erzieher erfahren. Damit aber wurde auch unmissverständlich klar, was die Eltern dieser Kinder, insbesondere ihre Mütter, leisten: Durchtragen,

zur Stelle sein und dennoch ja sagen zum Kind. Eltern wurden mehr als je zu Lehrmeistern der Fachleute.

Man hat aber auch, und das scheint mir das Wichtigste zu sein, die Grenzen und die Problematik unseres Bildungssystems und unseres Verständnisses von Schule erfahren.

3. Die Grenzen unseres Bildungssystems

Vorerst einige Tatsachen:
Die Anzahl der Kinder mit schweren Behinderungen, die für den Besuch von externen Sonderschulen angemeldet wurden, nahm wie gesagt, in den letzten Jahren zu. Auch stieg ihre Lebenserwartung, wohl vor allem dank der besseren medizinischen Betreuung und nicht zuletzt, weil sie auch durch die Sonderschulung in menschliche Beziehungen aufgenommen wurden, Beziehungen, die dem Menschen erst Sinn, Lebenswillen und Lebensmut vermitteln (genauer siehe Kapitel 7).
Die Sonderschulen für Kinder mit schweren Behinderungen wurden geradezu mit Anmeldungen überhäuft. Zudem wurden immer schwerer behinderte Kinder angemeldet, so dass Wartelisten entstanden.
Dies schaffte neue Probleme:
Es entstand ein neuer Schultypus: Die Schule für Schwerbehinderte, manchenorts nennt man sie gar Schule für *Schwerst*behinderte. Und dies wollte eigentlich niemand, zuallerletzt die Betreuer dieser Kinder. Die Anhäufung immer schwerer behinderter Kinder scheint die Betreuer zu überfordern, deshalb stellt man an vielen Schulen einen überdurchschnittlich hohen Personalwechsel fest. Die meisten Betreuer erleben ihre Arbeit als bereichernd und belastend zugleich. Belastend, weil kaum ein Kind spricht, kaum eines gehen kann, weil die Pflege einen grossen Stellenwert einnimmt, weil man mit medizinischen Problemen (Anfälle, Atemnot, intensive Pflege, Medikation u.a.) konfrontiert wird, Probleme, auf die man als Heilpädagoge nicht

ausreichend vorbereitet ist. Belastend auch darum, weil sich manche Heilpädagogen mit pflegerischen Aufgaben schwertun, deshalb wurden sie ja Heilpädagogen und nicht etwa Krankenpfleger oder Krankenschwestern. Überfordert fühlen sich manche auch, weil sich die Kinder gegenseitig wenig anregen, zu wenig, wird oft behauptet. Dieser Mangel an Anregung liess vielen BetreuerInnen erst richtig bewusst werden, wie sehr Kinder sich gegenseitig anregen, wieviel Kinder von Kindern lernen, wie sehr sich Fachleute von Kindern anregen lassen. All dies vermisst man hier in besonderem Masse. Oft stellt man deshalb auch den Lernerfolg der Schule in Frage. Manche haben auch den Eindruck, sie würden die Erwartungen der Eltern nicht erfüllen, weil sie so wenig messbare Erfolge erzielen.

Was zeigen diese Tatsachen, die ich in den Sonderschulen für Kinder mit schweren Behinderungen im In- und Ausland feststelle (siehe auch *Strassmeier* 1990)? *Wohl, dass unsere Spezialisierung des Sonderschulsystems einen Grad erreicht hat, der Betreuer und Kinder überfordert.*

Was ist zu tun?
Zuerst geht es darum, zu verstehen, wie es zur Spezialisierung kam und wie diese verlief. Dazu ist ein sehr kurzer und allgemeiner Blick in die Geschichte notwendig.
Es begann mit der Errichtung der Volksschulen Ende des 18. und zu Beginn des 19. Jahrhunderts. Hier wurden vorerst Kinder mit sehr verschiedenen Lernfähigkeiten und z.T. auch solche mit Behinderungen aufgenommen. Diese grossen Unterschiede in der Lernfähigkeit wirkten sich nachteilig auf das Lernen aller Schüler aus. Der erste Schritt war dann, dass man lernschwache Schüler aussonderte. Dazu musste zuerst, und das war neu, definiert werden, wer die Volksschule besuchen darf. Man nannte diese Schule dann rasch *Normalschule*. „Normal" war, und auch das war ein neuer Begriff in der Pädagogik, wer die Normalschule besuchen konnte und abnormal, wer die Aufnahmebedingungen nicht erfüllte. Das Prinzip der Aussonderung führte zur Spezialisierung und zu immer neuen Definitionen, was

"normal" ist. Nachdem lernschwache Kinder als bildungsunfähig aus der Normalschule ausgesondert wurden, errichtete man für sie viel später die *Hilfsschule*, die in ihren Anfängen auch geistig behinderte Kinder aufnahm. Im Verlaufe der Zeit wurde aber definiert, was eine „normale Hilfsschule“ ist, und man sonderte die Geistigbehinderten als bildungsunfähig aus. Später errichtete man *Sonderschulen für Geistigbehinderte*, nahm vorerst z.T. auch schwerbehinderte Kinder auf, bis man formulierte, was eine „normale Sonderschule“ für Geistigbehinderte ist. Die Folge war, dass man Kinder mit schweren Behinderungen nicht mehr aufnahm. So entstanden die *Sonderschulen für Kinder mit schweren Behinderungen*. Für die Sonderschule, die wir heute feiern, kann man dazu im *Auszug aus dem Protokoll des Regierungsrates des Kantons Zürich* vom 30. Dez. 1975 folgendes nachlesen: «Die Heilpädagogische Sonderschule für mehrfachbehinderte Kinder wurde im Herbst 1973 von der oben erwähnten Regionalgruppe eröffnet (Regionalgruppe Zürich, RGZ, Anmerkung J. Grond). Es handelt sich dabei um eine Sonderschule, die jenen behinderten Kindern eine Schulungsmöglichkeit bietet, die einerseits *geistig zu schwach sind*, um dem Lehrprogramm der städtischen Sonderschule für cerebralgelähmte Kinder folgen zu können, anderseits aber *körperlich so schwer behindert* sind, dass deren Aufnahme auch von der Heilpädagogischen Hilfsschule der Stadt Zürich abgelehnt werden musste. Die Eröffnung dieser Tagesschule in der Stadt Zürich erweiterte deshalb das Angebot der Schulungsmöglichkeiten ...».

Wir können also feststellen:
Immer dann, wenn ausgesondert wurde, entstanden neue Schultypen, die ihrerseits zu erneuter Aussonderung führten. Dabei galt der neue Schultypus vorerst als Auffang- und Sammelbecken für alle Kinder, die bisher als bildungsunfähig galten. Mit der Zeit wurde aber, meistens durch die Praxis, auch hier definiert, was „normal“ ist. Das begann in der Regel, indem man einzelne sogenannt schwache Kinder abwies und dann, notgedrungen und zur Begründung der Abweisung, Aufnahmebedingungen formulieren musste. Die Abweisung wurde regelmässig etwa wie folgt begründet: Man wird den „Schwachen“

pädagogisch nicht gerecht, sie benötigen eigene, das heisst spezialisiertere Schulen; das Lernen wird durch diese Schwachen erschwert, so dass der pädagogische Auftrag für die Mehrheit nicht mehr wahrgenommen werden kann; die Lehrkräfte fühlen sich überfordert, die Eltern der „besseren“ Kinder bangen um den Erfolg ihrer Söhne und Töchter. (Eingehend zum Prozess der Normierung und Normalität siehe *Foucault* (1977a;b))

Heute stehen wir in manchen Schulen für Kinder mit schweren Behinderungen erneut vor der Frage, ob man alle Kinder aufnehmen kann, ob man alle verkraftet. Das ist der erste Schritt für eine erneute Spezialisierung, die dann wohl Sonderschule für Schwerstbehinderte heissen müsste. Mit diesem Superlativ „schwerst“ wäre dann unser Wortschatz ausgeschöpft. Für den Schultypus, der danach folgen müsste, fehlen die Worte, versagt die Sprache. Was wäre schwerer als schwerstbehindert? Wir wären sprachlos. Sollten wir mit der Spezialisierung nicht aufhören und umdenken, bevor wir sprachlos werden?
Wir wissen, dass die Sonderschule für Kinder mit schweren Behinderungen die BetreuerInnen oft überfordert, und wir wissen auch, dass solche Schulen keine optimalen Lebens- und Lernbedingungen darstellen, wenn ausschliesslich Kinder mit schweren Behinderungen aufgenommen werden. Das alles dürfte für die zu gründende Schule für Schwerstbehinderte in erhöhtem Masse gelten und es ist zu vermuten, dass eine solche Schule sich kaum von den früheren Pflegeheimen unterscheiden würde. So kann es *also nicht weitergehen* mit unseren heilpädagogischen Monokulturen, die nicht minder lebensfeindlich sind als jene in der Landwirtschaft.

Welches war denn die Haupttriebfeder für die zunehmende Spezialisierung?
Es war das Bedürfnis, bestmögliche Lernbedingungen zu schaffen, damit der Mensch seine Leistungsfähigkeit optimal entwickeln kann. Dass das grundsätzlich berechtigt ist, wird niemand bestreiten. Es ist aber zu beachten, dass es vor allem um das Lernen von messbaren Leistungen, um die sogenannten Schulfächer ging.

Dieses Leistungsprinzip haben sowohl die Hilfsschule und in zunehmendem Masse auch die Sonderschule für Geistigbehinderte übernommen. Das zeigt sich u.a. darin, dass man auch für diese Schulen im Verlaufe der Zeit Lehrpläne und Unterrichtsrichtlinien formulierte, in deren Mittelpunkt die Vermittlung von messbarem Wissen steht. Die Förderung des Sozialverhaltens, die Förderung der Persönlichkeit, des Musischen, der Fähigkeit, Rücksicht zu nehmen, miteinander auszukommen etc., alle diese Fähigkeiten sind in den Lehrplänen zwar auch genannt, aber sie lassen sich schlecht als Unterrichtsfach gestalten. Deshalb kann es sehr wohl bei Deklamationen in der Einleitung, bei Grundsatzerklärungen bleiben, die schwer einzuhalten sind. Nachträglich bedauern und beklagen dann viele, dass die Schulen immer mehr zu Institutionen der Wissensvermittlung verkommen, statt Orte der Bildung zu sein. Hinter diesen Bestrebungen steht letztlich eine Auffassung von Mensch, die in folgende Kurzformel gefasst werden kann: Jeder Mensch ist so gut wie sein messbares Wissen.

4. Was sind die Folgen der Spezialisierung?

Es sind mit Sicherheit bessere Leistungen der Menschen, die unseren Fortschritt und unseren materiellen Wohlstand erst ermöglichten, auch ungeahnte Fortschritte bei den Menschen mit Behinderungen. Vergegenwärtigen wir uns nur z.B., wozu Menschen mit einer geistigen Behinderung heute im Vergleich zu vor 30 Jahren fähig sind.
Aber auch zunehmender Druck, besser zu sein als der Nachbar, auch dann, wenn man's nicht kann, ist eine Folge der Spezialisierung. Damit entstand eine immer stärkere Betonung der messbaren Leistung und oft auch eine Diskriminierung der Schwächsten.
Eine zunehmende Verdrängung von Andersartigem, sei es vom anderen Menschen oder von jenen Seiten *in* uns, die wir als behindert, als abartig betrachten, machte sich breit. Dazu gehören immerhin so grundlegende Phänomene wie Leid, Krankheit, Tod, Behinderung, all das, an dem wir so schwer tragen mögen. Spezialisierung und Ausson-

derung im gesellschaftlichen und Abspaltungen im persönlichen Bereich bedingen, beeinflussen und bestärken einander wechselseitig. Gefährdet ist damit auch die Entwicklung von sozialem Verhalten, von Rücksicht auf und Verständnis für Schwächere. Weil wir die Schwächeren in immer kleinere Gruppen aussondern, lernen viele sie nicht mehr direkt, aus der direkten Erfahrung, also leibhaftig, kennen. Wo es aber an erfahrener Sozialisierung mangelt, ist stets auch die Solidarität gefährdet. An ihre Stelle können dann leicht neue Diskussionen über Lebenswert und Lebensrecht von Andersartigen treten, weil man sie nicht kennt und unter dem Eindruck steht, ein solches Leben könne unmöglich einen Sinn haben.

Die zunehmende Aussonderung und Spezialisierung führt dazu, dass immer engere Bereiche des Menschen gefördert werden und immer breitere brachliegen. Das führt aber auch zu immer engeren und verzerrteren Werten. So kommt es, dass wir Funktionstüchtigkeit und Fitness mit Gesundheit und Wohlbefinden verwechseln und schon das kleinste Übel mit Medikamenten, Therapien und esoterischen Praktiken zu verscheuchen versuchen und gar nicht mehr auf die Signale unseres Körpers und unserer Seele hören. Wir analysieren die Welt und auch den Menschen bis ins Kleinste und merken nicht, dass wir dadurch das Wesen des Menschen weit stärker verdecken als aufscheinen lassen. Wir haschen nach Lust, verdrängen das Leiden und vergeben uns so die Möglichkeit, glücklich zu werden. Wir arbeiten hart, können uns dadurch vieles kaufen, das wir oft gar nicht geniessen können, weil es ja nur die berechtigte Entschädigung für die verkaufte Arbeitskraft ist.

Arbeit wird oft als persönliche Beraubung und nicht als Bereicherung empfunden. Weil wir uns so vieles kaufen können und so Konsumieren mit Geniessen verwechseln, wissen wir kaum mehr, was Dankbarkeit ist, was danken heisst. Wer aber nicht dankt und immer nur nimmt, verfügt über die Welt und die Menschen, wird rücksichtslos und herrschsüchtig. Wir verwechseln Betriebsamkeit und Hektik mit Konzentration und schöpferischem Tun, vergöttern den scharfen Verstand und belächeln das Schauen, verfallen der Mobilität und merken nicht, dass wir uns selber entfremden. Wir suchen Unterhaltung, weil

wir die Stille und die Einkehr in uns nicht aushalten. Kurz: Wir werden uns selber und unseren Mitmenschen fremd.
Nun, ich weiss wohl, dass diese Entwicklung mehrere Gründe hat. Die zunehmende Spezialisierung und Aussonderung scheint mir einer der wichtigsten zu sein. Diese engen Werte scheinen dem Wesen des Menschen und der Gemeinschaft, unserem Wohlbefinden also, nicht sehr zu entsprechen. Man kann auch sagen, dass die Werte ver-rückt werden. Dann kann es dazu kommen, dass man selber ver-rückt wird. Verrückt in diesem Sinne wäre also der Mensch, der bestimmte Seiten in sich selber und in der Gemeinschaft nicht zulässt und deshalb die Realität verschoben, verzerrt, eingeschränkt oder gar engstirnig erlebt. Ein solcher Mensch, eine solche Gesellschaft hat ihr Gleichgewicht verloren. Wer nicht im Gleichgewicht lebt, gilt in der Regel als krank, weil er seine Mitte verloren hat und so zunehmend in die Vereinzelung und Einsamkeit absinkt. Dem wollen einige mit Kommunikationswissenschaften und Kommunikationstechnologien entgegentreten. Diese fördern zwar die Informationsübermittlung, die echte Kommunikation aber, das heisst die Begegnung von Mensch zu Mensch, schränken sie ein. „Kommunizieren" wir deshalb mit Maschinen, „reden" wir deshalb mit Computern, weil wir immer mehr verlernen, mit Menschen zu reden?

Wer mit ver-rückten Werten in der Welt steht, betrachtet seine kleine ver-rückte Welt oft als die einzig richtige. Er fühlt sich sicher und bekämpft jeden Versuch, sein Bewusstsein zu erweitern oder seine Ordnung zu verändern. Dies geschieht bestenfalls mit dem Hinweis, eine Veränderung sei nicht notwendig, in der Regel aber, indem Veränderungsversuche als Utopien und als Ausdruck der Inkompetenz disqualifiziert werden. Solche Menschen sind oft wenig diskursfähig und nur dem Handeln bzw. dem einseitigen Bewahren ihrer Interessen verpflichtet. Man erkennt sie an ihren Standardsätzen wie „Es ist *natürlich* anders, als Sie behaupten, richtig ist *natürlich* ...". Sie wissen genau, was richtig und was falsch ist, sie beanspruchen „natürlich", allein die Wahrheit zu haben und verwechseln diskutieren mit behaupten. Wer seine Weltsicht als die *natürlich richtige* betrachtet, erhebt sich zum Mass der Dinge und ist zu grundlegenden Problemanalysen und entsprechenden Veränderungen wenig geeignet. Was not tut, ist deshalb ein gewisses Mass an Offenheit, an Fragen, an Unsicherheit und die Einsicht, dass alle unsere kulturellen Errungenschaften von Menschen gemacht wurden und folglich auch von Menschen verändert werden können. Sie sind keineswegs natürliche, naturgegebene Erscheinungen, sondern kultürliche Errungenschaften.

Die zunehmende Diskursschwäche wird u.a. auch durch das Prinzip der Spezialisierung und Aussonderung gefördert, das in unserer Gesellschaft so weit verbreitet ist. So betrachten viele unsere mit viel Aufwand geschaffenen und betriebenen Institutionen für Randständige geradezu als schützenswerte Denkmäler. Wer diese aufgrund neuer Erkenntnisse in Frage stellt, wird oft voreilig verunglimpft.
Hinter dieser Art zu denken steht ein bestimmtes Menschenbild, das aber nur selten offengelegt wird. Es besteht etwa in folgendem: Der Mensch steht „natürlich" im Zentrum unseres Lebens und unserer gesellschaftlichen Auseinsandersetzung. Die Menschen sind aber nicht alle gleich, die Unterschiede sind zu akzeptieren, aber der Tüchtige hat Anrecht auf materielle Vorteile, selbstverständlich stets in Verantwortung für den Schwächeren (z.B. *Bündner Tagblatt*, 28.12.90, S.2). Ohne zu hinterfragen, vermögen solche Aussagen rasch zu überzeugen. Aber schauen wir genauer hin und fragen wir uns: Was ist verantwortungsbewusstes Handeln zugunsten des Schwächeren? Wer entscheidet aufgrund welcher Kriterien, was der Schwache benötigt? Und schliesslich: Wer ist der Tüchtige?
Als tüchtig gilt, wer zur Erhöhung des Bruttosozialproduktes beiträgt. Und es sind „natürlich" die Tüchtigen, die entscheiden, was verantwortungsvolles Handeln gegenüber den Schwachen ist. Es sind auch die Tüchtigen, die entscheiden, wie die Schwachen leben dürfen.

Unter diesen Bedingungen kann die Gleichheit der Menschen leicht nur noch ein Lippenbekenntnis sein. Vor allem aber kann es dazu führen, dass Tüchtigkeit, gemessen am finanziellen Ertrag, zur leitenden Lebensmaxime wird. Behinderte, die direkt nichts zur Erhöhung des Bruttosozialprodukts beitragen, sind dann „natürlich“ vom Wohlwollen der Tüchtigen abhängig, ihrer Gunst und ihrem Problembewusstsein ausgeliefert, auch dann, wenn gut für sie gesorgt wird. Sie sind Abhängige und Empfänger vom Überfluss der Tüchtigen. Sie haben mitnichten gleiche Rechte. Selbst ihr Recht auf Leben kann durch die Tüchtigen in Frage gestellt werden, wie die aktuelle Diskussion zur pränatalen Diagnostik und zur Tötung von sogenannten Missgeburten zeigt (*Grond* 1990, bzw. Arbeit 5 und Arbeit 14 in diesem Buch). Diese verzerrte Haltung verkennt die ideelle Bedeutung, die jeder Mensch für die Gemeinschaft haben kann. Sie führt zu einer von der Marktwirtschaft diktierten Weltordnung. Dies gilt auch für jene, die fordern, dass wir von einem das Individuum verabsolutierenden Menschenrechtsdenken loskommen sollten (z.B. *Fisch* in: Weltwoche 27.12.90, S.9). Was aber, wenn bestimmte Individuen nicht mehr das individuelle Recht auf Leben, auf Bildung, auf menschenwürdige Behandlung haben?

Nun könnte man einwenden, die kritisierten Meinungen seien Ausnahmen. Dem ist nicht so. Das zeigt z.B. der Umstand, dass ich die beiden Artikel am gleichen Tag in den mir zur Verfügung stehenden Zeitungen las. Wer die Meldungen der Massenmedien aufmerksam aufnimmt, wird überrascht sein, wie oft das Prinzip der gleichen Rechte für alle Menschen verletzt wird. Wir sind an diese Mentalität so gewöhnt, dass wir ihre sozialpolitische Brisanz erst merken, wenn wir konsequent danach fragen, was solche Meinungen für Randständige bedeuten können. Das wiederum fragen die Randständigen, etwa die Alten und die Behinderten, nur selten. Und noch weniger melden sie sich zu Wort, denn die Massenmedien werden ja von den sogenannt Tüchtigen gemacht. Also müssen schon Nichtbehinderte die verrückten Meinungen offenlegen und vor allem über die Rechte der Menschen mit Behinderungen wachen und für die Verbesserung ihrer Lebensbedingungen einstehen.

5. Konsequenzen?

5.1 Was ist der Mensch, was darf er sein?

Gerade die Erfahrung aus der Schulung und Erziehung von Kindern mit schweren Behinderungen wirft die Frage auf, was denn der Mensch ist, was den Menschen zum Menschen macht. Nach unserem abendländischen Verständnis sind die eigentlichen Merkmale des Menschen, sie wurden zur Unterscheidung vom Tier formuliert, *der aufrechte Gang, die Sprache und der Verstand*. Dabei wurde stets vom Erwachsenen aus gedacht, meistens vom Mann. An das Kind dachte man erst in neuerer Zeit. Sind folglich Kinder mit schweren Behinderungen, die nicht aufrecht gehen, nicht sprechen und wenig Verstand haben denn keine Menschen? Und sind jene, die das alles einmal konnten und es nicht mehr können, unsere Alten z.B., keine Menschen mehr? Und wie steht es mit der für Christen so verheissungsvollen Botschaft, dass Gott den Menschen nach seinem Ebenbilde schuf? Sind Kinder mit schweren Behinderungen auch nach dem Ebenbilde Gottes geschaffen und was an ihnen ist dann göttlich?

Fragen wir uns deshalb, ob wir glücklich sind, ob es uns wirklich gut geht, ob wir nicht das Bedürfnis nach mehr Ruhe, Gelassenheit, nach mehr Frieden, nach mehr Geborgenheit haben. Fragen wir uns, ob wir auch dann ausreichend Sinn in unserem Leben finden, wenn wir nicht mehr arbeiten können, wenn es aufs Aushalten, Erdulden, Durchtragen ankommt, aber auch, wenn wir staunen, schauen und in uns hören und vor allem, wenn wir loslassen sollten.

Die Erfahrung mit Kindern mit schwerer Behinderung und auch mit Menschen anderer Randgruppen stellt unser überliefertes Menschenbild in Frage. Wäre es nicht angemessener, wäre es nicht an der Zeit, uns zu fragen, ob nicht das Herz statt der Verstand den Menschen zum Menschen macht, und dann diesen Wert zu vertreten? Und genau dieses „Herz“, die Tugenden der Geduld, der Duldsamkeit, der Friedfertigkeit, der Nachsicht und der Rücksicht also, kann man im Umgang mit Menschen mit schwerer Behinderung in besonderem Masse erleben, wenn man es zulässt. Das ist eine Erfahrung, die viele BetreuerInnen und vor allem viele Eltern von Kindern mit schwerer Behinderung immer wieder machen. Und ich habe keinen Grund zu bezweifeln, dass sie es ernst meinen. Allerdings: Wer sich diesen Werten zuwendet, muss sich von den konventionellen mindestens teilweise abwenden. Er muss seinem Leben einen andern Sinn geben und gerät dadurch leicht ins gesellschaftliche Abseits. Ich denke nicht, dass das bessere Menschen sind, wohl aber haben sie erfahren, dass das Leben weniger beherrscht und mehr gewagt werden darf und sollte. Das scheint mir in der heutigen Weltsituation etwas Entscheidendes zu sein, vielleicht das Entscheidende überhaupt. Es geht um nichts weniger als um die Besinnung, wie wir mit Menschen und mit der Natur umgehen sollen.

Wenn die Behauptung auch nur einigermassen zutrifft, dass der Umgang mit Menschen mit einer Behinderung unser Wertsystem erweitert, dann vergeben wir uns mit der Aussonderung von Behinderten und mit der zunehmenden Spezialisierung unserer Schulen eine wichtige Chance zu unserer eigenen ausgewogeneren Entwicklung. Statt voneinander im direkten Leben zu lernen und dabei seelisch wach zu bleiben, droht die seelische Starre, eine Art sozialer oder kultureller Autismus und eine Ichbezogenheit, denen wir dann eilig mit einem ganzen Arsenal von Beratungs- und Behandlungsstellen zu Leibe rükken. Aber integrierte Schulung, das übersehe man nicht, bedarf sorgfältigster heilpädagogischer Betreuung.

5.2 Was will, was darf „Schule“ sein?

Es ist zu fragen, was denn Schule sein kann, ob sie nicht wieder mehr ein Ort des Lebens, vielleicht gar der Musse werden sollte, statt immer mehr zum Ort der Konkurrenz und des Existenzkampfes zu werden. Ein Ort, an dem das Kind sich auch so angenommen fühlt, wie es ist, statt bloss so, wie es noch werden sollte. Ein Ort auch, wo das Kind *erfahren* kann, dass es sehr unterschiedliche Menschen gibt und dass jeder dieser Menschen seinen Sinn für sich und für das Ganze hat. Ein Ort, an dem es *erfahren* kann, dass die Qualität des Menschen nicht nur von seiner messbaren Leistungsfähigkeit abhängt.

Das würde dann allerdings bedingen, dass Kinder mit schwerer Behinderung vermehrt vorerst in die öffentlichen heilpädagogischen Sonderschulen integriert würden, selbstredend unter der Bedingung, dass sie dort auch angemessen gefördert werden. Das würde ebenfalls bedingen, dass wir auch im Schulbereich nicht mehr alles tun, was man tun kann, um messbare Höchstleistungen zu erzielen, sondern uns weit mehr auf die Bildung der Persönlichkeit konzentrieren. Dann müssten wir weniger investieren, um immer effizientere Lernmethoden, immer lernintensivere Unterrichtsmittel zu entwickeln, und uns mehr fragen, in welchem Masse Lernen, Sozialverhalten, „Bildung" im weitesten Sinne in und durch gelenktes Zusammenleben von verschiedenen Menschen entstehen kann. Dies würde jedoch bedeuten, dass wir *bewusst* auf messbare Höchstleistungen in Teilbereichen zugunsten von ausgewogener Entwicklung verzichten. Dieses Innehalten, diese Neuorientierung, dieses „Grenzen setzen" selbst in dem, worauf unser materieller Wohlstand und unsere wirtschaftliche Konkurrenzfähigkeit gründen, könnte ein ganz neuer Wert in der künftigen Gemeinschaft werden. Es könnte dazu beitragen, dass sich wieder mehr Menschen als Teil einer Gemeinschaft statt als vereinsamte Individuen erleben. Werden wir die Kraft haben, das zu wollen? Die Grenzerfahrung in der Schulung von Kindern mit schweren Behinderungen zeigt, dass wir es um einer besseren Zukunft willen für uns alle wollen müssten.

5.3 Was soll Heilpädagogik sein?

Und schliesslich: Es ist meines Erachtens notwendig, dass wir uns fragen, was denn das Anliegen und der Auftrag der Heilpädagogik in der Zukunft sein könnte. Bisher hat die Heilpädagogik die Spezialisierung mitgemacht und z.T. gar gefördert. Sie nennt sich mitunter auch Sonderpädagogik und drückt damit aus, dass sie sich mit Sonderfällen, mit den Ausgesonderten befasst, ja, dass sie mitbestimmt, wer zu den Sonderfällen gehört. Dadurch, und das geschieht mit Sicherheit wohlmeinend, hat sie die Pädagogik zunehmend von ihrer Verantwortung für die „Sonderfälle" entlastet. Anderseits übernahm sie aber die Anliegen und Ziele der Pädagogik, nämlich dafür zu sorgen, dass optimale Lernbedingungen für die Behinderten geschaffen werden. Und die Schweizer Heilpädagogik war in dieser Beziehung erfolgreich, weltweit einigermassen führend. Darauf kann sie auch stolz sein, aber nicht nur. Wäre es nicht angebracht, zu fragen, ob Heilpädagogik, man nennt sie auch Behindertenpädagogik, sich weniger oder nicht nur mit Behinderten und mehr mit jenen Seiten *in jedem Menschen* befassen sollte, die heute zu kurz kommen. Es sind jene Seiten, die nicht analysiert und technisch verwertet werden können, jene Seiten, die ich oben dem „Herzen" zuschrieb, die letzlich Frieden im umfassenden Sinne zulassen. Dass Heilpädagogen wenigstens ansatzweise in den Volksschulen arbeiten und lernbehinderte Kinder durch Stützunterricht integriert fördern, ist ein erster Schritt in diese Richtung. Zu wünschen wäre aber, dass Heilpädagogik stärker als bisher zum Anliegen jeder Lehrkraft und jedes Betreuers und darüber hinaus das Leben allgemein mehr mitprägen würde. Wenn die Heilpädagogik dies täte, ohne das Bisherige zu vernachlässigen, so würde sie einen Beitrag am „Heilwerden" des Menschen und der Gemeinschaft leisten. Denn „heil" bedeutet eigentlich gesund, unversehrt, ganz. Mir scheint, dass wir nichts dringender brauchen als ein neues Verhältnis zur Ganzheit in uns, in der Welt, und, wer's mag, auch über diese Welt hinaus.

6. Was versteht man unter „Kinder mit schwerer Behinderung"?

Solche Kinder nennt man auch Schwer-, Schwerst- oder intensiv Behinderte. Die Begriffe werden nicht einheitlich verwendet (siehe auch *Breitinger* und *Fischer* 1981). Vor allem aber versteht man unter schwer behindert sehr Unterschiedliches. Meistens nennen die Heilpädagogen ihre „schwächsten" Kinder schwer behindert. Laien können jedes behinderte Kind als schwer behindert bezeichnen (*Grond* 1990, bzw. Arbeit 5 in diesem Buch). Statt einer Umschreibung gebe ich Ihnen eine Übersicht des Verhaltens jener sechs Kinder mit schwerer

Behinderung des Jahrgangs 1984, die wir 1989 durch die FrüherzieherInnen anhand eines differenzierten Fragebogens erhoben. Mit unseren Fragen wollten wir erfahren, was diese Kinder an Betreuung benötigen. Ich beschränke mich auf die zusammenfassende Beschreibung der 6 Kinder und weise darauf hin, dass es sich bei den Kindern der Jahrgänge 85 und 86 sehr ähnlich verhält.

6 Kinder des Jahrgangs 1984

Pflegeaufwand

- 5 Kinder brauchen Hilfsmittel.
- 5 Kinder nehmen Tabletten oder Tropfen, keines benötigt Zäpfchen oder Spritzen.
- 4 Kinder haben epileptische Anfälle, 3 mehrere Anfälle pro Tag.
- 2 Kinder zeigen Nachwirkungen der Anfälle wie Spasmen und Durchblutungsstörungen.
- 1 Kind ist regelmässig verschleimt, keines muss abgesaugt werden.
- Bei 4 Kindern funktioniert die Stuhlentleerung selbständig.
- 1 Kind muss massiert werden, bei einem Kind muss der Stuhl von Hand ausgeräumt werden.

Essen und Trinken

- Kein Kind isst und trinkt selbständig.
- 3 Kinder werden mit der Sonde ernährt, die andern müssen beim Essen und Trinken geführt werden, benötigen Kieferkontrolle und verschlucken sich regelmässig.
- 3 Kinder benötigen ausserhalb der regulären Mahlzeiten (Znüni, Mittagessen) Flüssigkeit.

Nahrungsart

- 2 Kinder essen normale Kost, bei 4 muss die Kost püriert werden.

Notwendige Aufsicht

- 5 Kinder können mit andern zusammen von einer Person beaufsichtigt werden.
- 1 Kind benötigt dauernd die Aufsicht einer Person.

Transportfähigkeit

- Kein Kind sitzt selbständig, alle benötigen Schale oder Kindersitz.
- 4 Kinder sind nach dem Transport aufnahmefähig, 2 müssen zeitweise schlafen.

Motorik

- 2 Kinder liegen immer, 1 sitzt frei, 3 sitzen oder stehen auf dem Stehbrett, 1 davon braucht dabei dauernd Hilfe.
- 2 Kinder können sich rollend, 1 sich robbend fortbewegen.
- 3 können sich nicht fortbewegen, keines krabbelt oder kann gehen, auch mit Hilfe nicht.
- Nur 1 Kind kann selbständig zwischen liegen und sitzen wechseln.

Aktivitäten

- 2 Kinder ergreifen selbständig einen Gegenstand,
- 3 können einen Gegenstand halten und loslassen,
- 3 Kinder können auch mit Hilfe keinen Gegenstand halten und loslassen.

Kommunikation

- Kein Kind spricht, alle geben aber Laute von sich.
- 3 Kinder reagieren auf ihren Namen, 3 nicht.
- Keines versteht einfache Gesten (ausgestreckte Arme = komm!), einfache sprachliche Aufforderungen und Umgangssprache.

Sinnesfunktionen

- Alle Kinder sehen und hören unauffällig.
- 2 Kinder sind taktil auffällig.

Eigenaktivität

- 1 Kind wird von sich aus andern Menschen gegenüber aktiv,
- 5 nicht.
- 2 Kinder, jene, die Gegenstände ergreifen, tun dies auch selbständig,
- 4 nicht.

Ich wiederhole: Die je 7 Kinder der Jahrgänge 85 und 86 zeigen ein sehr ähnliches Verhalten. Alle diese Kinder sind in hohem Masse pflegebedürftig und in ihrer Bewegungsfähigkeit eingeschränkt.

Zu den Kindern mit schwerer Behinderung zählt man aber auch solche, die sich *selbständig fortbewegen können*, in ihrem Lernverhalten aber stark eingeschränkt sind. Es sind dies Kinder, die meistens sehr unruhig sind und die wegen ihrer umfassenden Behinderung nur sehr beschränkt lernfähig sind und sich nur sehr schlecht selber steuern können. Diese Kinder benötigen eine ganz besonders intensive Betreuung.

7. Das erhöhte Bedürfnis nach externen Sonderschulplätzen für Kinder mit schwerer Behinderung

Ich beschränke meine Ausführungen auf *Kinder* mit schwerer Behinderung, denn heute geht es um dieses Thema, wobei wir nicht vergessen dürfen, rasch auch mit der Planung von Plätzen für *jugendliche* und *erwachsene* Menschen mit schwerer Behinderung zu beginnen.
Dass es so viele schwerbehinderte Kinder in der Region gibt, hat auch die Vertreter der RGZ-Stiftung überrascht, waren es doch 42 Kinder der Jahrgänge 84 bis 89, bei denen man annehmen muss, dass sie auch bei Beginn der Schulpflicht noch schwerbehindert sein werden.
Dass immer mehr Kinder mit schweren Behinderungen für eine externe Sonderschulung angemeldet werden, beobachtet man in verschiedenen Industrieländern. Dabei ist ungeklärt,

- ob es absolut mehr solche Kinder gibt,
- ob erst durch unsere Untersuchung so viele Kinder bekannt wurden,
- ob mehr solche Kinder länger in ihren Familien bleiben,
- ob mehr solche Kinder für eine externe Sonderschulung gemeldet werden.

Es gibt diese Kinder, und wir stehen vor der Frage, was Betreuung und Schule für solche Kinder bedeuten kann. Als sicher darf, wie bereits gesagt, gelten, dass die Lebenserwartung dieser Menschen dank der

besseren medizinischen und erzieherischen Betreuung gestiegen ist, wenn auch nicht so stark wie jene der andern Menschen mit einer Behinderung (*Haveman* 1990).
Werden nicht mehr Sonderschulplätze geschaffen, so wird die Mehrheit dieser Kinder keine externe Schule besuchen können. Ob in den Heimen Plätze frei sind, weiss ich nicht. Wir beschränken uns hier auf die externe Schulung, denn 15 von 20 Elternpaaren der Kinder mit Jahrgang 84-86, das sind also 75%, wünschten für ihr Kind eine externe Sonderschulung, die restlichen 5 hatten sich noch nicht entschieden. Dass so viele Eltern den Wunsch äussern, auch so schwer behinderte Kinder extern zu schulen und sie in der Familie zu betreuen, ist ebenfalls neu.
Nach meinen Erhebungen in andern Regionen bei 65 Eltern von schwerbehinderten Kindern äusserten diese die folgenden Gründe für die externe Sonderschulung:

- Fast alle fragten: Gibt es sachliche Gründe, um unser Kind, nur weil es schwerbehindert ist, in ein Heim zu geben?
- Wir haben uns bis anhin an die besondere Situation gewöhnt, auch erhalten wir Hilfe von Seiten der Früherzieherin, der Physiotherapeutin, des Arztes und der Sozialarbeiterin.
- Wir haben gelernt, dieses Kind zu verstehen und gern zu haben und wir wissen, dass es sich bei uns wohlfühlt. Wir befürchten, dass es im Heim leiden würde, weil es nicht bei uns sein darf.

Dies zeigt, dass die Eltern bereit sind, ihr Kind länger in der Familie zu behalten und dass sich ihr Verständnis von Erziehung gewandelt hat. Für sie benötigen diese Kinder nicht einfach vielfältige fachmännische Hilfe in Form von Trainings, Therapien und Schulung, sondern auch oder vor allem ein Zuhause.
Von manchen wurde auch, allerdings mehr oder weniger versteckt, ausgedrückt: Es gehört sich doch nicht, ein solches Kind ins Heim zu geben. Und es wurde von Einwänden seitens der Verwandten und Bekannten geredet.
Die meisten Eltern wünschten aber auch mehr Entlastung z.B. am Wochenende, während der Ferien, und manche beklagten, dass der Pfle-

gebeitrag der Invalidenversicherung (IV) niemals ausreicht, um die höheren Aufwendungen zu decken. Sie fühlten sich gegenüber jenen Eltern, die ihr Kind ins Heim geben, finanziell benachteiligt.

Mir scheint, dass wir diese Wünsche der Eltern zu respektieren haben und uns dafür einsetzen sollten, ihnen die Aufgabe so weit wie möglich zu erleichtern, sei es durch Entlastung oder durch finanzielle Unterstützung, vor allem aber durch die Schaffung von ausreichenden Sonderschulplätzen. Daneben dürfte es ebenso wichtig sein, bei Bedarf die Eltern über die Heimsituation aufzuklären und ihnen den Entscheid zu erleichtern, ihr Kind in ein Heim zu geben, so etwa dann, wenn die Belastung zur chronischen Überforderung wird und alle, Familie, schwerbehindertes Kind und Betreuer, darunter leiden. Es ist unübersehbar, dass manche Eltern die Heimsituation aufgrund von Vorurteilen weit schlechter einstufen, als sie ist. Zu wenig wird gesehen, dass man sich in den Heimen in der Regel um gute Erziehung und Förderung bemüht; und zwar mit Erfolg.
Bemerkung: Die Invalidenversicherung (IV) kann grundsätzlich Beiträge entrichten, wenn externe Sonderschüler Ferien oder Wochenenden in einem Sonderschulheim oder in einer Familie verbringen. Letzteres allerdings nur, wenn die Betreuer von der IV als Fachpersonen anerkannt sind, was z.B. für Erzieher und Heilpädagogen zutrifft. Durch den Abschluss von Pauschalverträgen mit Heimen versucht die IV, die gleichen Entlastungen auch für behinderte Kinder im Vorschulalter und für Erwachsene mit einer Behinderung zu ermöglichen. Zudem wird geprüft, ob die IV Beiträge an eine regelmässige Haushalthilfe entrichten soll.

8. Argumente gegen die Gründung von selbständigen Schulen für Kinder mit schwerer Behinderung

Offensichtlich wäre die Gründung einer weiteren Sonderschule für Kinder mit schwerer Behinderung in der Stadt Zürich nichts anderes als eine Notlösung. Dies aus folgenden Gründen, die ich nicht nur an der Sonderschule Ackersteinstrasse, sondern auch andernorts im In- und Ausland feststellte:

a) Solche Sonderschulen werden leicht zu Ghettos, die die Betreuer, die Kinder und mit der Zeit auch die Eltern überfordern. In allen mir bekannten Schulen für Kinder mit schwerer Behinderung beobachtete ich eine Eigendynamik hin zur Aufnahme von immer schwächeren Kindern. Dies birgt folgende Gefahren in sich:

b) Es führt dazu, dass irgendwann die Kinder mit schwersten Behinderungen nicht mehr aufgenommen werden können, weil es von der Betreuung her nicht mehr zu verantworten ist.

c) Das Personal fühlt sich in der Arbeit mit ausschliesslich schwer behinderten Kindern überfordert. Dafür werden, und zwar an allen Schulen, die ich kenne, jene Gründe angegeben, die ich bereits in Kapitel 3 aufführte (ausführlicher siehe Arbeit 5 in diesem Buch).

   Um Missverständnissen vorzubeugen sei vermerkt, dass die Belastungen von interessierten und motivierten MitarbeiterInnen erfahren wurden, die ihre Probleme anmeldeten, weil sie die Situation für die Kinder verbessern wollten. Es war aber auch unschwer festzustellen, dass ein rechter Teil der MitarbeiterInnen eigentliche Anzeichen von seelischer Erschöpfung, von Ausbrennen, von sogenanntem burn out zeigten.

   Anders war es in Institutionen, in denen nebst Kindern mit schwerer Behinderung wenige sogenannt leistungsstärkere Kinder betreut wurden. Letztere wurden von allen MitarbeiterInnen besonders intensiv gefördert, bis hin zur Bevorzugung. Dies mit der Begründung, dass man sich bei diesem Kind, das so „lebendig" ist, das so differenziert reagiert und auch verständlich agiert, regelrecht erholen könne.

d) Wenn man sich die Beschreibung der Kinder vergegenwärtigt und sich vorstellt, dass nur solche Kinder in einer Gruppe sind, so kann man leicht erahnen, wie wenig sich diese Kinder gegenseitig anregen. Die Anregungen gehen fast ausschliesslich von den BetreuerInnen oder dann von sehr unruhigen Kindern aus, die sich aber so verhalten, dass sich die andern Kinder und in der Regel auch die BetreuerInnen gestört und überfordert fühlen. Die Unruhe ist für manche ansteckend, für andere störend, beängstigend und überfordernd. An solch unstrukturiertem Verhalten können sich die „ruhigen" Kinder mit schwerer Behinderung nicht orientieren.

e) Das ist die eine Seite. Nun könnte man aber einwenden, dass Kinder mit schwerer Behinderung generell nicht oder nur durch fachliche Bemühungen anregbar sind. Das ist ein Irrtum. Beobachtet man sie nämlich in anregender Umgebung, etwa zusammen mit nichtbehinderten Geschwistern oder in Gruppen von leistungsstärkeren Kindern, so stellt man zumeist fest, dass sie sehr wohl ansprechbar sind und nicht, wie so oft behauptet, einfach passiv und nichts merkend anwesend sind. Man beobachtet z.B., dass ihre Mimik stärker spielt, dass sie eher herumschauen, wenn sich etwas bewegt oder wenn sie etwas hören, dass sie sich generell mehr bewegen, mehr Laute von sich geben, kurz, dass sie präsenter sind. Selbstverständlich ist diese anregendere Umgebung für sie nicht nur angenehm. Manche Kinder mit schwerer Behinderung reagieren auch mit Verhaltensweisen, die auf Überforderung schliessen lassen wie Zusammenfahren, Weinen, Abwehrverhalten in Form von Verspannungen, Essstörungen oder von körperlichen Reaktionen bis hin zu epileptischen Anfällen. Dies zeigt, dass sie beeinflussbarer sind, als angenommen wird. Es zeigt aber auch, dass man diese Kinder nicht wehrlos irgendwelcher Umgebung aussetzen darf. Sie benötigen besonderen Schutz.

Kurz: Kinder mit schwerer Behinderung sind durchaus durch andere Kinder ansprechbar, und es kann kein Zweifel bestehen, dass sie dabei auch lernen, wenn sie zusäzlich zu dieser allgemeinen

Belebung auch sachgemäss durch die BetreuerInnen gefördert werden. Mit andern Worten: Die allgemeine Belebung kann als bessere Motivation für die fachliche Betreuung gelten.

Ich fasse die bisherigen Ausführungen zusammen
Die Schaffung von Sonderschulen für Kinder mit schwerer Behinderung wäre eine Notlösung. Die Eltern wären zwar entlastet und die Kinder würden betreut. Aber: Die Anregung durch leistungsstärkere Kinder würde entfallen, was sich mit grösster Wahrscheinlichkeit nachteilig auf die schwerbehinderten Kinder auswirken würde und die BetreuerInnen wären in dieser Arbeit überfordert. Der Zustand muss also bereits aus praktischen Gründen verändert werden, ob wir es wollen oder nicht. Diesen Zustand hat niemand gewollt, deshalb haben wir auch keinen Anlass, nach Schuldigen zu suchen. Wie so oft im Leben hat sich der Zustand schleichend ergeben. Jetzt ist es aber Zeit, neue Wege zu suchen.

9. Perspektiven für das weitere Vorgehen

Bei der Suche nach neuen Möglichkeiten tun wir gut daran, die Erfahrungen aus der Sonderschulung von Kindern mit schwerer Behinderung auszuwerten.
Es gibt keine anerkannte Theorie für die Betreuung von Kindern mit schwerer Behinderung, wohl aber einige erprobte Fördermodelle. Kein Förderungsmodell ist für sich allein ausreichend. Der Praktiker muss verschiedene Förderungsmodelle oder Einzelkonzepte miteinander kombinieren. Dazu ist es notwenig, dass er die Grundlagen der einzelnen Modelle kennt und sie auch umsetzen kann. Die Praxis geht also auch hier der Theorie voraus.
Ein besonderes Problem in der Betreuung von Kindern mit schwerer Behinderung ist die Diagnostik, die Frage also, wie man diese Kinder verstehen kann. Im einzelnen:

Die konventionellen psychodiagnostischen Mittel (Tests) versagen, denn keines der im Handel erhältlichen Mittel ist für solche Kinder erarbeitet worden.
Es gibt verschiedene Erfassungsbögen (z.B. jene von *Fröhlich* und *Haupt* 1983; *Günzburg* 1982, 1983). Mitunter sind sie für die Kinder, mit denen wir es zu tun haben, zu anspruchsvoll und zu wenig differenziert. Sie sind aber eine Hilfe, um das Verhalten zu ordnen und um zu ermessen, welche Fertigkeiten als nächste möglicherweise ausgebildet werden können. Der Nachteil dieser Erfassungsbögen ist, dass sie nichts darüber aussagen, wie das Kind lernt und dass sie Verhaltensstörungen nicht erfassen.
Um Kinder mit schwerer Behinderung zu verstehen, muss man im wesentlichen auf die Entwicklungspsychologie und auf die persönliche Deutung zurückgreifen. Anhand einer differenzierten Entwicklungspsychologie kann man sehr wohl verschiedene Verhaltensweisen beschreiben und ein Stück weit verstehen. Das dient als Orientierungshilfe. Aber auch entwicklungspsychologische Erkenntnisse dürfen nicht einfach unbesehen übernommen werden. Denken wir nur an die oben beschriebenen Kinder. Sie waren 4-5jährig und standen alle auf der Stufe von Neugeborenen. Bei älteren Kindern mit schwerer Behinderung stellt man immer wieder fest, dass auch sie auf der Entwicklungsstufe eines Säuglings oder eines Kleinkindes stehen. Diese Feststellung sagt aber über diese Menschen wenig aus. Zu beachten sind nämlich vor allem die qualitativen Unterschiede im Handeln. Man denke etwa, wie leicht, vital, variantenreich und konzentriert das Verhalten von nichtbehinderten Säuglingen und Kleinkindern im Verhältnis zu jenem von älteren Kindern mit schwerer Behinderung ist, die auf gleicher Entwicklungsstufe stehen. Und trotzdem: Die Orientierung an einer Entwicklungstheorie ist hilfreich, um das Verhalten zu ordnen und grob die Richtung der Förderung festzulegen.
Wichtigstes Mittel, um sich in der Arbeit bei schwerbehinderten Kindern einigermassen zu orientieren, ist m.E. jenes der *persönlichen Deutung des Verhaltens*. Dieser Ansatz hat sich bewährt. Er bedingt aber, dass der Betreuer einige Voraussetzungen anerkennt: Ich nenne sie nur stichwortartig und drücke damit ein ganz bestimmtes Ver-

ständnis des Menschen mit schwerer Behinderung aus, ein Verständnis, das ebenfalls hinterfragt wird und werden muss. Wer die folgenden Ausführungen anerkennt, darf daraus auch auf die notwendigen Qualifikationen für BetreuerInnen für solche Kinder schliessen.
Das Verhalten des Kindes mit schwerer Behinderung hat grundsätzlich einen Sinn, es ist also nicht sinnlos, nicht unsinnig. Mitunter hat es für das Kind Überlebenswert. Wenn es einen Sinn hat, den das Kind sprachlich nicht ausdrücken kann, so ist dieser durch den Betreuer zu erforschen. Dies gelingt eher, wenn der Betreuer anerkennt, dass er dem schwerbehinderten Kinde im Grunde ähnlich ist, dass er es also aufgrund seiner persönlichen Erfahrung als Mensch verstehen kann. Er wird dann anerkennen, dass das schwerbehinderte Kind die gleichen Grundbedürfnisse hat wie er selber: Es will Kompetenz erlangen, es will in einer Beziehung zu einem Menschen leben, es ist auf diese Beziehung angewiesen, es will sich im Grunde mitteilen. Letzteres gilt auch für jene schwerbehinderten Kinder, die über lange Jahre missverstanden wurden und Formen des tiefen Misstrauens entwickelten, und dann etwas apathisch sind oder jeden Kontakt ablehnen. Die Erfahrung zeigt, dass auch in diesen Menschen im tiefsten die Sehnsucht nach Kontakt erhalten geblieben ist, denn nach langen, behutsamen Bemühungen vermögen sie sich meist zu „öffnen".
Ein solch einfühlendes Verstehen gelingt meines Erachtens nur aus dem engen Zusammenleben mit dem Kind mit schwerer Behinderung. Wer von aussen sogenannt objektivierend an das Kind herantritt, wird es nicht erfassen können. Nur im Erziehungsversuch, und auch hier nicht immer, kann man erfahren, ob man das Verhalten des schwerbehinderten Kindes stimmig gedeutet hat. Die Tatsache, dass das Verhalten aus der Beziehung heraus gedeutet werden muss, führt oft auch zu Schwierigkeiten in der interdisziplinären Zusammenarbeit. Wo wenig objektivierbar ist, können leicht Missverständnisse entstehen.
Es bedingt in noch höherem Masse als bei andern Kindern mit Behinderungen, dass der Betreuer nicht einfach „Programme" anwendet, sondern vom Verhalten des einzelnen Kindes ausgeht und dieses zu entwickeln versucht. Das gilt auch für die aus der Erfahrung mit Kindern mit schwerer Behinderung entwickelten Ansätze der basalen Sti-

mulation, Kommunikation etc. Der Betreuer sollte diese Ansätze in ihren Grundsätzen und in der Ausführung kennen, aber er sollte sie nicht einfach lehrbuchartig anwenden. Sie sind dem jeweiligen Kinde anzupassen. Das erfordert ein hohes Mass an Fachkompetenz, Abstützung und Begleitung durch ein Team, damit dieses hochindividualisierte Arbeiten nicht willkürlich wird.

Fachkompetenz ist also wichtig, entscheidend ist aber das, was ich menschliche Kompetenz nennen möchte. (Wenn ich von menschlicher Kompetenz rede, so meine ich nicht, dass die Menschen, die diese aufweisen, bessere oder edlere Menschen sind.) Worum geht es dabei? Im Grunde darum, das Leben wieder mehr auch als Geheimnis, das zu leben, statt vorwiegend als Problem, das zu lösen ist, zu betrachten. Es ist also eine Frage der *Einstellung zum Leben*.

Das bedeutet konkret,

- dass man fähig ist, zu *akzeptieren*, dass man auch immer sich selber im Menschen mit einer schweren Behinderung begegnet, etwa in der Hilflosigkeit, den Sehnsüchten, Ängsten und Hoffnungen,
- dass man es verkraftet, ohne Lehrpläne und ohne Lehrmittel zu arbeiten und die Fördermethoden dem Kinde anpassend abzuändern,
- dass man es erträgt, vieles zu tun, das man nicht so recht erklären kann und trotzdem die Gewissheit hat, dass es stimmt, ohne dabei überheblich zu werden,
- dass man nicht auf messbare Fortschritte angewiesen ist, sondern sich auch mit der Verbesserung der Befindlichkeit und mit dem Verhindern von Rückschritten begnügen kann,
- dass man sich mehr an dem orientiert und aufrichtet, was das Kind kann, statt an dem zu verzweifeln, was es alles nicht kann,
- dass man es verkraftet, immer wieder mit Fragen um Leben und Sterben und Tod konfrontiert zu werden,
- dass man vieles erträgt, was bei uns als unästhetisch oder beängstigend gilt wie Speichelfluss, Einkoten, Erbrechen, Körperdeformationen, Hilflosigkeit, ausfahrende Bewegungen, Atemnot etc.,

- dass man über pflegerische Kompetenzen verfügt und weiss, wie man ein Kind hält, führt, trägt, lagert,
- dass man Kenntnisse über Hilfsmittel (Rollstuhl, Sitzschale, Stehbrett) hat, aber auch, dass man weiss, wie man einem Kind zu essen gibt, wie man es sauber macht, und schliesslich, wie man mit Anfällen und Atemnot umgehen kann usw.,
- dass man bereit ist, die Eltern in noch höherem Masse zu begleiten, als das in der Betreuung behinderter Menschen ohnehin schon üblich ist,
- dass man in der interdisziplinären Arbeit erträgt, dass alle Spezialisten vorwiegend Suchende sind und trotzdem Hilfreiches zu leisten vermögen,
- dass man sich trotz Engagement nicht als unentbehrlich empfindet. Denn wer unentbehrlich zu sein meint, drängt andere zurück, begegnet ihnen misstrauisch, ist der Gefahr ausgesetzt, das Kind nach seinem Masse zu formen, um dann mit der Zeit vor lauter Einsamkeit und Überforderung auszubrennen.

Es ist leicht einzusehen, dass sich diese Einstellungen zum Leben nicht sehr gut mit dem herkömmlichen Selbstverständnis eines tüchtigen Lehrers, vielleicht auch nicht mit dem eines tüchtigen Therapeuten decken. Es ist aber auch nicht einfach, sie mit den heutigen weitverbreiteten Werten von Machbarkeit, Funktionalität, Rationalität, Perfektion, Komfort und ähnlichem zu vereinbaren. Und trotzdem ist diese Einstellung notwendig, nicht nur in der Arbeit mit schwerbehinderten Kindern, sondern auch z.B. bei Chronischkranken und bei alten Menschen. Und vielleicht im Leben überhaupt. Und die meisten BetreuerInnen von Kindern mit schwerer Behinderung, die ich kennenlernte, bemühen sich um diese Lebenseinstellung. Es dürfte wichtig sein, diese Haltung auch in den Aus- und Fortbildungen zu diskutieren, um den Einzelnen zu stärken und auch, um den angehenden BetreuerInnen den Entscheid für oder gegen eine Arbeit mit schwerbehinderten Kindern zu erleichtern. Damit ist auch gesagt, dass es keineswegs jedem Heilpädagogen, jedem Erzieher, jedem Therapeuten gegeben ist, mit schwerbehinderten Kindern zu arbeiten. Dies wiederum sollte in den Institutionen akzeptiert werden.

10. Konzepte

Es gibt folgende, wenigstens in Ansätzen erprobte Schulkonzepte ausserhalb der separaten Sonderschulung für Kinder mit schweren Behinderungen.

1. Das Durchmischungskonzept, bzw. integrative Klassen,
2. Gruppen von Kindern mit schweren Behinderungen im Rahmen der Heilpädagogischen Sonderschulen,
3. Einzelunterricht.

10.1 Das Durchmischungskonzept

Nach diesem Konzept werden 1 oder 2 Kinder mit schwerer Behinderung in einer Gruppe von leistungsstärkeren *behinderten* Kindern in Sonderschulen unterrichtet. Es hat folgende Vorteile:

- Die Kinder mit schweren Behinderungen werden durch die „besseren“ Kinder angeregt.
- Auch die Kinder mit schweren Behinderungen haben so eher die Möglichkeit, die Schule ihrer Region zu besuchen.
- Die BetreuerInnen vermögen unter geeigneten Bedingungen ihre Aufgabe leichter zu bewältigen (siehe unten).
- Das Durchmischungskonzept würde einen Beitrag zur Integration von Kindern mit schweren Behinderungen leisten.

Es wäre aber falsch und würde weder den Kindern mit schwerer Behinderung, noch den andern Kindern einer Gruppe, aber auch nicht den Eltern und den BetreuerInnen dienen, wenn man einfach fordern würde, in jede Gruppe an den bestehenden Sonderschulen für Geistigbehinderte müsse ein Kind mit schwerer Behinderung aufgenommen werden. Alle wären überfordert.

In der Folge formuliere ich einige Bedingungen, die zu erfüllen sind, damit das Durchmischungskonzept eher gelingt.

a) Die BetreuerInnen sind auf die Arbeit mit solchen Kindern fachlich vorzubereiten. Dazu eignen sich Fortbildungsveranstaltungen und Hospizien, in denen Fachkompetenz vermittelt wird. Es ist davon auszugehen, dass die meisten BetreuerInnen auf diese Arbeit nicht ausreichend vorbereitet wurden.

   Erprobte Modelle der integrativen Schulung von Kindern mit schwerer Behinderung sollten besonders sorgfältig studiert werden.

b) Die Einstellung der BetreuerInnen ist zu versachlichen. Dies erfolgt am wirksamsten durch die Verbesserung der Fachkompetenz, durch begleitete Arbeit und auch durch Information. Ziel dieser Massnahmen ist es, die Distanz zu solchen Kindern abzubauen, das Interesse dafür zu wecken und Vorurteile und Bedenken zu versachlichen.

   Ich nenne einige Bedenken, die immer wieder von HeilpädagogInnen an Sonderschulen gegen die integrative Schulung von Kindern mit schwerer Behinderung vorgebracht werden:

   - Die Arbeit mit solchen Kindern hat mit Unterricht im herkömmlichen Sinne nichts mehr zu tun.
   - Solche Kinder verunmöglichen es, die geistigbehinderten Kinder angemessen zu fördern.
   - Die Kinder mit schweren Behinderungen benötigen einen flexiblen Stundenplan, was eine geregelte Arbeit mit der Gruppe gefährdet.
   - Es fehlt die Zeit für die Zusammenarbeit mit den Eltern und Therapeuten.
   - Die zusätzliche Belastung kann nicht verkraftet werden, nachdem man schon mit dem Unterricht von geistigbehinderten Kindern vollends ausgelastet ist.
   - Die Kinder mit schweren Behinderungen verunmöglichen spontanes Handeln in der Gruppe, z.B. spontane Lehrausgänge und Besichtigungen.

- Die Eltern der geistigbehinderten Kinder befürchten, dass ihr Kind durch diese schwerbehinderten Kinder nicht mehr angemessen gefördert wird und zudem Verhaltensstörungen nachahmt.
- Man erträgt diese Kinder oder einzelne ihrer Verhaltensweisen und körperliche Deformationen nicht. Auch kann man sich mit den geringen Fortschritten oder gar Rückschritten und mit der dauernden Konfrontation mit Fragen von Sterben und Tod nicht abfinden.

Alle diese Bedenken sind zu respektieren, unabhängig davon, ob sie zutreffen oder nicht. *Sie decken sich übrigens im Wesentlichen mit den Gründen, die Volksschullehrer gegen die integrative Schulung vorbringen* (*Eberwein* 1988) *und mit jenen, die BetreuerInnen in Schulen für Kinder mit schweren Behinderungen gegen die Ghettoisierung ihrer Schule anführen* (siehe Kapitel 8, S.153).

c) Bevor das Kind integriert wird, ist sein Lernverhalten differenziert zu erfassen, ist ein sorgfältiges Erziehungskonzept und ein Förder- und Therapieprogramm zu erarbeiten, sind die Unterrichtsmethoden festzulegen. Am Anfang sind die BetreuerInnen bei Bedarf fachlich zu begleiten.

d) Der Unterricht ist so zu gestalten, dass *alle Kinder* optimal geschult werden können. Dazu wird es notwendig sein, die Kinder mit schweren Behinderungen teils allein und teils in der Gruppe zu unterrichten.

e) Eine Schulgruppe sollte 4-8 Kinder mit einer geistigen Behinderung und 1-2 Kinder mit schwerer Behinderung umfassen. Das Verhältnis ist aufgrund der Lernbedürfnisse aller Kinder und der Tragfähigkeit und Kompetenz der BetreuerInnen festzulegen.

f) Damit der Unterricht einer solchen Gruppe für die Kinder sinnvoll und für die BetreuerInnen verkraftbar wird, sollten 2 Fachkräfte zu 100% in der Gruppe arbeiten. In Frage kommen HeilpädagogInnen und ErzieherInnen, aber auch Fachkräfte aus dem Pflegebereich. In einer grösseren Schule sollte wenn immer möglich eine Person mit fundierten Kenntnissen in Pflege und medizinischer Betreuung zur Verfügung stehen, die in engem Kontakt mit den Ärzten der Kinder oder mit dem Schularzt steht. Wenn das Erzieherpersonal von der

Verantwortung in medizinischen Belangen entlastet wird, steigt auch ihre Bereitschaft, solche Kinder aufzunehmen.
Das Zwei-Betreuer-System kostet bei geeigneter Organisation nicht mehr als die Schulung von Kindern mit schwerer Behinderung in eigenen Schulen. Dies, weil in vielen Gruppen für Geistigbehinderte bereits jetzt schon 2 BetreuerInnen arbeiten, aber auch, weil man wegen der Regionalisierung der Schulung Kosten für Transport und Administration einsparen kann.

g) Die beiden BetreuerInnen sollten von der Idee der integrativen Schulung überzeugt sein und die Aufgabe freiwillig übernehmen. Die Arbeit mit solchen Kindern sprengt die konventionelle Rolle des Heilpädagogen und man darf nicht von jedem Heilpädagogen erwarten, dass ihm diese Arbeit zusagt.
h) Die Schulhäuser und Schulzimmer müssen rollstuhlgängig sein und Liegeplätze, Hilfsmittel und entsprechende Räume sowie geeignete Waschmöglichkeiten und Toiletten aufweisen.
i) Der Tagesablauf ist den Bedürfnissen der Kinder mit schwerer Behinderung anzupassen und die Stundenpläne sind flexibel zu gestalten.
j) Die Eltern der geistig behinderten Kinder sind auf die integrative Schulung vorzubereiten.
Es ist nicht selbstverständlich, dass solche Eltern einfach akzeptieren, dass ihr Kind zusammen mit so schwer behinderten Kindern unterrichtet wird. Zu gross sind die Vorurteile und Ängste gegenüber solchen Kindern, zu gering das wirkliche Wissen darüber, zu ausgeprägt ihr Bedürfnis, ihrem Kinde die bestmögliche Schulung angedeihen zu lassen. Die Erfahrung zeigt denn auch, dass viele Eltern von geistigbehinderten Kindern sehr darauf bedacht sind, ihr Kind nicht mit Schwerstbehinderten zusammen schulen zu lassen. Einmal aus Angst, ihr Kind könnte von diesen „Schwachen" Negatives lernen. Dann aber auch, weil die Konfrontation mit solchen Kindern ihre eigene Problematik, ein Kind mit einer geistigen Behinderung zu haben, nicht etwa dämpft, sondern in der Regel reaktiviert. Die Erfahrung zeigt ebenfalls, dass Eltern ihre Einstellung

ändern, wenn man sie über Sinn und Zweck der integrativen Schulung informiert.

k) Entscheidend wichtig ist, dass die vorgesetzten Behörden wie Schul- und Heimkommissionen, Erziehungsdirektion und Instanzen der Invalidenversicherung die integrative Schulung im Sinne des Durchmischungskonzeptes unterstützen. Die meisten Sonderschulberater der Kantone und das Bundesamt für Sozialversicherung stehen hinter diesem Konzept. Es ist mir aber nicht bekannt, wie die einzelnen Schulkommissionen und insbesondere die Leiter der Sonderschulen über das Durchmischungskonzept denken.
Das Durchmischungskonzept im Sinne der integrativen Schulung wurde hier nur als Prinzip dargelegt. Die Erfahrungen zeigen, dass verschiedene Varianten der integrativen Schulung im Sinne des Durchmischungskonzeptes sinnvoll verwirklicht werden können. Nähere Angaben über verschiedene Varianten des Durchmischungskonzeptes kann man u.a. nachlesen bei *Dank* (1987), *Pfeffer* (1988), *Strassmeier* (1988).

Eine integrative Schulung im Sinne des Durchmischungskonzeptes würde zu einer Dezentralisierung und Regionalisierung der Kinder mit schwerer Behinderung führen. Damit wäre vieles erreicht, es wären aber nicht alle Probleme gelöst. Die heutigen Erfahrungen zeigen, dass es vereinzelt Kinder mit schweren Behinderungen gibt, die für eine integrative Schulung nicht geeignet sind, sei es, weil sie so unruhig sind, dass sie den Unterricht der Gruppe verunmöglichen oder sei es, weil sie so reizüberempfindlich sind, dass sie dem „Betrieb“ einer solchen Gruppe schutzlos ausgeliefert und somit überfordert sind. Für solche Kinder wird man andere Lösungen wie etwa die Einzelförderung suchen müssen.

10.2 Gruppen von Kindern mit schweren Behinderungen in den bestehenden Heilpädagogischen Sonderschulen

Wir haben Grund zur Annahme, dass man nicht in allen Schulen für Kinder mit einer geistigen Behinderung bereit ist, das Durchmischungskonzept einzuführen. Stimmt unsere Annahme, so sollte versucht werden, mit den Schulleitern über die Einrichtung von Gruppen für Kinder mit schwerer Behinderung in ihren Schulen zu verhandeln. Es wäre dann an den MitarbeiterInnen der Schule, von Fall zu Fall zu entscheiden, wieweit eine integrative Schulung von Kindern mit unterschiedlichen erzieherischen, schulischen und therapeutischen Bedürfnissen möglich ist. (Nachtrag, September 1995: Meine Erfahrungen in den letzten Jahren aus der Arbeit an Schulkonzepten für die Schule für Kinder und Jugendliche mit einer geistigen und mehrfachen Behinderung und für die Schule für Kinder und Jugendliche mit körperlicher und mehrfacher Behinderung der Stadt Zürich zeigen, dass die MitarbeiterInnen der beiden Schulen durchaus bereit sind, Kinder mit schweren Behinderungen in ihre Schule aufzunehmen, sofern die notwendigen Rahmenbedingungen erfüllt sind.)

10.3 Einzelunterricht

Der Einzelunterricht kommt als Ausnahme für Kinder in Frage, die entweder so unruhig oder so reizüberempfindlich sind, dass ein Unterricht in einer Gruppe nicht sinnvoll ist, oder so abgelegen wohnen, dass der Transport in eine Sonderschule nicht zumutbar ist. Entscheiden sich die Eltern, trotz des grossen pflegerischen Aufwandes ihr Kind in der Familie zu behalten, so sollte ihr Wunsch respektiert werden. In solchen Ausnahmefällen kann der Sonderschulunterricht als Einzelunterricht durchgeführt werden (*Kreisschreiben über die Sonderschulung in der Invalidenversicherung* vom 1.1.68, Randziffer 32). Dieser Unterricht erfolgt als Hausunterricht nach gleichen organisatorischen, inhaltlichen und methodischen Prinzipien wie etwa die Früherziehung. Die Finanzierung ist gleich geregelt wie bei der Sonderschulung. Diese Art der Sonderschulung kann durch eine Sonderschule für Geistigbehinderte durchgeführt werden.

Ist eine solche Sonderschulung angezeigt, sollte für die Eltern zusätzliche Entlastung vorgesehen werden wie etwa stundenweise Haushalthilfe und freiwillige Privatpersonen, die das Kind zu bestimmten Zeiten in Obhut nehmen.

11. Die nächsten Schritte

Während und nach der Tagung wurde immer wieder gefragt, was konkret zu unternehmen sei, um das Durchmischungskonzept in den Heilpädagogischen Sonderschulen einzuführen. Im Sinne eines Vorschlags formuliere ich mögliche *erste Schritte*.

a) In jeder Heilpädagogischen Schule sollten 2 oder 3 Verantwortliche bestimmt werden, die das Problem der integrativen Schulung von Kindern mit schweren Behinderungen studieren. Der Gruppe sollte ein Mitglied der Schulkommission, der Schulleiter und eine interessierte HeilpädagogIn angehören.

b) Die Verantwortlichen arbeiten sich in die Thematik ein, indem sie z.B.
   - diesen Bericht und weiterführende Literatur studieren,
   - Heilpädagogische Schulen besuchen, in denen bereits Kinder mit schwerer Behinderung integrativ geschult werden, und sich an Ort und Stelle über die Bedingungen und Erfahrungen erkundigen und dann, zusammen mit ihrem Schulteam Vorschläge für die eigene Schule ausarbeiten und umsetzen.

12. Integrative Schulung von Kindern mit einer körperlichen, geistigen oder mehrfachen Behinderung in *Regelklassen*

12.1 Vorbemerkung

Bisher befasste ich mich mit der integrativen Schulung von Kindern mit *schweren Behinderungen* in Schulen für Kinder mit einer *geistigen Behinderung*.

In den letzten Jahren entstanden in der Schweiz verschiedene Modelle, um Kinder mit *Lernbehinderungen* und solche mit *Verhaltensstörungen bei durchschnittlicher kognitiver Leistungsfähigkeit* in *Regelklassen* integrativ zu schulen.
Kinder mit einer geistigen oder mit einer schweren Behinderung sind bis jetzt offiziell von dieser Schulform ausgeschlossen. Es gibt aber einige wenige Kinder mit einer geistigen Behinderung, die eine Regelklasse mit zusätzlicher pädagogischer Unterstützung besuchen. Bei allen erreichten ihre Eltern bei überdurchschnittlichem Einsatz, dass diese Schulversuche im Einzelfall für wenige Schuljahre bewilligt wurden.

In einigen Industrieländern hat man mehr Erfahrung mit der integrativen Schulung von Kindern mit einer geistigen oder mit einer mehrfachen Behinderung in Regelklassen, aber überall ist diese Schulform die Ausnahme. Die Erfahrungen zeigen, dass eine solche Schulung während einiger Schuljahre unter geeigneten Bedingungen möglich ist. Ob integrativ geschult wird, ist also mehr ein politischer als ein pädagogischer Entscheid.
In der Folge beschreibe ich zwei Modelle für eine integrative Schulung von Kindern mit einer körperlichen, geistigen und mehrfachen Behinderung in Regelklassen und die Bedingungen, die zu erfüllen sind.

12.2 Das Stützlehrersystem

1. Bevor das Kind integriert wird, muss sein Lernverhalten differenziert erfasst werden, damit daraus Lernprogramme, Unterrichtsmethoden und notwendige Therapien abgeleitet und die Hilfsmittel bereitgestellt werden können.
2. Die Klasse zählt nicht mehr als ca. 20 Kinder und 1-2 Kinder mit Behinderungen, bevorzugt solche mit verschiedenen Behinderungen.
3. Das Kind mit einer Behinderung benötigt von Anfang an eine Stützlehrkraft für durchschnittlich 8-12 Stunden pro Woche.
4. Die Stützlehrkraft sollte heilpädagogisch ausgebildet sein und über Erfahrung im Unterrichten von Kindern mit Behinderungen haben.
5. Das Kind mit einer Behinderung muss von Anfang an in einzelnen Fächern nach eigenem Lehrplan, nach besonderen Methoden und mit besonderen Lehrmitteln geschult werden. Daneben soll es so viel wie möglich zusammen mit der Klasse arbeiten. Die notwendigen Therapien sollen ausserhalb jener Lektionen erfolgen, in denen die behinderten Kinder mit den nichtbehinderten zusammen unterrichtet werden.
6. Wenn es für das Kind mit einer Behinderung sinnvoll ist, so soll das volle Stundenpensum reduziert oder erhöht werden. Was zuträglich ist, muss immer wieder neu festgelegt werden.
7. Die Zusammenarbeit zwischen Klassenlehrkraft und Stützlehrkraft muss koordiniert werden.
8. Die beiden Lehrkräfte müssen von der Idee der integrativen Schulung so erfüllt sein, dass sie die Aufgabe freiwillig übernehmen und bereit sind, zusätzliche Arbeit auf sich zu nehmen.
9. Der Unterricht in einer solchen Klasse, also auch der nichtbehinderten Schüler, muss in vielen Teilen den Bedürfnissen des behinderten Kindes angepasst werden.
10. Es ist besonders darauf zu achten, dass die Kontakte zwischen dem behinderten Kind und den andern Schülern echt und nicht einfach bemutternd oder ausstossend sind.
11. Die Lehrkräfte benötigen eine Begleitung durch Fachleute (Schulpsychologen, Therapeuten usw.). Notwendig ist, dass die

Klassenlehrkraft weiss, was die einzelnen Spezialisten zu bieten haben und dass die Aufgaben und Verantwortlichkeiten überprüfbar geregelt sind.

12. Die Zusammenarbeit mit den Eltern muss intensiver sein als allgemein üblich.
13. Die integrative Schulung muss von Behörden und Amtsstellen unterstützt werden.
14. Die Eltern der nichtbehinderten Schüler sollten mit dem Versuch zumindest einverstanden sein. Dazu sind sie zu informieren. Wenn sie es wünschen, sollten sie den Unterricht vermehrt besuchen dürfen.

Nach heutigen Erkenntnissen ist das Stützlehrermodell für Kinder mit einer Körperbehinderung und mindestens durchschnittlicher schulischer Leistungsfähigkeit während der ganzen Regelschulzeit möglich. Kinder mit einer geistigen oder einer mehrfachen Behinderung können in der Regel ungefähr bis zur fünften Primarklasse so geschult werden, sofern die Bedingungen optimal sind. Danach besuchen sie eine Schule für behinderte Kinder. Integrative Schulung sollte m.E. solange weitergeführt werden, wie das Kind mit einer Behinderung sich ganzheitlich und ausgewogen entwickelt, keine Verhaltensstörungen zeigt und die obgenannten Rahmenbedingungen gesichert sind.

Zusatzbemerkung: Nach meiner Auffassung ist es nicht notwendig, dass Kinder mit Behinderungen fähig sein müssen, mindestens teilweise die Kulturtechniken erlernen zu können, damit sie integrativ geschult werden können. Stellt man diese Mindestanforderung, so schafft man neue Gruppen von Kindern: *Die der Nichtintegrationsfähigen*, und diese würden dann wohl als besonders minderwertig betrachtet und wären entsprechend geächtet.
Wo die obgenannten Bedingungen erfüllt wurden, da konnten nach meinen Erfahrungen und Informationen sowohl das Kind mit einer Behinderung als auch die nichtbehinderten Schüler sozial und schulisch gleichermassen viel profitieren.

12.3 Die Integrationsklasse

Das ist eine Regelklasse, in der behinderte und nichtbehinderte Kinder gemeinsam unterrichtet werden. In der Schweiz gibt es noch nirgends solche Klassen. Aufgrund der Erfahrungen im Ausland könnte man sich sehr wohl überlegen, ob nicht auch wir solche Klassen als Alternative zu den Sonderschulen einrichten wollen, bzw. sollen. Die Erfahrungen mit solchen Klassen sind ermutigend, sofern die nachfolgenden Bedingungen erfüllt werden:

- Eine Klasse soll 12-20 Kinder, davon 2-5 Kinder mit verschiedenen Behinderungen, umfassen (*Maikowski* und *Podlesch* 1988, 263).

  Von Bedeutung scheinen mir folgende erprobte Varianten zu sein: Wocken, der sich auf die siebenjährige Erfahrung in Hamburger Integrationsklassen stützt, wo 1988 125 behinderte (1/3 davon geistig behindert) und 562 nichtbehinderte Schüler 38 Integrationsklassen in 12 Grundschulen besuchten (*Frühauf* 1989, 137) empfiehlt, das 18+2 System. das heisst eine Klasse umfasst 18 nichtbehinderte und 2 behinderte Kinder. In der Klasse arbeiten: der Klassenlehrer im Vollamt, eine Erzieherin als Unterrichtshilfe in 75-prozentiger Anstellung und zur Sicherung der heilpädagogischen Förderung und Beratung ein Sonderschullehrer mit 5 Wochenstunden (*Wocken* 1987, 65-87).

  In Berlin werden Integrationsklassen mit 10 nichtbehinderten und 5 behinderten Kindern geführt, die vom Klassenlehrer und von einem Sonderschullehrer im Vollamt geführt werden.
- Im österreichischen Schulversuch soll die Klasse nicht mehr als 20 Kinder aufweisen. Die Zahl der behinderten Kinder soll so gewählt werden, dass der Einsatz eines Sonderschullehrers mit voller Lehrverpflichtung gerechtfertigt ist (*Gruber* und *Petri*, 26). Bei 5-6 behinderten Kindern pro Klasse käme das nicht teurer zu stehen als eine Sonderschule, wo 1 Lehrkraft gleich viele Kinder unterrichtet.
- Der gesamte Unterricht ist so zu gestalten, dass den Lernbedingungen aller Kinder entsprochen werden kann.

- Die Klassen sollen auf Freiwilligkeit gründen, das heisst die Lehrkräfte sollen sich selber für diese Arbeit melden, die Eltern der behinderten und jene der nichtbehinderten Schüler sollen mit diesem Modell einverstanden sein und wählen es freiwillig.

Im weiteren gelten die Bedingungen, wie ich sie unter 12.2 für das Stützlehrersystem formulierte. Zu beachten ist, dass solche Klassen pädagogisch mit grösseren Chancen, aber auch mit grösseren Risiken verbunden sind. Aber es wären Klassen, die allein den Namen Volksschule im Sinne von Schule des Volkes für das ganze Volk verdienen würden, Klassen, in denen das Sozialverhalten in vivo geübt und gelernt werden könnte, in denen alle Kinder dazugehören dürften und in denen helfen und sich helfen lassen ein weit grösseres Gewicht hätten als in unseren Regelklassen. Kurz, Kooperation wäre Wirklichkeit (siehe auch *Kreie* 1988, 238-240).

Bibliographie

- *Bowlby, J.*: Soins maternels et santé mentale. Genève: Weltgesundheitsorganisation, 1951
- *Breitinger, M.; Fischer, D.*: Intensivbehinderte lernen leben. Würzburg: Vogel, 1981
- *Bündner Tagblatt*: Chur: 28.12.1990, S.2
- *Dank, S.*: Individuelle Förderung Schwerstbehinderter. Dortmund: Modernes lernen, 1987
- *Eberwein, H. (Hrsg.)*: Behinderte und Nichtbehinderte lernen gemeinsam. Handbuch der Integrationspädagogik. Weinheim/Basel: Beltz, 1988
- *Foucault, M.*: Wahnsinn und Gesellschaft. Frankfurt: Suhrkamp, 1977a
- *Foucault, M.*: Überwachen und Strafen. Frankfurt: Suhrkamp, 1977b

- *Frühauf, T.*: Integrationsklassen in Hamburger Grundschulen. Geistige Behinderung 1989 (2), 137-139
- *Fröhlich, A.; Haupt, U.*: Förderdiagnostik mit schwerstbehinderten Kindern. Eine praktische Anleitung zur pädagogisch-therapeutischen Einschätzung. Dortmund: Modernes Lernen, 1983
- *Grond, J.*: Menschen mit schwerer geistiger Behinderung und unsere Gesellschaft. In: *Lebenshilfe Österreich (Hrsg.)*: Schwere geistige Behinderung. Tagungsbericht. S.7-25. Wien 1990. In diesem Buch Arbeit 5.
- *Gruber, H.; Petri, G.*: Schulversuche zum gemeinsamen Unterricht behinderter und nichtbehinderter Kinder. Bericht des A-Bundesministerium für Unterricht, Kunst und Sport, Österreich (Hrsg.). Graz: 1989
- *Günzburg, H. C.*: S/P=P-A-C Leitfaden. Stratford-upon-Avon: SEFA (Publications) LTD, 1982
- *Günzburg, H. C.*: S-P-A-C: Pädagogische Analyse und Curriculum der sozialen und persönlichen Entwicklung des geistig behinderten Menschen. S1 Leitfaden. Handbuch, 2. Band. Stratford-upon-Avon: SEFA (Publications) LTD, 1983
- *Haveman, M. J.*: Erhöhte Lebenserwartung für Menschen mit geistiger Behinderung. Geistige Behinderung 1990 (3), 197-206
- *Kreie, G.*: Integrative Kooperation - ein Modell der Zusammenarbeit. In: *Eberwein, H. (Hrsg.)*: Behinderte und Nichtbehinderte lernen gemeinsam. Handbuch der Integrationspädagogik. Weinheim/Basel: Beltz, 1988, 235-240
- *Kreisschreiben* über die Sonderschulung in der Invalidenversicherung vom 1.1.68. Bundesamt für Sozialversicherung (Hrsg.). Bern: EDMZ, 1968
- *Maikowski, R.; Podlesch, W.*: Geistig behinderte Kinder in der Grundschule? Theoretische und praktische Ergebnisse integrativer Erziehung. In: *Eberwein, H. (Hrsg.)*: Behinderte und Nichtbehinderte lernen gemeinsam. Handbuch der Integrationspädagogik. Weinheim/Basel: Beltz, 1988, 261-267

- *Meierhofer, M.*: Psychohygiene im frühen Kindesalter. Sonderdruck aus Acta paedopsychiatrica 1961 (1), 1-15
- *Pfeffer, W.*: Förderung schwer geistig Behinderter. Eine Grundlegung. Würzburg: Edition Bentheim, 1988
- *Rohmann, Z. H.; Elbing, U.*: Festhaltetherapie und Körpertherapie. Dortmund: Modernes lernen, 1990
- *Spitz, R.*: Die Entstehung der ersten Objektbeziehungen. Stuttgart: Klett, 1957
- *Spitz, R.*: Vom Säugling zum Kleinkind. Naturgeschichte der Mutter-Kind-Beziehungen im ersten Lebensjahr. Stuttgart: Klett, 1967
- *Strassmeier, W.*: Modelle schulischer Förderung mit Schwerstbehinderten. Geistige Behinderung 1988 (4), 270-281
- *Strassmeier, W.*: Weiterentwicklung und Perspektiven in Schulen für geistig Behinderte. Geistige Behinderung 1990 (3), 231f
- *Weltwoche*: Zürich: 27.12.1990, S.9
- *Wocken, H.*: Integrationsklassen in Hamburg. In: *Wocken, H.; Antor, G. (Hrsg.)*: Integrationsklassen in Hamburg. Oberbiel: Jarick, 1987, 65-87

10

SELBSTBESTIMMUNG UND IDEOLOGIE

1994

„Selbstbestimmung liegt im Trend der Zeit, wir hören auf mit der Bevormundung unserer BewohnerInnen, sie wissen doch selbst, was sie wollen, was für sie richtig ist. Wir stellen auf Selbstbestimmung um!" So der neue Leiter eines Wohnhauses für sechsundzwanzig Frauen und Männer mit einer geistigen Behinderung. Die BewohnerInnen sind begeistert. Die MitarbeiterInnen sind geteilter Meinung, einige Feuer und Flamme für die Idee des neuen Chefs, „endlich können wir etwas wagen, endlich unsere Verantwortung zurücknehmen". Andere sind verunsichert, haben aber nicht den Mut, Fragen zu stellen. Sie

fürchten, als altmodisch und mit einem Helfersyndrom behaftet, entlarvt zu werden.
Als erstes dürfen die BewohnerInnen ihre Zimmernachbarn selber auswählen. Ruth und Michael, schon lange heimlich ineinander verliebt, möchten ein gemeinsames Zimmer. Der Heimleiter und ein Teil der MitarbeiterInnen sind dafür, der Vormund von Michael auch; er lehne allerdings jede Verantwortung ab. Die Eltern von Ruth sind dagegen. Ruth sei ohnehin triebhaft und unzuverlässig. Sie vergesse die Pille, und überhaupt sei das unmoralisch. Der Heimleiter versucht zu überzeugen. Ruth's Mutter wehrt sich. Sie wolle selber bestimmen, was für Ruth gut sei. Sie kenne ihre Tochter wohl am besten. „Eine Liebschaft, ja, warum nicht, aber gleich schon wie Mann und Frau zusammenleben? Nein!"
Mit Anna will niemand das Zimmer teilen, und auch René wird von allen als unzumutbar zurückgewiesen. Aber Anna und René im gleichen Zimmer? Sie hätten's nach mehreren einfühlsamen Gesprächen mit dem Heimleiter schliesslich gewollt, aber die Eltern nicht. Grosse Diskussionen, Emotionen gehen hoch, Kompromisse werden abgelehnt. Konsequenz: Niemand zieht um. „Ihr sagtet doch, dass wir selber bestimmen können, und jetzt bestimmen die Eltern von Anna und René über uns alle", klagen die BewohnerInnen.

Der freie Ausgang wird eingeführt, dreimal pro Woche. Die meisten benützen die Gelegenheit. Peter und Albrecht machen Schulden. Ihr Taschengeld reicht nicht aus, „schliesslich wollen wir uns etwas leisten, wie die andern auch. Gebt uns mehr Taschengeld!" Maria hat mehr Taschengeld. Ihre Grossmutter lässt es ihr insgeheim zukommen. Aber Maria kann nicht rechnen und stürzt sich ebenfalls in Schulden. Die Lederjacke, sie will die gleiche wie ihre verheiratete Schwester, kostet 800.- Fr., sie hat aber nur 400.- Fr. „Sparen und dann erst kaufen, nein; ich weiss doch, was ich will."

Es wird ein Kurs angeboten „Wie benehme ich mich im Restaurant". Nach dem Kurs wollen die meisten auch allein ins Restaurant. Dort gibt's Alkohol. Erwachsene trinken Alkohol. Wir sind erwachsen. Ro-

bert auch. Aber Robert nimmt Psychopharmaka. Nach dem zweiten Bier reagiert er mit einem Ausnahmezustand, der ihm vom Wirt eine Schadenersatzklage von 2400.- Fr. für das zertrümmerte Mobiliar einträgt. Das sind acht Monatslöhne, und Robert wird von der Polizei ins Krankenhaus gebracht.
Entrüstung beim Wirt und bei den meisten Gästen. „Man kann nicht einmal mehr in Ruhe sein Bier trinken, wenn *die* losgelassen werden; früher war das anders, das ist doch rücksichtslos!“ „Nein, selbstbestimmt“, versucht der herbeigerufene Heimleiter zu beschwichtigen.“ „Ach so“, entrüstet sich der Wirt, „Rücksichtslosigkeit nennt ihr nun also Selbtsbestimmung? Von nun an bestimme ich mich auch selbst und werfe diese Kundschaft hinaus!“

Im Wohnhaus ist man traurig und schimpft über die diskriminierende Gesellschaft. MitarbeiterInnen und BewohnerInnen solidarisieren sich gegen „aussen“, - erstmals, seit es dieses Haus gibt.
Zwei Mitarbeiterinnen, die am Anfang auf Selbstbestimmung schworen, wollen jetzt gehen. Sie haben es satt, endlos mit den BewohnerInnen über Selbstbestimmung und „ich weiss doch, was ich will“ zu diskutieren.

Demnächst soll ich für das Heimpersonal einen Fortbildungskurs zum Thema „Selbstbestimmung oder Rücksichtslosigkeit“ durchführen. Ich sei ja ein Befürworter der Selbstbestimmung, sagte der Heimleiter. Ich werde mich selbstbestimmen, das Thema unterlaufen und über Verantwortung reden und auch darüber, dass ein selbstbestimmtes Leben vorerst in den kleinen Dingen des Alltags gewährt und Selbstbestimmung behutsam unter Einbezug des Umfeldes geübt werden muss - und Grenzen hat.

11

Frau K.

1991

Frau K. ist 48jährig, geistig behindert und lebt genau seit vierzig Jahren in einer psychiatrischen Klinik, vom 8. bis zum 17. Lebensjahr auf einer Kinderstation und danach auf einer Abteilung für chronischkranke Erwachsene.

Vor drei Jahren beschloss man in der Klinik, alle Oligophrenen, also auch Frau K., in einem eigenen Haus auf dem Klinikareal zusammenzufassen. Man hatte erkannt, dass Menschen mit einer geistigen Be-

hinderung keine üblichen Psychiatriepatienten sind und eine besondere Betreuung benötigen. „Draussen“ fand man keine Plätze.
Im neuen Wohnheim wehte ein frischer Wind. Die zweiundvierzig Oligophrenen, von jetzt an nannte man sie Bewohner, leben in fünf autonomen Gruppen in „normalen“ Wohnungen. Die Betreuerinnen haben die Wohnung teilweise zusammen mit den Bewohnern eingerichtet. Das war eine angenehme Arbeit. Alle wussten, was sie zu tun hatten.
Man erhielt eine eigene Küche und bereitet seither die meisten Mahlzeiten selber zu. Die klinikeigene Putzequipe kommt nur noch einmal wöchentlich für die gründliche Reinigung und die zentrale Wäscherei besorgt nur noch die grosse Wäsche. Alle „zurückeroberten“ Haushaltarbeiten werden zusammen mit den Bewohnern verrichtet. Das war und ist immer noch schwierig, denn die Bewohner können sich nicht mehr einfach bedienen lassen, sondern müssen selber Hand anlegen.
Täglich besuchen die leistungsfähigeren Männer und Frauen eine Beschäftigungstherapie, wo sie stricken, malen, musizieren, einfache Handarbeiten verrichten und auch Körperpflege lernen.

Bei Frau K. erwachten die Lebensgeister. Sie lernte rasch stricken und strickte in jeder freien Minute auch auf der Wohngruppe, zuerst immer das gleiche Muster, das sie dann abends wieder auflöste, um anderntags mit der gleichen Wolle von vorne zu beginnen. Während zwei Jahren sperrte sie sich gegen alle andern Arbeiten. Aber sie war ruhiger, und die Medikamente konnten um die Hälfte reduziert werden.
Vor einem Jahr kam die gepflegte und sympathische Hilfsschwester Silvia, 22jährig, auf die Wohngruppe. Frau K., die bis anhin zu niemandem eine besondere Beziehung hatte, schloss sich ihr sofort an, lernte mit ihr einfache Haushaltarbeiten, strickte für sie Abwaschlappen, dann eine Halsschleife, jetzt versucht sie es mit einem einfachen Pullover. Wir fürchten, dass sie es nicht schafft.

Aus dieser Erfahrung heraus beschloss man, jeder Betreuerin die Hauptverantwortung für drei Bewohner zu übertragen. Viele Unklarheiten, Unsicherheiten und Missverständnisse zwischen den Betreuerinnen mussten immer wieder besprochen werden. Langsam setzte sich die Meinung durch, dass die Betreuerin nicht nur *Fachkraft*, sondern auch *Mitbewohnerin* sein sollte. Einige verkrafteten diesen „neuen" Beruf nicht, verliessen das Wohnheim und mussten ersetzt werden. Silvia blieb, nicht trotz, sondern dank der Beziehung zu Frau K.

Frau K. kam durch Silvia auf den Geschmack, sich selber besser zu pflegen. Es war eine Sensation, als die beiden erstmals im benachbarten Laden modische Kleider für Frau K. einkauften und zum Dorfcoiffeur gingen. Seither halten manchmal Besucher Frau K. für eine Betreuerin. Dies besonders, seit sie nur noch ihre Fingernägel und nicht auch noch die Ränder drumherum rot anstreicht.

Letzthin fragte mich Silvia, wieweit sie Frau K. von sich erzählen dürfe, Alltägliches und nicht Intimes. „Es stört mich, dass ich die Lebensgeschichte und den Alltag von Frau K. bis ins letzte kenne, sie von mir persönlich aber eigentlich nichts weiss." „Das können nur Sie wissen, und ich denke, dass wir das in der nächsten Teambesprechung aufgreifen sollten."

Nicht alle Betreuerinnen werden eine solche Beziehung zu „ihren" Bewohnern eingehen können. Aber Silvia hat gezeigt, was bestmögliche Betreuung von Erwachsenen mit einer geistigen Behinderung sein könnte: Ein selbstverständlicher Umgang soweit wie möglich. Das ist aber auch das Schwierigste. Frau K., und mit ihr viele andere, sind dank der neuen Lebensweise im Wohnheim auf dem Klinikareal heimisch geworden.

12

Ethische Fragen zum Menschen mit Down-Syndrom

1993/1994

1. Vorbemerkung

Ethik befasst sich mit Fragen, wie man denken, fühlen und handeln kann, damit ein gutes Leben möglich wird. Gemeint ist ein gutes Leben für den einzelnen Menschen, für die Menschheit, und heute für alle Geschöpfe in dieser Welt und für die Schöpfung als Ganzes.
Mein Thema aber lautet: *Ethische Fragen zum Down-Syndrom.* (Sinngleiche Begriffe sind Trisomie 21 und, überholt, Mongoloismus.)

Gibt es Gründe, ein solches Thema zu behandeln, wo es doch bloss um ein Syndrom und um eine relativ kleine Gruppe von Menschen geht, die dieses Syndrom aufweist? Wir leben doch in einer Kultur, die in ethischen Resolutionen und den meisten Staatsverfassungen bekundet, dass alle Menschen gleich sind, die gleichen Grundrechte haben, dass niemand diskriminiert werden darf, weder wegen seiner Herkunft, noch wegen seiner Rasse, Hautfarbe, Religion, Gesellschaft oder seinem Alter. Kurz: es wird erklärt, dass alle von Menschen geborenen Wesen gleich sind. Und wir leben im christlichen Abendland, wo die Religion die Gottesebenbildlichkeit jedes Menschen und seinen unbedingten Schutz und die Fürsorge für die Schwachen lehrt. Reichen denn Menschenrechte, Staatsverfassungen und christliche Lehre nicht aus, um auch Menschen mit Down-Syndrom zu schützen?

Sie haben nie ausgereicht und reichen ganz besonders heute nicht aus. Zu allen Zeiten wurden Menschen mit einer Behinderung als andersartig behandelt, meist zu ihrem Nachteil. Und jene mit Down-Syndrom gehören, seit sie 1866 erstmals beschrieben wurden, dazu. Man sprach von einem «neuen Typus Mensch» (*Wunderlich* 1970, 45) von «biologischer Neotenie», das heisst unvollkommener Entwicklungszustand (*König* 1959, 57), von «ontogenetischer Vorstufe des Homo sapiens» (*König* 1959, 240) und von «einer Form von Atavismus», das heisst ein plötzliches Auftreten von Körper- und Verhaltensmerkmalen von stammesgeschichtlichen Ahnen, (*Kalb* 1957, 51). Heute hört man diese Worte nicht mehr, wohl aber weitgehend ungebrochen deren Sinn, wenn vom menschlichen Grenzfall und von schwerster Schädigung und Behinderung geredet wird. Und manche sprachen und sprechen ihnen Lebenswert und damit das Recht zu leben ab, weil ein solches Leben in sich keinen Sinn habe, für die Angehörigen eine unzumutbare Belastung und für die Öffentlichkeit ein Ärgernis sei. Man fragt auch, ob die Öffentlichkeit die zusätzlichen Kosten für die Betreuung dieser Menschen übernehmen soll und könne.

2. These

Im Gegensatz dazu formuliere ich folgende These:
Menschen mit Down-Syndrom haben ein Anrecht darauf, als Menschen geachtet zu werden. Und: Es gibt ein Leben vor dem Tod.

Wie wurde, wie wird der Mensch mit einem Down-Syndrom unter ethischen Aspekten gesehen? Wenn ich dieser Frage in Ansätzen nachgehe, so nicht, um zu entmutigen, sondern um ein Stück moderner Realität aufzuzeigen. Denn nur, wer weiss, wie über diese Menschen gedacht wird, nur, wer informiert ist, hat auch die Möglichkeit, dazu Stellung zu beziehen und, seine Erfahrungen einbringend, zu einem von Tatsachen getragenen Dialog beizusteuern und zu handeln.
Bemerkenswert ist, dass es bis in die letzten Jahre kaum Literatur über ethische Fragen zum Down-Syndrom und über Menschen mit einer Behinderung ganz allgemein gab. Diese Menschen waren nicht von öffentlichem Interesse. Eltern und Fachleute befassten sich mit ihnen und fragten wenig danach, *wer* sie sind, denn sie hatten anderes zu tun: Sie konzentrierten sich darauf, diesen Menschen so gut wie möglich zu helfen. So entstanden in den letzten Jahrzehnten viele Dienstleistungen für behinderte Menschen und ihre Angehörigen, finanziell unterstützt durch die öffentliche Hand. Aber sie entstanden in einem eigentlichen Meinungsschonraum. Es besteht kein Zweifel, dass in den letzten Jahrzehnten für diese Menschen und ihre Angehörigen mehr getan wurde als in allen früheren Jahrhunderten zusammengenommen. Bis vor wenigen Jahren waren sie *öffentlich* nicht fragwürdig, im doppelten Sinne des Wortes nicht: Man fragte nicht nach ihnen, sondern überliess sie den Eltern und Fachleuten, und man hinterfragte auch nicht öffentlich, abgesehen von wenigen Ausnahmen, ihren Lebenswert (1)*. Dies hat sich mit dem Aufkommen der pränatalen Diagnostik und der Intensivmedizin und vor allem mit dem starken Aufleben neuer ethischer Theorien *radikal*, also die Wurzeln des Menschseins

---

* Zahlen in Klammern verweisen auf die Anmerkungen S. 213

betreffend, geändert. Menschen mit einer Behinderung, und die Menschen mit Down-Syndrom nehmen darin, wohl weil sie so leicht erkennbar sind, eine prominente Stellung ein, sind fragwürdig geworden.

3. Die utilitaristischen Theorien (Nützlichkeitstheorien)

Im Mittelpunkt der Diskussion stehen die utilitaristischen Theorien. Diese besagen, sehr kurz zusammengefasst und nur die wesentlichen Aspekte zu unserem Thema beachtend, folgendes:

3.1 Es soll eine universelle Ethik geben, das heisst eine, die für alle Menschen gelten kann

Dies kann sie nur dann, wenn sie rational ist. Viele philosophischen und religiösen Argumente werden deshalb verworfen, weil sie nicht rational sind. Ethik bedürfe nicht der Religion (*Singer* 1984, 12; *Kuhse* und *Singer* 1993, 170ff). Aus diesen Gründen wird die in der jüdisch-christlichen Religion geltende Maxime von der Heiligkeit des Lebens abgelehnt, die besagt, dass jeder Mensch von Gott nach seinem Ebenbilde geschaffen ist, über eine unsterbliche Seele verfügt und dem Willen Gottes unterstellt ist. Nach dieser Maxime darf nur Gott, nicht aber der Mensch, über Leben und Tod verfügen. Es ist grundsätzlich verboten, Menschen zu töten (2)(3)*.

Wolf, Philosophieprofessor in Fribourg, der auch utilitaristische Ideen vertritt, stellt fest, dass die religiösen Weltbilder und damit auch eine religiös begründete Moral an Bedeutung verloren haben. Damit sei auch das Gefühl der Intuition, dass das Leben aller Menschen zu schützen sei, geschwunden. Dies habe dazu geführt, dass «das Bewusstsein für die sogenannten menschlichen Grenzfälle (Föten, behin-

---

* Zahlen in Klammern verweisen auf die Anmerkungen S. 213

derte Säuglinge, Komapatienten etc.), aber auch für die uns in mancher Hinsicht verwandten Wirbeltiere und höherentwickelte Säugetiere „geschärft" worden sei» (*Wolf* 1991, 245f)(4)*.
Für *Singer* gibt es ein einziges universelles Recht, das für Menschen und Tiere gilt. Es ist das Recht, nicht leiden zu müssen. Dieses Recht kann aber nur haben, wer empfindungsfähig ist, das heisst wer Leid, Freude und Glück erfahren kann. «Ist ein Wesen nicht leidensfähig oder nicht fähig, Freude oder Glück zu erfahren, dann gibt es nichts zu berücksichtigen» (*Singer* 1984, 73). In Bezug auf Menschen mit Down-Syndrom wird dieses Argument durch *Singer* widersprüchlich angewandt: Einmal wird daraus das Recht Dritter abgeleitet, Neugeborene mit Down-Syndrom zu töten, weil sie nicht leidensfähig sind, ein andermal leitet er daraus die Pflicht ab, diese Menschen durch Töten von ihrem Leiden zu erlösen (*Singer* 1984, 179-188; *Kuhse* und *Singer* 1993, 82-98).

3.2 Es wird bestritten, dass alle von Menschen geborenen Wesen Personen sind

Eine Person ist man nicht, weil man von Menschen geboren wurde, sondern nur, wenn man über bestimmte Eigenschaften wie Rationalität, Autonomie und Selbstbewusstsein verfügt (*Singer* 1984, 101-128, 179). Konkret: Wer nicht denken, sich nicht selbst entscheiden, nicht zwischen gut und böse unterscheiden, sich nicht erinnern und nicht an die Zukunft denken kann und sich folglich auch nicht auf morgen freuen oder sorgen kann, ist keine Person. Er hat auch keine Interessen und somit kein eigenes Recht zu leben. Ein eigenes Recht zu leben hat nur, wer ein bewusstes Interesse daran hat, sich weiterzuentwickeln. «Missgebildete Säuglinge haben diese Eigenschaften nicht. Sie zu töten kann daher nicht gleichgesetzt werden mit dem Töten normaler menschlicher Wesen» (*Singer* 1984, 179). Sehr oft sei die Tötung behinderter Säuglinge «überhaupt kein Unrecht» (*Singer* 1984, 188). «Weil ihr Leben „nicht lebenswert" ist, legen utilitaristi-

* Zahlen in Klammern verweisen auf die Anmerkungen S. 214

sche Prinzipien den Schluss nahe, dass es richtig sei, solche Kinder zu töten» (*Singer* 1984, 181) (5)*.

3.3 Es wird behauptet, dass nicht alle Menschen den gleichen Wert haben

Als wertvoll wird betrachtet, wer autonom leben, Glück erfahren und andere glücklich machen kann. Moralisch gut ist, was das Glück erhöht und Leiden vermindert. Ob eine Handlung, z.B. Töten, moralisch erlaubt ist, ermisst sich an den Folgen dieser Handlung. Grundlegende Prinzipien wie „du sollst nicht töten" gelten, wie bereits gesagt, nicht. Es ist vielmehr zu fragen, welche Konsequenzen das Töten hat.

4. Einige Konsequenzen

Die Utilitaristen sagen also nicht, dass Kinder mit einer Behinderung getötet werden *sollen*. Ihrer Meinung nach ist es *unter bestimmten Bedingungen* moralisch erlaubt, behinderte Säuglinge, aber auch Menschen, die nie über Bewusstsein, Autonomie und Rationalität verfügten, zu töten. Die Brisanz der Thesen liegt also nicht in einem Aufruf zum Töten, sondern darin, dass das *Recht auf Leben von bestimmten Fähigkeiten abhängt und die Bedingungen, unter denen das Töten ethisch erlaubt ist, sehr erweitert werden*. So ist es moralisch erlaubt, behinderte Säuglinge zu töten, um ihnen ein leidvolles Leben zu ersparen, denn es wird weitgehend angenommen, ein Leben mit einer Behinderung sei leidvoll und für diese Menschen von geringem Nutzen. Es ist moralisch erlaubt, behinderte Säuglinge zu töten, damit Eltern und Geschwister an diesem Kind nicht leiden müssen, um ihnen die Last der Betreuung zu nehmen und um ihnen die Möglichkeit zu geben, ein weiteres nichtbehindertes Kind zu haben, mit dem sie glückli-

* Zahlen in Klammern verweisen auf die Anmerkungen S. 214

cher werden können, oder einfach, weil sie ohne das behinderte Kind glücklicher sind. Dabei wird stillschweigend davon ausgegangen, dass nichtbehinderte Kinder ihre Eltern und Angehörigen glücklicher machen als behinderte, eine Annahme, die durch die Lebenserfahrung immer wieder widerlegt wird, gibt es doch Nichtbehinderte, die ihren Angehörigen mehr Leid zufügen und weniger Glück bringen als manche ihrer behinderten Verwandten.

Behinderte Säuglinge zu töten ist auch erlaubt, um der Gesellschaft ausserordentliche Kosten zu ersparen, damit das eingesparte Geld für anderes, Wichtigeres eingesetzt werden kann, z.B. für die Gesundheitserziehung, für die Unterstützung der Armen etc. (*Kuhse* und *Singer* 1993, 215, 223, 226). Insbesondere sei zu prüfen, ob die kostspieligen Massnahmen für behinderte Kinder, z.B. Operationen und Therapien und lebensverlängernde Massnahmen beim Down-Syndrom, auch nützlich seien. In jedem Fall sei der Nutzen einer Operation bei Kindern mit Down-Syndrom geringer als der Nutzen der gleichen Operation bei einem normalen Kind (*Kuhse* und *Singer* 1993, 192).
Ob ein Kind am Leben bleiben soll oder nicht, soll nicht der Staat entscheiden, sondern eine Ethikkommission zusammen mit den Eltern. Weil aber oft kurz nach der Geburt nicht entschieden werden kann, ob der Säugling auch eine Person werden wird, sollen die Defekte und Krankheiten sorgfältig diagnostiziert werden, damit die Eltern nach gründlicher Information durch die Fachleute entscheiden können, ob sie das Kind aufziehen wollen oder nicht (*Kuhse* und *Singer* 1993, 250). *Kuhse* und *Singer* schlagen dafür eine Frist von 28 Tagen vor, denn diese Zeitspanne erlaube es, das Kind in allen Einzelheiten zu diagnostizieren, und der Säugling habe noch nicht ausreichend Ichbewusstsein, um Wünsche zu haben. Sie fragen sich aber, ob eine Frist von 7 Tagen nicht besser wäre, «weil so die Eltern weniger Bindung an das Kind entwickeln» würden (*Kuhse* und *Singer* 1993, 250).
Wenn schon das Töten von behinderten Kindern moralisch erlaubt sein kann, dann erst recht deren Abtreibung. All jenen, die gegen das Töten von Neugeborenen, aber für den Schwangerschaftsabbruch sind, stellt *Singer* eine unbequeme Frage, wenn er feststellt: «Mir ist nicht

ersichtlich, wie sich die Ansicht verteidigen liesse, Föten vor der Geburt dürften „ersetzt“ werden, Neugeborene dagegen nicht» (*Singer* 1984, 186). Für *Wolf* ist die Abtreibung nicht nur erlaubt, sondern obligatorisch, «wenn sie das einzige Mittel zur Verhinderung einer vermeidbaren Schädigung der potentiellen zukünftigen Person ist», aber sie ist nicht erzwingbar (*Wolf* 1991, 261) (6)*.
Wie steht es mit der Tötung von älteren Menschen? Sie ist nur erlaubt, wenn diese nie über Autonomie, Rationalität und Selbstbewusstsein verfügt haben. Das gilt für Menschen mit *schweren Behinderungen* nach diesen Autoren in jedem Fall. Menschen, die einmal über diese Eigenschaften verfügten und sie verloren haben, z.B. Alte und Unfallbehinderte, dürfen keinesfalls unfreiwillig getötet werden, denn sonst müsste sich jeder Mensch fürchten, einmal selber getötet zu werden. Diese Angst und Beunruhigung sei aber ethisch nicht verantwortbar. Auch alle Menschen mit einer Behinderung, die am Leben sind und sich Sorgen um ihre Zukunft machen können, dürfen nicht getötet werden. Für sie sei bestmöglichst zu sorgen (*Wolf* 1991, 264f; *Kuhse* und *Singer* 1993, u.a. 215ff).
Wer sich Sorgen um seine Zukunft machen kann, darf also nicht unfreiwillig getötet werden. Wer das nicht kann, darf getötet werden, auch wenn es sich dabei um «ältere Kinder oder Erwachsene» handelt, «die auf der geistigen Reifestufe eines Kleinkindes verharren» (*Singer* 1984, 179).
Nun verfügen aber auch *nichtbehinderte* Säuglinge noch nicht über die geforderten Fähigkeiten. Sie sind noch nicht Personen und haben deshalb kein Recht auf Leben. Trotzdem sollen sie nicht getötet werden, weil sie schutzlos sind und weil ein gutes Leben der Gesellschaft nur möglich ist, wenn neues und nichtbehindertes Leben zugelassen wird (*Wolf* 1991, 261). Also auch hier: Nicht jedes Leben soll weiterbestehen, sondern nur jenes, das der Gemeinschaft dient, und Kinder mit einer Behinderung dienen ihr nach diesen Autoren eben nicht.

---

* Zahlen in Klammern verweisen auf die Anmerkungen S. 214

5. Kritik

Diese Theorien haben manchenorts einen Sturm der Entrüstung ausgelöst und insbesondere lebende Menschen mit einer Behinderung und manche ihrer Angehörigen in arge Verlegenheit und in eine Identitätskrise geführt. Es entstanden Ängste, berechtigte und unberechtigte, es wurden hüben wie drüben Menschen verletzt, in die Einsamkeit und bis in den Tod getrieben. Für jeden, der einigermassen mitfühlen kann und nicht mit moralischer Blindheit geschlagen ist, dürfte verständlich sein, dass behinderte Menschen sich vehement gegen diese utilitaristischen Thesen wehren, denn es werden immerhin Lebenswert und Lebensrecht ihresgleichen in Frage gestellt. Dass aber manchenorts ihre Abwehrreaktionen stärker verurteilt wurden als die Aussagen der Utilitaristen, ist ein Hinweis darauf, dass diese Theorien in der Bevölkerung durchaus Unterstützung finden, aber auch, dass das Recht auf Meinungsfreiheit in diesen Fragen leicht stärker gewichtet wird als das Grundrecht auf Leben.

Es besteht kein Zweifel: Diese Theorien rütteln an den Grundfesten unserer Kultur und unseres Menschseins. Mir scheint aber, dass wir darauf mit Argumenten reagieren sollten, nicht mit Behauptungen oder blossen ethischen Appellen.

Ich fasse in einigen Punkten meine Kritik an den utilitaristischen Theorien zusammen:

a) Die Theorien verstossen gegen das Prinzip der Heiligkeit des Lebens, ein Prinzip, das, obschon immer wieder verletzt, doch zu einer Grundlage der Rechtsstaatlichkeit wurde. Wo Recht aufgehoben wird, schafft Gewalt neue Ordnungen. Und wenn ich die Diskussion der Utilitaristen über behinderte Menschen verfolge und die Praxis des quasi automatisierten Schwangerschaftsabbruchs bei vorliegender Behinderung bedenke, so kann ich nicht umhin, von neuer Gewalt zu reden, einer, die überdies noch sozial toleriert wird.

b) Diese Theorien schützen den Starken und schwächen den Schwachen und stimmen *in diesem Punkt* mit totalitären und faschistischen Ideologien überein. Sie vernachlässigen den Tatbestand, das unsere Ethik in keinem menschlichen Teilaspekt vorprogrammiert ist, weder in unseren Genen, noch in unserer Tradition, noch im Intellekt noch in unserem Sozialverhalten usw. Eine Ethik, die uns als Individuen und als Gemeinschaft ein menschenwürdiges Leben ermöglicht, muss durch Vernunft entstehen. Vernunft aber ist eine Kombination von Wissen, Erfahrung *und Tugend* und muss immer wieder neu erworben werden. Dazu können wir auf unsere angeborene, aber bei weitem nicht unbegrenzte *Moralfähigkeit* zählen, eine Fähigkeit, die durchaus mit der kognitiven Lernfähigkeit verglichen werden kann und wie diese zu „bilden" ist. Erkenntnisse, die, wie bei den Utilitaristen, nur auf Rationalität gründen und Erfahrung und Tugend vernachlässigen, sind bestenfalls Wissen, nicht aber Ausdruck von Bildung.

c) Mit der Aufhebung des unbedingten Rechts auf Leben werden tatsächliche Missbrauchsmöglichkeiten geschaffen, denn: Wer entscheidet mit welcher Kompetenz und aufgrund welchen Wissens, ob ein Leben für eine bestimmte Person lebenswert ist und ob diese Person die geforderten Merkmale aufweist? Wie will man feststellen, ob und wieviel Bewusstsein jemand hat, ob und in welchem Masse jemand zwischen gut und schlecht unterscheiden kann? Ein Beispiel: Das Vorliegen einer Trisomie 21 beim Fötus oder beim Neugeborenen sagt wenig darüber aus, wie sich dieser als Mensch mit Down-Syndrom entwickeln wird. Das Down-Syndrom ist ein biologischer Tatbestand, der Mensch mit Down-Syndrom aber ist ein soziales Wesen. Wie er sich entwickelt, hängt in hohem Masse von seinen Lebensbedingungen ab, und dies bis ins hohe Alter. Deshalb ist die oben zitierte Behauptung von *Kuhse* und *Singer*, man könne in 28 Tagen nach der Geburt das Kind in allen Einzelheiten diagnostizieren, fachlich falsch. Diagnostizieren kann man medizinische Fakten, aber nicht, wie diese die Entwicklung des Kindes beeinflussen. Dies kann einigermassen, aber *nie ausreichend*, erst ab dem 7. Lebensjahr und nachdem das Kind in der Vorschulzeit angemessen erzogen und gefördert wurde, ermessen werden. Die Entwicklung der Menschen mit einer Behinderung wird in höherem Masse als jene der Nichtbehinderten durch die sozialen Bedingungen mitgeprägt.

Zudem können Grenzlinien stets auch überschritten werden. Wenn Menschen darüber entscheiden, wo die Grenzen gezogen werden und somit auch, wer leben darf und wer nicht, ist der Willkür Vorschub geleistet. Letztlich können beliebige menschliche Merkmale, die über den Lebenswert entscheiden, durch Menschen, die über die nötige Macht verfügen, definiert werden.

Es entspricht weder unserer Kultur noch den Grundsätzen der Rechts- und Sozialstaatlichkeit, dass bestimmte Menschen über Leben und Tod anderer Menschen entscheiden dürfen. Deshalb wurde vielerorts die Todesstrafe abgeschafft.

d) Die zitierten Aussagen der Utilitaristen über Menschen mit einer Behinderung und ihre Familien gründen nicht auf Erfahrungen der Utilitaristen, sondern auf Meinungen jener Drittpersonen, die ihre Theorien stützen. Das aber nennt man *Moralpositivismus*, und dieser ist nach einhelliger Auffassung ethisch unseriös und verpönt, denn es gibt wohl keine Meinung, die nicht irgendwie durch Erfahrungen Dritter bestätigt werden kann (näheres siehe Arbeit 5, Kapitel 2.3, S.85 in diesem Buch).

e) Die Ausführungen der Utilitaristen über Menschen mit einer Behinderung zeichnen sich aus durch einen Mangel an Einfühlung „in das Wohl und Wehe“ dieser Menschen. Damit verletzen die Utilitaristen ihr eigenes Prinzip der gleichen Beachtung aller Wesen. *Wolf* weist selber auf diese Begrenzung der Empathie hin, entschuldigt diese aber gleichzeitig, wenn er feststellt: «In der Ethik geht es jedoch nicht um eine vage Empathie, sondern um einen von allen einigermassen phantasiebegabten Menschen vollständig nachvollziehbaren Rollentausch mit den Adressaten unserer Handlung». Und wenn er meint, dass jemand, der «sich ... nicht vorstellen kann, wie es ist (was für ein Gefühl ist), als Huhn ein Ei zu legen, so leide(t) er vielleicht an einem Mangel an Phantasie» (*Wolf* 1984, 326), so ist zu fragen, was denn den Utilitaristen fehlt, wenn sie sich nicht in behinderte Menschen einfühlen können. Zudem: Phantasie ist nicht angeboren, sondern ein Produkt unseres

Wissens, unserer Erfahrung und unserer Tugenden. Der Schluss liegt deshalb nahe, dass Utilitaristen sich nur deshalb nicht in Menschen mit einer Behinderung einfühlen können, weil sie über diese ein falsches Wissen und keine Erfahrung mit ihnen haben, so dass sie unweigerlich zu falschen Schlüssen gelangen. Weil es dabei nicht um Schlüsse in Nebensächlichkeiten, sondern um solche über Leben und Tod geht, sind sie ethisch verwerflich und nicht entschuldbar. Folgende Erfahrung ist nämlich unbestritten: Jeder Mensch mit einer Behinderung, und ich schliesse jene mit schweren Behinderungen ausdrücklich mit ein, verfügt über ein so differenziertes Innenleben, dass jeder einigermassen phantasiebegabte Mensch sich in dessen Wohl und Wehe einfühlen kann, sofern *er sich dieser Erfahrung öffnen kann und bereit ist, ihm ernsthaft zu begegnen.*

f) Manche Aussagen der Utilitaristen über Menschen mit einer Behinderung verkürzen die Realität und sind deshalb falsch und wissenschaftlich nicht haltbar. Dies z.B. dann, wenn behauptet wird, dass behinderte Menschen vorwiegend leiden. Zweifelsohne gibt es behinderte Menschen, die ein leidvolles Leben führen müssen, aber es sind dies bei weitem nicht alle. Zudem: Wer möchte bestreiten, dass viele Nichtbehinderte mindestens so sehr leiden wie Behinderte? Wenn behinderte Menschen leiden, so mehr an ihren Mitmenschen, an den verbesserungswürdigen Lebensbedingungen und an den Vorurteilen, auch und gerade an jenen, die durch die Utilitaristen propagiert werden, als an der Behinderung.

g) Sowohl *wissenschaftlich* als auch *ethisch* unhaltbar sind die utilitaristischen Auffassungen, weil sie weder auf eigenen, noch auf sorgfältig überprüften Erfahrungen gründen, sondern auf blossem Hörensagen, auf Halbwissen und auf Vorurteilen. Dazu zwei prominente, wenn auch schwer vergleichbare Beispiele.

   Wolf, der die Tötung von behinderten Säuglingen unter den genannten Bedingungen bejaht, teilt mir mit, er habe keine Erfahrungen mit behinderten Säuglingen. Er bezeichnet sich selbst als «Schreibtischtäter», der aber durchaus bereit sei, seine theoretischen Ansichten zu revidieren, wenn man ihm präzise zeigen

könne, welche Erfahrungsdefizite für welche Fehlurteile verantwortlich seien (*Wolf* 1993).
Es ist zu fragen, weshalb *Wolf* sein Fehlurteil nicht schon aufgrund der bereits bekannten Fakten über Menschen mit einer Behinderung, die in der Literatur leicht zugänglich sind, revidiert hat. Nebst der unterdessen beachtlichen Fachliteratur verweise ich insbesondere auf Selbst- und Fremddarstellungen von behinderten Menschen, darunter auch solchen mit einem Down-Syndrom, und erinnere nochmals daran, dass auch bei diesen pränatal nur eine Trisomie 21 und unmittelbar nach der Geburt lediglich die äusseren körperlichen Merkmale des Down-Syndroms feststellbar waren. Was aus diesen Menschen wurde, ist das Ergebnis der eigenen und fremden kulturellen Leistung (*Hunt* 1976; *Bender* 1987; *Espinàs* 1988; *Grond* 1992).
Ein weiteres Beispiel betrifft *Hans Jonas,* ein Autor, der den Schwangerschaftsabbruch grundsätzlich ablehnt. Ein Down-Syndrom betrachtet er aber als beste aller Entschuldigungen für den Schwangerschaftsabbruch (siehe Arbeit 5, Kapitel 2.5, S.88 in diesem Buch).

Diese Beispiele zeigen, ich wiederhole es, was man in Gesprächen so oft erfährt: Über Menschen mit einer Behinderung wird aufgrund von Halbwissen und Vorurteilen geurteilt, und zwar nicht über irgendwelche Nebensächlichkeiten, sondern über Leben und Tod. Und das ist meines Erachtens eines Sozialstaates und einer Demokratie unwürdig.

Immerhin sehen auch die Utilitaristen ein, dass ethische Ansichten, die zu einer Diskriminierung bestimmter Menschen führen, zu verwerfen sind. «Ethik ohne Gesellschaftstheorie ist blind» (*Wolf* 1991, 265) ich füge bei: Ethik ohne Kenntnis der Realität ist ethisch unverantwortlich, wissenschaftlich unseriös und verstösst gegen die bei uns immer noch geltenden Menschenrechte und gegen die Menschenwürde. Meine Erfahrung jedenfalls zeigt, dass sich Eltern von Kindern mit Down-Syndrom *tatsächlich* diskriminiert fühlen, sei es direkt durch die geäusserte Meinung oder durch Dritte, die sie mehr oder weniger direkt fragen, wie sie es verantworten konnten, dieses an sich verhinderbare Kind leben zu lassen. Und ich kenne Erwachsene mit Down-Syndrom, die fragen, warum es denn solche wie sie nicht geben dürfe, sie täten ja niemandem etwas zuleide. Beschämende Fragen, Fragen, welche alle, die solche Menschen kennen und denen die Fähigkeit, sich zu schämen, nicht gänzlich abhanden gekommen ist, zum Protest gegen alle Theorien des unwerten Lebens aufrufen sollten.

h) Ich lehne die Ansichten des Utilitarismus auch ab, weil sie auf reiner Logik und Rationalität beruhen: Zulässig ist, was logisch erfassbar ist.

Menschen und menschliches Leben sind aber rational nur begrenzt erfassbar. Wie etwa will man Liebe, Verbundenheit, Freude und Schmerz rational beschreiben und logisch einordnen? All dies kann man lediglich mehr oder weniger erfahren. Wer die Anliegen der Menschen ausschliesslich mit Rationalität lösen will, zerschlägt den Menschen und bedroht ihn in seiner Existenz. Der Mensch ist stets ganz Mensch. Immer, wenn sein Wert von einzelnen Eigenschaften abhängig gemacht wurde, war er existentiell bedroht. Davon zeugen u.a. die vielen Kriege, die im Namen der Religion, der Rasse und der Nation geführt wurden und werden und die Massenvernichtungen von Randständigen.

Dass es neben einer rein rationalen Ethik noch andere handlungsleitende Prinzipien geben kann, zeigt selbst der analytische Ethiker *Feinberg*. Nach seiner begrifflichen Analyse können nämlich nur Wesen ein *eigenes Recht* auf Leben und auf angemessene Betreuung haben, die Interessen haben. Interessen hat aber nur, wer Gutes und Schlechtes erfahren kann. Das trifft für *Feinberg* z.B. nicht zu bei dumpf dahindämmernden Kranken mit einem nicht wieder herstellbaren und unheilbaren Gehirnschaden, und dazu können nach meiner Interpretation auch schwerstbehinderte Menschen mit Down-Syndrom gehören. Diese Menschen haben also kein *eigenes* Recht auf Leben. Aus dieser rationalen begrifflichen Analyse folgt für *Feinberg* trotzdem, dass diese Menschen solange wie möglich am Leben erhalten werden sollen. Dies aber nicht, weil sie ein *eigenes Recht auf Leben* hätten, sondern, «um die Empfindungen anderer zu schonen oder um menschliche Regungen in uns selbst zu wecken» (*Feinberg* 1988, 166).

Abgesehen davon, dass empirisch nicht einwandfrei festgestellt werden kann, ob jemand Gutes und Schlechtes erfahren kann, ist zu fragen, was eine rein rationale und auf Begriffsanalysen gründende Ethik überhaupt soll, wenn sie die Existenz anderer gefährdet und nicht dem Leben dient.

Andere Meinungen zum Recht auf Leben können bei *Birnbacher* (1988) und bei *Wagner* (1970) nachgelesen werden.

Dem Verstand und dem analysierenden Intellekt verdanken wir auch die Fortschritte der Neuzeit, die kaum jemand missen möchte. Sie sind aber auch für die enormen Bedrohungen von uns Menschen und unserer Erde verantwortlich. Deshalb benötigen wir ein neues Verhältnis zur Ganzheit in uns selber, unter den Menschen, zur Erde und zum Kosmos. Utilitaristische Theorien scheinen den gleichen Fehler zu begehen wie die Naturwissenschaften, als sie für sich noch den Anspruch erhoben, allein die Wahrheit zu finden. Ich frage mich, wie lange es dauern wird, bis auch die Utilitaristen modernen Zuschnitts diesen Fehler, diese moralische Blindheit erfassen und sich um eine Beziehung zur Ganzheit bemühen. Dann werden sie eingestehen können, dass kein Mensch beurteilen kann und darf, welchen Sinn das Leben für einen andern hat. Und ich meine, dass utilitaristische Ethiker Bescheidenheit neu lernen müssten. Heute werden sie, gerade weil wir eingesehen haben, dass wir bei weitem nicht alles tun dürfen, was wir tun könnten, zu Rate gezogen. Ethik hat Hochkonjunktur. Viele erhoffen sich Lösungen von dieser Seite. Wenn aber Ethiker ihre ethischen Schlüsse nicht aus profunder Kenntnis der Tatbestände ziehen, verletzen sie ihre eigenen Grundsätze (*Wolf* 1984, 326), überfordern sich selbst und laufen Gefahr, ihr Ansehen und jenes der Ethik zu zerstören.

Aber: Die Utilitaristen haben ihre Meinungen offen auf den Tisch gelegt, so dass man dazu Stellung beziehen kann. Da wird nichts verheimlicht. Ihre Ideen, und vor allem die Skandale um sie herum, haben die Diskussion um Menschen mit einer Behinderung angefacht. Wir sind aufgefordert, Stellung zu beziehen, indem wir die von uns erlebte Wirklichkeit zur Diskussion stellen. Das allein ist konstruktiv.

6. Nützlichkeitsdenken ist verbreitet

Ich behaupte, dass *viele* der geäusserten Ideen der Utilitaristen nichts Neues, sondern in der Bevölkerung, wenn auch nicht so direkt ausgesprochen, verbreitet sind. Und ich vermute, dass manche die Utilitaristen deshalb so heftig und ohne taugliche Argumente angreifen, weil diese das, was wir heuchlerisch verdecken, rücksichtslos offengelegt haben. Und wer offenlegt, wird leicht zum Sündenbock und mit allen Sünden der andern beladen in die Wüste geschickt. Das mag jenen, der seine Sünden ablädt, im Moment entlasten, er kann sich seiner scheinbar hohen ethischen Gesinnung rühmen, aber die Probleme sind damit nicht gelöst. Die eigenen Sünden muss man schon selber in Ordnung bringen.

Ich versuche nun, einige Fakten anzuführen, damit Sie prüfen können, wie weit meine Behauptung zutrifft:

- Das *Soziologische Seminar der Hochschule St. Gallen* führte 1992 eine Befragung zur Akzeptanz reproduktionstechnischer Verfahren in der Schweiz durch. Befragt wurden 1002 Frauen und Männer zwischen 18 und 74 Jahren aus allen Sprachregionen. Daraus zwei Ergebnisse:
  . 72-95% stimmten der pränatalen Diagnostik allgemein zu.
  . 81-92% bejahten den «Schwangerschaftsabbruch als letzte Möglichkeit, wenn eine pränatale Diagnose eine schwere Krankheit des Ungeborenen voraussagt» (*Maeder* 1992).
- Von 1971-1988 wurden in der Schweiz bei insgesamt 53'177 Fruchtwasserpunktionen oder Chorionzottenbiopsien 1195 Föten mit einem auffälligen Resultat festgestellt, das sind 2,2%. Fast

ausnahmslos ist in diesen Fällen die Schwangerschaft abgebrochen worden *(Informationsblatt der Schweizerischen Gesellschaft für medizinische Genetik*, Oktober 1989; *Grond* 1993, 47).

- Wenn wir fragen, wie Menschen mit einer Behinderung und insbesondere solche mit Down-Syndrom in offiziellen politischen Schriften, in der Fachliteratur, in den Massenmedien und in Propagandatexten für Sammelaktionen für Institutionen genannt und dargestellt werden, so kommen folgende Formulierungen oft vor:
  . schweres angeborenes Leiden oder Missbildungen, z.B. Mongoloismus *(Expertenkommission* 1989*)*,
  . schwere Krankheit mit Hinweis auf Down-Syndrom *(Expertenkommission* 1989*)*,
  . bedauernswerte Kreaturen, die unser Mitleid und unsere Hilfe benötigen, und es wird
  . allgemein zur Hilfe für die schwächsten der Schwachen aufgerufen.
- Die christlichen Kirchen haben sich bis in die letzten Jahre kaum tatkräftig um behinderte Menschen gekümmert. Es waren stets einige Seelsorgerinnen und Seelsorger, die, oft alleingelassen und gegen den Strom schwimmend, sich dieser Menschen und ihrer Familien annahmen. Manche Seelsorger können sich auch heute noch nicht vorstellen, Menschen mit einer geistigen Behinderung zu den Sakramenten zuzulassen, „weil diese das nicht verstehen", als ob man ein Sakrament verstehen könnte, und „weil sie die gottesdienstliche Ruhe stören". Es gibt auch keine lehramtliche Stellungnahme zur Würde des Menschen mit einer geistigen Behinderung, die mehr als bloss appellativen Charakter hätte. In den theologischen Ausbildungen werden diese Themen noch immer, wenn überhaupt, nur randständig behandelt.
  Doch auch hier zeichnen sich Fortschritte ab, denn nun beginnt man auch in der Kirche, Sonderseelsorgerinnen und Sonderseelsorger für behinderte Menschen auszubilden und einzusetzen. Unübersehbar ist auch, dass viele Seelsorgerinnen und Seelsorger in den letzten Jahren ein wacheres Bewusstsein für diese Men-

schen und ihre Angehörigen entwickelt haben. Oft sind sie aber, wie ich in vielen Aus- und Fortbildungskursen erfuhr, hilflos.

- Fachleute und Eltern von Behinderten klagen häufig über ihre Überforderung. Die Quote der Ausbrennenden scheint bei Fachleuten der Behindertenhilfe besonders hoch zu sein (*Buchka* und *Hackenberg* 1988; *Burisch* 1989; *Enzmann* und *Kleiber* 1989; *Klein* 1990; *Meyer* 1991). Die Ursachen dafür dürften vielfältig sein. Von besonderer Bedeutung sind mangelnde Unterstützung durch die Öffentlichkeit, Überforderung durch die Eltern, wenig Erfolge im Verhältnis zum Einsatz, belastende Lebenssituationen, uneinlösbare Selbstansprüche und, nach meiner Beobachtung im *pädagogischen* Bereich, eine durch die überhandnehmende therapeutische Betriebsamkeit steigende Aushöhlung des Erzieherischen und eine damit einhergehende Desorientierung der heilpädagogischen Fachkräfte und mancher Eltern. Dies alles gefährdet leicht eine natürliche Beziehung zwischen Behinderten und ihren Bezugspersonen. Zu fragen ist, was diese Fakten über unser tatsächliches Verhältnis zum Menschen mit einer Behinderung aussagen (7) *.
- Sozial-psychologische Untersuchungen bestätigen, was man in der Praxis immer wieder erfährt: Nichtbehinderte haben ein negatives Bild über Menschen mit einer Behinderung. Er wird als Wesen verstanden, das ausgesondert werden soll, einerseits um die Öffentlichkeit vor ihm zu schützen, und anderseits, damit er in räumlichen und ideellen Sonderwelten angemessen betreut wird (*Thomas* 1980; *Bächtold* 1981; *Tröster* 1990).

Jene Nichtbehinderten, die so denken, dürfen nicht von vornherein als unsozial disqualifiziert werden. Denn, wie bereits gesagt, kaum einer spricht von sich aus den behinderten Menschen das Lebensrecht ab. Aber sie finden die Ideen, die die Utilitaristen äussern, „gar nicht so abwegig", „eigentlich verständlich". Und auf Einwände kommt dann prompt die Frage: „Ja, wäre es denn nicht die beste Lösung, eigentlich eine Erlösung für diese Menschen?" Und: „Ja, ich ertrage solche Men-

---

* Zahlen in Klammern verweisen auf die Anmerkungen S. 215

schen eben schlecht". Dieselben Leute sind aber überzeugt, dass „diese Menschen" besonderer Hilfen durch besonders ausgebildete Fachkräfte in dazu geeigneten Institutionen bedürfen. Und sie sind bereit, öffentliche Gelder und oft genug auch persönliche Spenden dafür zur Verfügung zu stellen. Es ist ihnen wichtig, und es scheint mir meist glaubwürdig zu sein, dass es „diesen Menschen" gut geht, „wenn sie nun schon einmal da sind".
Facit: Die Haltung der Öffentlichkeit gegenüber Menschen mit Behinderungen ist widersprüchlich.

7. Wie ist dieses widersprüchliche Denken und Handeln zu verstehen?

Viele Gründe mögen es verursachen. Wir sind geprägt durch unsere Geschichte, die zeigt, dass behinderte Menschen zu allen Zeiten und in fast allen Kulturen benachteiligt wurden:

- Man bezweifelte, dass ihr Leben einen Sinn hat, dass die Gemeinschaft für sie aufkommen kann und soll. Das ging dann über in die falschen und negativen Vorstellungen, die wir heute über behinderte Menschen haben. Man hat ein Bild von ihnen, hält daran fest und ist zu wenig bereit, diesen Menschen zu begegnen, um zu erfahren, wie sie wirklich sind und sein können. Wir haben uns aus diesen Vorurteilen, aus diesem verkürzten Wissen nicht emanzipiert (siehe Arbeit 1, Kapitel 4, S.21 in diesem Buch).
- Man hatte aber auch wenig Gelegenheit, solche Menschen, die bis in die letzte Zeit selten unter die Leute gingen, kennenzulernen. Man war nicht angehalten, sich mit ihnen zu befassen, weil man ihnen nicht begegnete und weil auch ihre Angehörigen meist nur im engsten Bekanntenkreis darüber redeten.
- Einen weiteren Grund für die zwiespältige Haltung sehe ich in unserer weit verbreiteten Unfähigkeit, uns mit den eigenen Schwächen und dem eigenen Leiden auseinanderzusetzen. Man überspielt die Schwächen und versucht, dem Leiden mit allen

Mitteln auszuweichen oder es zu beheben. Manche Menschen können vor sich selber und vor andern nur bestehen, wenn sie funktions-, arbeits- und genussfähig sind und stets fit und aufgestellt daherkommen. Wir Nichtbehinderte neigen dazu, wirkliche oder vermeintliche Schwächen wie etwa Hilfsbedürftigkeit, stärkere Abhängigkeit und herabgesetzte Eigenständigkeit, Leistungsschwäche, verlangsamtes Denken und Arbeitstempo, aber auch Gutgläubigkeit und Vertrauen, die oft als Naivität disqualifiziert werden, zu verdrängen. Behinderte Menschen verkörpern aber oft genau diese Schwächen. Begegnen wir ihnen, so kann es vorkommen, dass uns unsere eigenen Schwächen bewusster werden. Das empfinden manche als Ärgernis und als Angst und weichen deshalb den Behinderten aus oder unterstützen alle Massnahmen, die sie vor diesen Menschen schützen wie z.B. die Aussonderung in Spezialinstitutionen oder gar ihre Vernichtung. Dies erfolgt aber meist nicht offen, sondern verkappt, indem moralisch scheinbar einwandfreie Gründe für die Aussonderung vorgebracht werden wie z.B. „nur in Sonderinstitutionen kann man den Menschen mit einer Behinderung wirklich gerecht werden", oder „durch Schwangerschaftsabbruch, Infantizid oder aktive Euthanasie können diese Menschen von ihrem Leiden erlöst werden".

- Menschen mit einer Behinderung sind oft unkompliziert und offen und verfügen über wenig Abwehr- und Schutzmechanismen und vermögen sich auch weniger zu verstellen. Derart zu leben kann wiederum alle jene in Not bringen, die sehr viel Kraft zur Erhaltung ihrer eigenen Fassade aufwenden. Im vertraulichen Gespräch hört man deshalb immer wieder etwa folgendes: „Wenn diese Menschen dank ihrer Unkompliziertheit glücklich sind, dann ist mein Lebensentwurf, in den ich soviel investierte, möglicherweise ein Irrtum". Wer möchte sich das schon eingestehen?
- Damit die professionelle Behindertenhilfe ausgebaut wird, haben wir Fachleute in den letzten Jahren mitunter die Bedeutung unserer Fachkompetenz im Verhältnis zu einem natürlichen Umgang mit Behinderten überbetont. Dadurch haben wir bei manchen Nichtbehinderten die Meinung verstärkt, Behinderte seien so an-

ders, dass man ihnen nur mit Fachkenntnissen, nicht aber mit gesundem Menschenverstand, gerecht werden könne. Diese Distanzierung ist abzubauen. Die unbestreitbar notwendige Professionalität droht nämlich, ähnlich wie im Gesundheitswesen, die laienhafte menschliche Hilfe zu verdrängen (siehe Arbeit 20 in diesem Buch).

- Vielleicht sind aber auch manche Eltern und Fachleute selber zu sehr auf die *Defizite* der behinderten Menschen fixiert, sehen nur diese und versuchen, sie mit viel Einsatz zu beheben. Dieser enorme Aufwand, meist irgendwie gutgemeint, kann auch dazu führen, dass Nichtbetroffene sich erst recht nicht vorstellen können, ein solch „aufwendiges" Kind zu haben. Aber auch Eltern von behinderten Kindern, die, aus welchen Gründen auch immer, nicht soviel für ihr Kind tun können, geraten angesichts des aufkommenden Therapie- und Förderungszwangs mitunter in Not und fühlen sich schuldig, weil sie für ihr Kind scheinbar zu wenig tun.
- Menschen mit einer Behinderung erfordern tatsächlich von ihren Angehörigen einen Mehraufwand an Zeit und Kraft. Und dieser Mehraufwand wird immer noch vor allem von den Müttern erbracht, die deshalb oft auf Beruf und Karriere verzichten müssen. Dies wiederum passt schlecht in den modernen Trend der beruflichen Gleichberechtigung von Mann und Frau. Zudem gelten Erziehung und Pflege eines behinderten Kindes meistens als sozial minderwertiger als irgendeine ausserhäusliche Arbeit. Menschen mit einer Behinderung liegen, so betrachtet, quer zum Weltbild unserer auf Selbstverwirklichung durch Berufsarbeit, auf eigenen Verdienst und auf Konsum ausgerichteten Zeit. Das, was man jahrtausendelang unter *Caritas* und *Dienen* verstand, nämlich aus Zuneigung einem andern etwas zuliebe tun, und das, was man mit *Gabe* und *Geschenk* meinte, nämlich etwas ohne Bezahlung und Gegenforderung tun, drohen verloren zu gehen oder nur noch als Ausdruck der Schwäche, der Abhängigkeit, des neurotischen Helferwillens oder verkappter Machtgelüste diskriminiert zu werden. Wir sind im Begriff, Bitten, Danken und Fragen durch Fordern,

Bezahlen und Rekurrieren zu ersetzen. So sehr Fachhilfen und Unterstützung durch die öffentliche Hand für das Leben mit einem behinderten Angehörigen notwendig und auszubauen sind, so ist es wohl ein Irrtum, zu meinen, man könne den Mehraufwand gänzlich als sogenannte „Dienstleistung" an bezahlte Professionelle delegieren. Familien werden, sofern ihr behindertes Angehöriges bei ihnen leben soll, stets einen Mehraufwand leisten müssen. Und genau davor scheuen sich manche Nichtbetroffene und lehnen deshalb Menschen mit einer Behinderung ab.

- Andere fühlen sich nicht fähig, solche Kinder zu erziehen, und vor allem Mütter in den Kleinfamilien befürchten, auf wenig Unterstützung durch Verwandte und Bekannte zählen zu können.
- Manche sind überzeugt, dass es gnädiger sei, solche Menschen zu verhindern. Die Frage ist dann bloss, ob das Mitleid wirklich berechtigt ist und wem es gilt, dem behinderten Menschen oder ihnen selber. Generell ist Mitleid, das kein *Mit-leiden* ist, ein schlechter Ratgeber.
- Ich vermute, dass es uns auch nicht gelungen ist, die Öffentlichkeit ausreichend und glaubwürdig erfahren zu lassen, wie Menschen mit einer Behinderung sein können, wie sie heute leben, was gut an ihren Lebensbedingungen ist und was zu verbessern wäre. Vor allem konnten wir nicht genügend aufzeigen, dass diese Menschen uns viel ähnlicher sind und sein können, als viele es annehmen.
- Der für mich wichtigste Grund für unseren zwiespältigen Umgang mit Menschen mit einer Behinderung liegt in unserem abendländischen Menschenbild. Nach diesem wurden Menschen mit einer Behinderung einerseits oft als besonders gottgefällig und anderseits als Wesen betrachtet, dem das, was als das Eigentliche des Menschen verstanden wurde, nämlich aufrechter Gang, Sprache, Verstand, Leistungsfähigkeit und die Möglichkeit, all dies zu entwickeln, fehlt. Sie wurden in falsch verstandenem christlichen Sinne ins Jenseits verwiesen, bevor man ihnen einen Platz auf dieser Welt einräumte. Die christliche Botschaft

fordert nämlich zum Anerkennen und zum solidarischen Helfen in *dieser Welt* auf und nicht *zur Aussonderung ins Jenseits*.

Aber auch wir Durchschnittsmenschen setzen uns dem Druck dieses Menschenbildes aus und jetzt, da Leistungs- und Konsumfähigkeit so hoch im Kurs stehen, in ganz besonderem Masse. Wir haben unsere Freiheit und unsere Selbstachtung einem Ideal geopfert, dem wir, angesichts der heutigen Lebenserwartung, selber zum Opfer fallen dürften, dann nämlich, wenn wir nicht mehr leistungsfähig und auf die Hilfe Dritter, meistens werden es Professionelle sein, angewiesen sind.

8. Was wäre zu tun?

Der zweite Satz meiner These lautet: *Es gibt ein Leben vor dem Tod.* Ich meine damit ein menschenfreundliches Leben. Was wäre zu tun, damit das für Menschen mit einem Down-Syndrom, für ihre Angehörigen und für uns alle eher möglich wird?

8.1 Überprüfung des gängigen Menschenbildes

Als erstes ginge es darum, ein menschenfreundliches Menschenbild zu entwickeln, zu leben und zu verteidigen. Das dürfte uns alle angehen. Unter welchen Bedingungen entstand denn das überlieferte abendländische Menschenbild? Damals war die Medizin weit weniger entwickelt, die Lebensbedingungen waren härter und die materielle Armut grösser, so dass die Lebenserwartung viel tiefer lag als heute und viel weniger Menschen mit einer Behinderung überlebten. Die Menschen lebten in Grossfamilien, die für die soziale Sicherheit aufkommen mussten. Die Emanzipation der Frau und der Kinder war weniger fortgeschritten. All dies und vieles andere gab dem Mann als Ernährer und Oberhaupt der Familie eine ausserordentliche Bedeutung.

Die gesellschaftlichen Verhältnisse haben sich aber radikal geändert. Für uns ist folgendes bedeutsam: Eine wirksame Medizin, verbesserte Lebensbedingungen und bessere Betreuung steigerten die Lebenserwartung der Durchschnittsbevölkerung und auch jene des Menschen mit Down-Syndrom. *Haveman* (1990, 201) berechnete, dass das Alter, in dem sich die Sterbefälle signifikant häufen, bei Menschen mit Down-Syndrom nur ungefähr 20 Jahre früher liegt als bei der niederländischen Bevölkerung. Es leben immer mehr Menschen, die nicht mehr voll gesund und leistungsfähig und deshalb vom Sozialstaat abhängig sind. Sind diese Menschen nicht mehr vollwertig, bloss weil sie nicht mehr über soviel Sprache, Verstand und Leistungsfähigkeit verfügen und deshalb Hilfe brauchen? Gemessen am überkommenen Menschenbild sind sie es. Besonders auch, weil Lebenserfahrung und Weisheit im Verhältnis zum lernbaren und sich rasch erneuernden Faktenwissen an Bedeutung verloren haben. Und wir alle wissen, dass wir über diese sozial abhängigen Menschen verfügen, dass manche sie nur als Ballast betrachten und in die Rolle der Funktionslosen abdrängen. Das aber ist kein gutes Leben und keine gute Gesellschaft, in der so viele aufgrund ihrer Eigenart nicht mehr genügen.
Deshalb meine ich, dass wir nach neuen Werten suchen sollten, nach Werten, denen alle Menschen genügen können, unabhängig von Alter und Leistungsfähigkeit. Was das sein könnte, kann nur gemeinsam gesucht werden. Es ist aber eine Frage der Menschenbildung im weitesten Sinne. Werden wir die Kraft haben, an diese zu glauben, auf diese zu setzen, indem wir uns mit unserem kulturellen Erbe konstruktiv auseinandersetzen, statt unsere Probleme weitgehend technisch lösen zu wollen?
Unverzichtbar wird es sein,

- die Ethik nicht zum Konsumgut zu degradieren, mit dem wir unsere gängige Praxis rechtfertigen, sondern uns auf eine Wertehierarchie zu besinnen;
- die Ethik nicht nur als Wissenschaftsethos zu betrachten, mit dem festgestellt wird, was in einer einzelnen Wissenschaft erlaubt ist (z.B. in der Biologie, Medizin, Humangenetik, Pädagogik, Psychologie). Ethik muss vermehrt zu einer Klammerdisziplin wer-

den, die alles menschliche Handeln im Zusammenhang zu beurteilen versucht;

- jene zu unterstützen, die sich für Menschen mit einer Behinderung einsetzen wollen, damit sie dies trotz der heutigen Anfechtungen entschieden tun. Mir scheint, dass es gerade jetzt darauf ankommt, unsere Erfahrungen mit behinderten Menschen entschlossen, aber verständlich weiterzugeben und ihnen, insbesondere angesichts der existenzbedrohenden ethischen Theorien, die Treue zu halten. Damit tun wir nichts anderes, als unsere Verantwortung wahrzunehmen. Unter Verantwortung verstehe ich hier im Sinne von *Jonas* die als Pflicht anerkannte Sorge um einen andern Menschen, die dann, wenn dieser Mensch in Not ist, zur Besorgnis wird (*Jonas* 1984, 391);
- uns abzuwenden «von einer überbordenden, mechanistischen „Geistes“richtung, die sich wissenschaftlich gebärdet, aber dabei ganz elementare Fakten einfach ignoriert, und die schon von den Grundlagen ihrer Erkenntnismethode aus nicht kompetent ist, wenn es sich um die Lebenserscheinungen oder gar den Menschen handelt. Fortschritt wird darin bestehen *müssen*, dass es genügend Menschen geben wird, die aus tiefer Einsicht Führung und Verantwortung für eine Entwicklung in anderer Richtung auf sich nehmen können und wollen» (*Heitler* 1970, 65). Die andere Richtung ist für *Heitler* die Besinnung auf menschliche, geistige und moralische Werte (8) *;
- ein neues Verhältnis zur Ganzheit zu entwickeln und Kopf, Herz und Hand stärker zu betonen;
- zu lernen, mehr auf unsere innere Stimme und auf unsere Intuition zu achten als auf angepriesene Äusserlichkeiten;
- dem Jetzt mehr Gewicht beizumessen, statt uns so sehr an der Zukunft zu orientieren. (Wer mit dem Jetzt zufrieden ist und vor den Gefahren mancher technischer Entwicklungen warnt, wird oft als Pessimist verschrien. Zu fragen ist aber, ob nicht jene die wirklichen Pessimisten sind, die das Jetzt ausschliesslich als verbesse-

---

* Zahlen in Klammern verweisen auf die Anmerkungen S. 216

rungswürdig betrachten und jede technische Entwicklung unterstützen, auch dann, wenn ihre Auswirkungen unabsehbar sind);
- die Vielfalt im menschlichen Leben bewusster anzunehmen und weniger auf Uniformierung aus zu sein;
- Beziehungsfähigkeit stärker zu gewichten als Funktionsfähigkeit;
- wissbegieriger zu fragen, was uns denn die sogenannt Randständigen zu sagen hätten und
- unser Leben weniger nur nach den Ideen der Tüchtigen und mehr unter direktem Einbezug der Randständigen zu planen.

Die Idee, bauliche Barrieren abzuschaffen, hat sich ansatzweise durchgesetzt. Suchen wir nun, wie wir geistige und emotionale Barrieren abbauen können. Menschen mit einer Behinderung könnten uns da behilflich sein, wenn wir auf sie hörten. Zumindest lehren sie uns, dass Hektik besonders schädlich ist, dass es auf Echtheit und Glaubwürdigkeit ankommt, dass das Glück des Menschen nicht nur von materiellen Werten, sondern ganz wesentlich von Beziehungen abhängt, dass es nichts bringt, wenn wir den Menschen bloss erfassen und erklären, sondern dass es darauf ankommt, ihn so anzuerkennen, wie er bereits ist.
Ist das eine Utopie? Das hängt von uns selber ab. Wir haben es immerhin, zwar mit enormem Aufwand und nur ein Stück weit, geschafft, die Sklaverei abzuschaffen, die Minderbewertung der Frau aufzuheben, die Unterschiede von Rasse, Hautfarbe und Religion weniger stark zu gewichten, auch wenn noch sehr vieles zu tun bleibt. Warum denn nicht versuchen, die neuen Werte durchzusetzen? Wenn wir akzeptieren, dass dieser Bewusstseinsprozess zwar mühsam und zermürbend sein wird, dies alles aber trotzdem nicht scheuen, so dürfen wir hoffen, dass auch behinderte Menschen mit der Zeit rehabilitiert werden und unsere Gesellschaft mitprägen.

8.2 Die Hilfen für Menschen mit Down-Syndrom sind gegen Abbau zu schützen und zu verbessern, auch wenn schon vieles getan wurde

Ich erinnere an die bessere medizinische Betreuung, an die mannigfaltigen Therapien, an Früherziehung, Sonderschulung, berufliche Eingliederung, geschützte Arbeitsplätze, Erwachsenenbildung, Wohnheime, an bessere Sozialleistungen und vor allem daran, dass die meisten Familien mit ihrem behinderten Angehörigen weit kompetenter und bewusster zusammenleben als früher. Diese Hilfen sind wirksam, sie veränderten die Erscheinung der Menschen mit Down-Syndrom und zeigen, dass diese weit lern- und entwicklungsfähiger sind, als man lange Zeit annahm. Und ich zweifle nicht daran, dass noch mehr Fortschritte erzielt werden können. Heute sind beispielsweise Erwachsene mit einem Down-Syndrom oft junge Frauen und Männer mit gutem Umgang und gut ausbalancierter Identität. Modisch gekleidet, beteiligen sich viele am öffentlichen Leben, arbeiten und sind stolz auf ihre Leistung, pflegen Beziehungen, und die allermeisten, die ich kenne, freuen sich am Leben und bereiten andern Freude durch ihren Sinn für Humor, ihr Wohlwollen und ihre Sanftheit. Und sie gehören zu jenen behinderten Menschen, die wenig Verhaltensstörungen zeigen und von Angehörigen und Betreuerinnen und Betreuern geschätzt werden. Und wenn ich höre, mit welcher Achtung diese Frauen und Männer von ihren Eltern reden, erfahre ich eine dichte Verbundenheit. Viele, die mit ihnen zu tun haben, verstehen deshalb nicht, weshalb soviel unternommen wird, damit ausgerechnet solche Menschen nicht geboren werden.

Wir wissen viel darüber, wie Menschen mit Down-Syndrom lernen. Mannigfaltige Therapien und Fördermethoden wurden entwickelt. Es ist Aufgabe der Fachleute, dieses Wissen umzusetzen, es den Eltern zu vermitteln und weiterzuforschen. Menschen mit Down-Syndrom brauchen diese besonderen Hilfen, und ich denke, dass vieles trotz unseres hohen Standards noch verbessert werden kann. (Es ist beispielsweise fachlich nicht haltbar, Kindern mit Down-Syndrom unter bestimmten Bedingungen Physiotherapie nicht zu gewähren.)

Wir wissen aber auch,

a) dass Menschen mit Down-Syndrom Mühe haben, das in einzelnen Therapien Gelernte in den Alltag umzusetzen. Sie benötigen dafür mehr Zeit als Nichtbehinderte. Für viele von ihnen ist unsere normale Umwelt, z.B. unsere Art zu wohnen, unser Tempo zu reden und zu handeln, allzu kompliziert. Deshalb lernen sie mehr fürs Leben, wenn ihr *Alltag angemessen* gestaltet wird. Dazu gehört auch, dass man sie unterstützt, damit sie das, was sie in den Förderstunden gelernt haben, in ihren Alltag umsetzen können, und dass man ihnen und sich selber Zeit dafür gibt.

b) Wir wissen auch, dass Menschen mit Down-Syndrom besonders sensibel auf Misserfolge und Überforderung reagieren. Viele neigen dazu, Fehler zu vermeiden, indem sie die Aufgabe verweigern. Können sie dem Druck nicht standhalten, so versuchen sie, mit Trotz, Verhaltensstörungen wie Unruhe oder, was ich bei kleinen Kindern immer öfter sehe, mit einer Art Bewusstseinstrübung zu reagieren. Besondere Förderung ist zwar notwendig, aber sie dient dem Kinde nur dann, wenn es die vielen neuen Eindrücke verarbeiten und anwenden kann und die Ziele der Förderung vom Kinde her und nicht von unseren manchmal überrissenen Erwartungen und Wünschen aus festgelegt werden. Heute gibt es bereits soviele Therapien und Förderprogramme, dass diese leicht die Erziehung und das Zusammenleben verdrängen können. Entspanntes Zusammensein, Nichtstun und Nicht-tun, Beschaulichkeit, Feste feiern, Tagträumen, Staunen, lustvolles Experimentieren, Gewährenlassen und eigene Wege gehen usw., alles Momente, die wir Menschen brauchen, wenn wir nicht zum funktionierenden Roboter verkommen wollen, haben in einer totalen Therapiesituation keinen Platz mehr. Deshalb sind wir auch in der Förderung von Menschen mit Down-Syndrom aufgerufen, Mass zu halten. Auch hier sollte das als Förderung angeboten werden, was dem einzelnen Menschen und seinen Betreuerinnen und Betreuern gut tut.

c) Wir wissen auch, dass Menschen mit Down-Syndrom wegen ihrer Sensibilität in besonderem Masse darauf angewiesen sind, *trotz* und *mit* ihren Schwächen zu genügen, zu spüren, dass andere sich an ihnen freuen, stolz auf sie sind, kurz, dass man sie anerkennt.

Ohne diese Anerkennung vor und während der besonderen Förderung kann es vorkommen, dass sie zwar Funktionen lernen, sich als Menschen aber überfordert und verstossen fühlen. Ältere Kinder und Erwachsene können das sehr wohl aussprechen.

8.3 Kinder mit Down-Syndrom sind unter bestimmten Bedingungen in der Lage, den öffentlichen Kindergarten und auch die Normalschule, wenigstens einige Klassen, zu besuchen

Darüber gibt es keine Zweifel mehr. Die Frage ist nur, ob und wie diese besonderen Bedingungen erfüllt werden können. Da ist noch vieles zu tun.

Ethisch *bedeutsam* ist, dass die Form der Schulung den Kindern mit Down-Syndrom zu dienen hat, sowie die Frage, welchen Beitrag man ihnen zur Entwicklung des Integrationsgedankens in der Bevölkerung zumuten darf. All dies ist in jedem Einzelfall neu zu prüfen.

Ethisch *verwerflich* wäre es, wenn die Integrationsdiskussion ideologisch geprägt würde. Es wäre also verwerflich,

- wenn man behaupten würde, Integration sei nicht möglich oder für Kinder in jedem Fall schädlich,
- wenn Eltern ihr Kind integrativ schulen möchten, damit vor allem sie als Eltern rehabilitiert würden, oder
- wenn man sagen würde, in den bestehenden Sonderschulen werde nichts für die Integration getan (siehe Arbeit 9 in diesem Buch).

8.4 Die Interessen der Menschen mit Down-Syndrom sind in der Öffentlichkeit konstruktiv zu vertreten; lebensbedrohende Ansichten sind mit Argumenten zu widerlegen, und wenn dies nichts nützt, sind sie zu bekämpfen

Dabei ist wichtig, die Nichtbehinderten nicht so zu überfordern, dass sie sich abwenden. Am wirksamsten kann die öffentliche Meinung korrigiert werden, wenn Eltern bereits früh mit ihrem behinder-

ten Kind in die Öffentlichkeit gehen. Es wäre aber ein Irrtum, anzunehmen, dadurch werde bereits die Kommunikation zwischen Behinderten und Nichtbehinderten verbessert oder gar wechselseitige tragende Beziehungen gestiftet. Letztere können nur zwischen einer begrenzten Anzahl von Menschen entstehen, indem man sich immer wieder um diese sozialen Nischen bemüht.
Unsicher bin ich, wie es gelingen kann, über Menschen mit einer Behinderung in den Massenmedien angemessener zu berichten.

8.5 Die Eltern benötigen besondere Unterstützung in Form von Beratung und Entlastung bei der Erziehung ihres Kindes

Auch hier hat sich in den letzten Jahren sehr viel getan. Besonders wichtig scheint mir, dass die Eltern immer besser lernen,

- mit Fachleuten *partnerschaftlich* zusammenzuarbeiten,
- ihre eigenen Bedürfnisse und Erwartungen zu äussern,
- die Fachhilfen ihrer Situation anzupassen und nicht vergessen, dass *sie* rechtlich und moralisch die Hauptbezugspersonen für ihr Kind sind, oft ein Leben lang.
- Fühlen sich die Eltern durch die lebensbedrohenden Aussagen der Utilitaristen gekränkt, so ist niemand so berechtigt wie sie, dagegen aufzustehen, die Autoren zur Rede zu stellen und darauf zu pochen, dass ihre Erfahrungen und Bedürfnisse zur Kenntnis genommen werden. Sie sollen aber auch aufzeigen, was zu tun ist, damit das Leben mit ihrem behinderten Sohn, ihrer behinderten Tochter erträglicher wird. Dabei können sie davon ausgehen, dass viele Leistungen für Behinderte, die als *kostspielige Hilfe* oder als *besondere soziale Tat* bezeichnet werden, den Nichtbehinderten ganz selbstverständlich schon lange zur Verfügung stehen.

Wir Fachleute werden besser darauf achten müssen, dass wir die Eltern als Partner und Experten in der Alltagsgestaltung respektieren, von ihnen lernen und nicht vergessen, dass sie nicht nur für ihr Kind mit Down-Syndrom da zu sein haben. Ebenso entscheidend ist aber, dass die Eltern selber ihre persönlichen Bedürfnisse und jene der andern Familienangehörigen nicht ausser acht lassen.

Anmerkungen

(1) Ein Grund dafür ist wohl, dass jene, die noch unter dem Schock der Vernichtung unzähliger Menschen mit einer Behinderung im Dritten Reich standen, es nicht gekonnt und nicht gewagt hätten, den Lebenswert dieser Menschen erneut in Frage zu stellen. Diese Greueltaten wurden zwar öffentlich verurteilt, aber weder ausdiskutiert noch verantwortlich aufgearbeitet. Deshalb wohl verhalten sich manche, die nach Kriegsende geboren wurden, so, als hätte es diese Tragödien nie gegeben.

(2) Dieser Grundsatz wurde, wie wir alle wissen, auch in der christlichen Praxis wiederholt verletzt. So wurden und werden etwa Todesstrafe und Töten im Krieg nicht nur nicht verurteilt, sondern mitunter geradezu geboten, z.B. während der Inquisition, den Glaubenskriegen und der Kolonisation bis hin in unsere Zeit. Das zeigt, dass die christliche Praxis und die christliche Lehre, je nach Interesse, das Prinzip der Heiligkeit des Lebens missachteten, etwa dann, wenn es um den Glauben oder auch nur um bestimmte Glaubenswahrheiten ging, wobei es, wie man bei genauerem Hinsehen jeweils feststellen kann, letztlich um Macht und nicht um Glauben ging.

(3) *Wolf* (1991, 267) sagt dazu folgendes: «Für die Verlängerung des Lebens von irreversiblen Komatösen oder von Neugeborenen mit *schwersten* Behinderungen können wir jedoch nur dann votieren, wenn wir potentielle Fanatiker (*Hare* 1981, 175) sind, die ein Ideal der „Heiligkeit des Lebens“ auch dann noch vertreten, wenn es sich um nicht-bewusstes oder nur leidendes Leben handelt. Natürlich wird es

immer Kontroversen darüber geben, was schwerste Behinderungen sind. Zu dieser Klasse scheinen *mit Sicherheit* (Hervorhebung durch *J.Grond.*) Krankheiten wie die Rückenmarkspaltung *Spina bifida* zu gehören, die den Neugeborenen in den meisten Fällen nur ein kurzes, aber schmerzreiches Leben gewähren».
Wolf scheint nicht zu wissen, dass es Leute mit Spina bifida gibt, die ihr Leben weitgehend selbständig führen, einen Beruf erlernten und diesen auch ausüben.

(4) Geschwunden ist in unserer Bevölkerung die Bindung an die Landeskirchen. Ob damit auch die religiösen Weltbilder an Bedeutung verloren haben, ist nicht erwiesen. Immerhin geben in wiederholten Befragungen ca. 80% der Schweizer und Schweizerinnen an, an einen Gott zu glauben.

(5) *Singer* stützt seine Aussagen zum lebensunwerten Leben auf Lebensbeschreibungen von behinderten Kindern. Die zitierten Aussagen beziehen sich auf Kinder mit Spina bifida, jene im Buch von *Kuhse* und *Singer* (1993) auf solche mit Down-Syndrom.

(6) *Wolf* meint in diesem Zusammenhang: «Die Behauptung, dass es unter Umständen eine Abtreibungs*pflicht* gibt, ist geeignet, einen Sturm der Entrüstung zu entfachen. Wer sich mit dieser These nicht abfinden mag, sollte das Argument prüfen, aus dem sie folgt. Diese Schlussfolgerung ergibt sich nämlich aus der moralischen Symmetrie zwischen Handlungen und Unterlassungen mit gleichen Folgen und in der Verwerflichkeit von Handlungen (z.B. operativen Eingriffen), die aller Wahrscheinlichkeit nach zur Schädigung der späteren Person führen. Wer dagegen konsequent gegen jede Bewertung des Lebens ist, könnte auch einen fanatischen Arzt nicht kritisieren, der Föten absichtlich Schädigungen zufügt, damit das Engagement von Heilpädagogen nicht sinnlos werde und die Menschen lehrte, Behinderte zu akzeptieren. Warum erscheint uns ein solcher Arzt als bestialisch, während wir die Unterlassung einer Abtreibung, die mit hoher Wahrscheinlichkeit zu einem extrem behinderten Kind führt, hinnehmen

oder sogar befürworten? In beiden Fällen können wir die schlimmen Folgen voraussehen. Da unsere Prognosefähigkeit beschränkt ist, lässt sich zwar das Risiko nicht völlig vermeiden, dass ein Wesen abgetrieben wird, das später froh gewesen wäre, nicht abgetrieben worden zu sein. Es ist gar keine Frage, dass es unter den lebenden Behinderten solche Personen gibt. Doch es gibt kein ärztliches Handeln ohne Risiko. Und was noch wichtiger ist und in der Polemik der organisierten Behindertenbewegungen untergeht: Das Argument legitimiert auf keinen Fall die Ermordung behinderter *Personen*. Bereits Bentham hat festgestellt, dass das Argument für Abtreibung keine Folgen hat, die jene befürchten müssten, welche geboren wurden und sich ihres Lebens freuen». (*Wolf* 1991, 261f)
Kommentar: Wenn Wolf allen Ernstes meint, Menschen mit einer Behinderung seien notwendig, damit das Engagement von Heilpädagogen nicht sinnlos werde und die Menschen lehrte, Behinderte zu akzeptieren, so kennt er die Realität nicht. Denn wohl kein Heilpädagoge wünscht, dass Menschen mit einer Behinderung absichtlich produziert werden, weder um sich selber Arbeit zu beschaffen, noch um die Nichtbetroffenen zur Solidarität zu erziehen. Es gibt genug hilfsbedürftige und gefährdete Menschen aufgrund biologischer und sozialer Schädigungen, auch solche, die man durch unsere Lebensbedingungen hätte verhindern können, ohne dass man solche noch absichtlich herbeiführen muss.

(7) Jedenfalls gibt es zu denken, dass sich so viele Fachleute der Behindertenhilfe über Erschöpfung und Ausgebranntsein beklagen. Da muss man sich schon fragen, wie es einem Menschen mit geistiger Behinderung zumute sein muss, wenn er immer wieder erfährt, dass er für seine Betreuer mühsam und ermüdend ist. Und was empfinden wohl vor allem Erwachsene mit einer geistigen Behinderung, wenn die Betreuer das Wohnheim nach der Arbeit verlassen mit der Begründung, sie müssten sich ausserhalb erholen, und der behinderte Erwachsene das nicht darf? Ich weiss, dass die Arbeit mit Menschen mit geistiger Behinderung belasten kann. Zu fragen wäre aber auch, wie wir

Fachleute und wie die Eltern den Menschen mit geistiger Behinderung belasten und wie er sich dagegen wehren kann.

(8) In diesem Zusammenhang möchte ich mit Nachdruck auf folgendes Buch hinweisen: *Wagner, F.* (Hrsg.): Menschenzüchtung. (C.H.Beck) München 1970. Es erschien bereits 1970 in zweiter Auflage und enthält Beiträge von *Friedrich Wagner, Walter Heitler, Adolf Portmann, Gerhard Helmut Schwabe, Wilhelm Kütenmeyer, Karl Rahner, Franz Vonessen, Gerhard Strickrodt.* Mir ist kein Buch bekannt, in welchem die Thematik der genetischen Manipulierung des Menschen so profund behandelt wird wie hier. Eindrücklich und besorgniserregend ist allerdings, feststellen zu müssen, dass manche Befürchtungen, die die Autoren damals aussprachen, heute schon Wirklichkeit sind. Deshalb ist dieses Buch Grundlagenwerk, Mahnmal und Prophezeiung zugleich.

Bibliographie

- *Bächtold, A.*: Behinderte Jugendliche: Soziale Isolation oder Partizipation? Bern/Stuttgart: Huber, 1981
- *Bender, G.*: So erlebe ich meine Welt. Freiburg i.Br./Basel: Herder, 1987
- *Birnbacher, D. (Hrsg.)*: Ökologie und Ethik. Stuttgart: Reclam, 1988
- *Buchka, M.; Hackenberg, J.*: Das Burn-out-Syndrom bei Mitarbeitern der Behindertenhilfe. Dortmund: Modernes lernen, 1988
- *Burisch, M.*: Das Burnout-Syndrom. Theorie der inneren Erschöpfung. Berlin/Heidelberg: Springer, 1989
- *Enzmann, D.; Kleiber, D.*: Helfer-Leiden. Stress und Burnout in psychosozialen Berufen. Heidelberg: Asanger, 1989

- *Espinàs, J. M.*: Dein Name ist OLGA. Briefe an meine mongoloide Tochter. Vorwort von J. M. Gironella. Aus dem Spanischen von Hans Leopold Davi. Zürich: Pendo, 1988
- *Expertenkommission* Humangenetik und Reproduktionsmedizin: Bericht, erstattet an Eidgenössisches Departement des Innern und Eidgenössisches Justiz- und Polizeidepartement, vom 19.8.1988. In: Botschaft zur Volksinitiative „gegen Missbräuche der Fortpflanzungs- und Gentechnologie beim Menschen" vom 18.9.1989. Bern: EDMZ, 1989
- *Feinberg, J.*: Die Rechte der Tiere und zukünftiger Generationen. In: *Birnbacher, D. (Hrsg.)*: Ökologie und Ethik. Stuttgart: Reclam, 1988
- *Grond, J. (Hrsg.)*: Im Schatten des Apfelbaumes. Schweizerische Schriftstellerinnen und Schriftsteller schreiben über Menschen mit Behinderungen. Frauenfeld: Huber, 1992 (1. und 2. Auflage)
- *Grond, J.*: Verändert die pränatale Diagnostik die Menschen. In: *Kind, C. et al.*: Behindertes Leben oder verhindertes Leben. Pränatale Diagnostik als Herausforderung. Bern/Toronto: Huber, 1993, 46-49
- *Haveman, M. J.*: Erhöhte Lebenserwartung für Menschen mit geistiger Behinderung. Geistige Behinderung 1990 (3), 197-206
- *Heitler, W.*: Die Definition des Menschen und ihre Folgen. In: *Wagner, F. (Hrsg.)*: Menschenzüchtung. München: C. H. Beck, 1970, (2.Auflage)
- *Hunt, N.*: Die Welt des Nigel Hunt. Tagebuch eines mongoloiden Jungen. Basel/München: Reinhardt, 1976
- *Informationsblatt der Schweizerischen Gesellschaft für medizinische Genetik*, Oktober 1989, 14-19
- *Jonas, H.*: Das Prinzip Verantwortung. Frankfurt a.M.: Suhrkamp (TB 1085), 1984
- *Kalb, H. W.*: Zur Kenntnis des Mongolismus. Ein Beitrag zur Anthropologie der Schwachsinnsformen. München: Acta anthropologica, 1957

- *Klein, F.*: Zur Selbsterziehung des Erziehers durch heilpädagogisches Handeln. Geistige Behinderung 1990 (4), 280-291
- *König, K.*: Der Mongolismus. Stuttgart: Hypokrates, 1959
- *Kuhse, H.; Singer, P.*: Muss dieses Kind am Leben bleiben? Das Problem schwerstgeschädigter Neugeborener. Erlangen: Harald Fischer, 1993
- *Maeder, Ch.*: Akzeptanz reproduktionstechnologischer Verfahren in der Schweiz. Ergebnisse einer repräsentativen Bevölkerungsbefragung. Forschungsbericht Nr. 3. (Soziologisches Seminar der Hochschule St. Gallen) St. Gallen: 1992.
- *Meyer, E. (Hrsg.)*: Burnout und Stress. Praxismodelle zur Bewältigung. Hohengehren: Schneider, 1991
- *Singer, P.*: Praktische Ethik. Stuttgart: Philipp Reclam jun., 1984
- *Thomas, D.*: Sozialpsychologie des behinderten Kindes. München/Basel: Reinhardt, 1980
- *Tröster, H.*: Einstellungen und Verhalten gegenüber Behinderten. Bern/ Stuttgart: Huber, 1990
- *Wagner, F. (Hrsg.)*: Menschenzüchtung. München: C. H. Beck, 1970
- *Wolf, J.-C.*: Nachwort zu: *Singer, P.*: Praktische Ethik. Stuttgart: Reclam, 1984
- *Wolf, J.-C.*: Sterben, Tod und Tötung. In: *Bayertz, K. (Hrsg.)*: Praktische Philosophie. Reinbek bei Hamburg: Rowohlts Enzyklopädie, 1991
- *Wolf, J.-C.*: Brief an *Jörg Grond* vom 14.10.1993
- *Wunderlich, Ch.*: Das mongoloide Kind. Stuttgart: Enke, 1970

13

Die Demokratin

1992

Situation: Ein Kongress zum Thema „Der Fötus als Patient“.
Teilnehmer: Wissenschaftler aus aller Welt, Vertreter der Medizinalindustrie, vor allem Hersteller von Ultraschallapparaten, einige junge Damen, und in der hintersten Reihe ich und Silja, eine junge Frau, adrett gekleidet, etwas nervös, aber froh, dass ich sie mitnahm. Sie wollte unbedingt dabeisein, seit sie weiss, dass es um ihresgleichen geht.

Junge Damen in uniformierten Trainingsanzügen liegen im Foyer mit ihren entblössten Bäuchen auf Bahren und lassen diese von Männern mit Ultraschallstäben betasten. Auf Bildschirmen kann man bequem den Inhalt ihrer Bäuche sehen, auch ihre Embryonen und Föten. Alle lachen entspannt, ganz so wie auf Werbeplakaten.

Im Saal viele Vorträge, nur zum Teil ins Deutsche übersetzt, dafür viele in miserablem Englisch, noch mehr Dias, Videos, Tabellen mit Erfolgszahlen, Forschungsdesigns, einige Bilder von behinderten Föten, Gesichter glücklicher Eltern nach dem Schwangerschaftsabbruch dank pränataler Diagnostik. Man spricht vom fötalen Umfeld und meint die werdende Mutter, von Prä-Embryonen, an denen man legal Versuche durchführen kann, man erklärt, wie man noch früher und noch sicherer biologische Normabweichungen feststellen kann, berichtet über Untersuchungen am zwei bis drei Tage alten 4-8-Zell-Embryo, von solchen an der Eizelle, natürlich im Reagenzglas befruchtet, erklärt, wie man die sechs Tage alte Blastocyste aus der Gebärmutter herausspülen, untersuchen und, sofern sie gesund ist, wieder einsetzen kann. Und immer wieder Erfolgsstatistiken und Hinweise, wie man Schädigungen des Embryos oder des Fötus, die durch den Eingriff entstehen, noch besser verhindern, wie man die Zuverlässigkeit der Diagnose verbessern, wie man durch hohe Hormonabgaben bedingte Mehrlingsschwangerschaften auf Zwillings- oder Drillingsschwangerschaften reduzieren kann. Man spricht nicht mehr von selektivem Schwangerschaftsabbruch für die überzähligen Embryonen, sondern vom selektiven Überlebenlassen der erwünschten. Es geht um chirurgische Operationen an Föten in der Gebärmutter, um Anencephale als Organspender, um Leihmütter, die sich vertraglich verpflichten, alle von den Forschern verlangten Untersuchungen an sich und ihren Föten ohne Widerspruch geschehen zu lassen. Vom werdenden Kind war nicht die Rede, vom Recht auf Leben auch nicht, aber von den Schwierigkeiten mit jenen Frauen, die sich aus ethischen oder andern, wissenschaftlich-rational jedenfalls nicht nachvollziehbaren Gründen, gegen die Fortschrittsmedizin wehren. Man nennt das Störfaktoren.

Kurz, es ging darum, wie man noch effizienter, früher, sicherer, billiger immer geringere Schädigungen, man sprach von biologischen Normabweichungen, feststellen kann, um dann in der überwiegenden Zahl der Fälle die Schwangerschaft abzubrechen. Keine Erklärung, was als biologische Normabweichung gilt. Man konnte nur sehen, dass das Fehlen eines Gliedes an einem Finger durch fachmännischen Ultraschall festgestellt werden kann, hören, dass jemand zwanzig Zwillingsschwangerschaften auf Einlinge reduzierte, und selbstverständlich vernehmen, dass Chromosomenstörungen stets zu schweren Schädigungen führen. Man sprach nicht von Verhinderung behinderten Lebens, schon gar nicht von Verhinderung von Menschen mit einer Behinderung, sondern einzig vom wissenschaftlichen Fortschritt und von selektiven Eingriffen. Auch nicht von Lebenswert oder -unwert, auch nicht von Leiden und Glücklichsein war die Rede. Das Geschäft ist rational und steril-sauber.

Silja wurde unruhig und stellte fest, dass sie nichts verstehe und fragte, was das sei, ein selektiver Eingriff bei Trisomie 21. Ich erklärte ihr, dass es u.a. darum gehe, zu verhindern, dass Menschen mit Down-Syndrom, also Mongoloide, geboren werden. Sie war nicht schockiert, denn genau um das zu hören, wollte sie mitkommen. In der Pause ging sie zum Vorsitzenden und fragte ihn, warum es denn Menschen wie sie nicht geben dürfe. Sie lebe gerne, habe es schön, komme gut mit Menschen aus, helfe am Wochenende ihrer alten Mutter im Haushalt, arbeite täglich in einer Werkstatt, besorge ihre Einzimmerwohnung selber, fahre auch in die Ferien, sorge sich dann einzig, ob ihre Freundin ihr Meerschweinchen auch gut pflege und sei glücklich, wenn es andern gut gehe. Sie habe sogar einen Freund. „Warum studiert ihr soviel, um herauszufinden, wie man Mongoloide und andere besser töten kann? Schauen Sie mich doch an."
Der Vorsitzende fixierte Siljas rote Lippen und schien tatsächlich kurz verlegen zu sein. Dann, an mich gewandt und in gepflegtestem Deutsch: „Wer hat Sie eingelassen? Sie sind nicht eingeladen." Und: „Wollen Sie bitte sofort diesen Saal verlassen."

Wir gingen. Silja war nicht erzürnt. „Ich sage das meiner Regierung, dass diese Männer Menschen wie mich nicht leben lassen wollen. Warum tun sie das?“ „Weil sie Dich nicht kennen.“ Mehr brachte ich nicht heraus.

Wird ihre Regierung sie anhören? Welche Regierung wird die erste sein, die sich zu diesem Tötungsgeschäft aufgrund von Vorurteilen, zu dieser menschenverachtenden Forschungsmaschinerie äussert? Silja will diese Regierung zu sich einladen, „denn“, stellt sie fest, „auf den Wahlplakaten steht, dass die Regierung für uns alle da ist“.

14

Heilpädagogische Früherziehung in der Schweiz - Grundlagen - Erfahrungen - Perspektiven

1994

Vorbemerkung

Ich gliedere meine Ausführungen wie folgt:

- In einem *ersten Teil* umschreibe ich einige Fachbegriffe.
- In einem *zweiten Teil* schildere ich, unter welchen Bedingungen und mit welcher Zielsetzung die heilpädagogische Früherziehung (HFE) in der Schweiz entstand.

- Im *dritten Teil* geht es um die Entwicklung der HFE und den jetzigen Stand, wobei ich mich bemühe, aufzuzeigen, von welchen Annahmen und Erfahrungen die Entwicklung geprägt wurde.
- In einem *vierten Teil* versuche ich, die Kernpunkte der HFE darzulegen. Dabei stütze ich mich auf meine Forschungen, auf meine Erfahrungen als Früherzieher, als Berater von Institutionen der HFE, als Berater von Amtsstellen und politischen Gremien und in der Aus- und Fortbildung von FrüherzieherInnen.
- In einem *letzten Teil* schildere ich kurz, was HFE bewirken kann.

1. Begriffsumschreibungen

Unter *HFE* verstehe ich heilpädagogische Massnahmen, um *Eltern in der Erziehung ihres behinderten oder von Behinderung bedrohten Kleinkindes zu unterstützen,* und zwar, sobald sie es wünschen, und bis das Kind vollständig in eine weiterführende pädagogische Institution integriert ist.
Dabei gehe ich von folgenden sozialpolitischen Postulaten aus:

a) Die Eltern sind Haupterzieher und sollen dies im Regelfall auch bleiben. Der Umstand, dass sie Eltern eines behinderten Kindes sind, ist kein Grund, sie von ihrer Elternschaft zu entbinden oder sie darin zu bevormunden. Dabei meine ich nicht den gesetzlichen Entzug des Elternrechts, sondern einerseits die mehr oder weniger bewusste Einschränkung der elterlichen Verantwortung durch Fachleute, eine Gefahr, die jeder Fachhilfe innewohnt, und anderseits das mehr oder weniger ausgeprägte Bestreben der Eltern von behinderten Kindern, Verantwortung an Fachleute abzutreten.
b) Das behinderte Kind soll wenn immer möglich bei seinen Eltern, in seiner Familie aufwachsen, es soll dort integriert werden.

HFE will integrative Erziehung sein. Es geht darum, dass Menschen wechselseitig tragende Beziehungen zueinander eingehen, eingehen dürfen. Weil jede Erziehung nur in und aus einer Beziehung zwischen

Menschen überhaupt möglich ist, ist jede Erziehung ihrem Wesen nach integrativ, aber eben nur, wenn wechselseitige und tragende Beziehungen möglich sind. Das heisst, dass nicht nur die Eltern das Kind beeinflussen, absichtlich durch bewusste Erziehungsmassnahmen, oder ungezielt durch ihr Dasein und durch die soziokulturellen Umstände. Es soll auch akzeptiert werden, dass das behinderte Kind die Eltern und die Familie beeinflusst, nicht nur belastend, sondern so, dass die Angehörigen sich auch von ihm anregen lassen, von ihm lernen, kurz, dass auch das behinderte Kind zur Bewusstseinserweiterung aller beitragen darf.

In der integrativen Erziehung geht es aber auch um folgenden grundlegenden Aspekt: Den Einbezug des behinderten Menschen in unser Verständnis von Menschsein. Die Gemeinsamkeiten zwischen nichtbehinderten und behinderten Menschen sollen stärker gewichtet werden als ihre Unterschiede, und zwar auf der kognitiven, auf der emotionalen und auf der Handlungsebene. Echte tragende wechselseitige Beziehungen sind nur unter Menschen möglich, die sich im Grunde als gleichwertig betrachten, betrachten dürfen.

HFE ist also der *pädagogische Teil* der Frühmassnahmen. Zu den *Frühmassnahmen* zählen wir alle Bemühungen für behinderte Kleinkinder und ihre Familien, also medizinische, psychologische, soziale, rechtliche und politische.

Heilpädagogik, bzw. Sonderpädagogik ist jener Zweig der *Pädagogik*, der sich mit Erziehungserschwernissen, genauer mit Menschen, die eine besondere Erziehung benötigen, befasst.

Die Institutionen der HFE nenne ich *Heilpädagogische Dienste (HPD),* die Fachleute sind *Früherzieherinnen* und *Früherzieher*, ca. 85% davon Frauen. *Deshalb verwende ich die weibliche Form.*

Die Unterstützung der Familie durch HFE hat in diesem „Jahr der Familie“ eine besonders aktuelle sozialpolitische Bedeutung. Eltern von behinderten Kindern drückten das kürzlich so aus: Durch HFE gelang es uns, ein Stück weit aus unserer Isolation und Vereinsamung herauszutreten, und wir erlebten, dass wir trotz und mit unserem behinderten Kind zur Gesellschaft gehören.

2. Zur Entstehung der HFE in der Schweiz

Die Vorarbeiten zur HFE begannen etwa 1960, die ersten Institutionen wurden 1967/68 gegründet, und 1982 war die HFE flächendeckend ausgebaut.
Folgende Motive und Grundlagen beeinflussten die Gründung und den so raschen Aufbau der HFE.

2.1 Wissenschaftliche Erkenntnisse

Ende der Fünfziger- und anfangs der Sechzigerjahre wurde eine ganze Reihe wissenschaftlicher Erkenntnisse in der Praxis rezipiert, die allesamt die hohe Bedeutung früher Lernerfahrungen für die menschliche Entwicklung nachwiesen. Einige Beispiele:
Aus der *Psychologie* waren es z.B. die interaktionale Entwicklungstheorie von *Piaget* (1947, 1959), der didaktische Optimisus *Bruner's* (1966, 1968, 1970, 1973), der Infantildeterminismus *Bloom's* (1964), sowie Lern- und Begabungstheorien (z.B. *Roth* 1959, 1968).

Aus der *Deprivationsforschung* waren es Arbeiten von *Spitz* (1957, 1967), *Bowlby* (1940, 1951, 1953, 1969, 1973), *Meierhofer* und *Keller* (1970), *Meierhofer et al.* (1970), *Schmalohr* (o.J.) u.a.
Neurologie, Neurophysiologie, Neuropsychologie und Physiotherapie zeigen positive Erfahrungen in der Behandlung von Kindern mit cerebralen Bewegungsstörungen, *Bobath* (1963), *Köng* (1963, o.J.) .
Aus der *Heilpädagogik* berichtete man insbesondere über Fortschritte in der Sonderschulung von Kindern mit einer geistigen Behinderung (*Egg* 1956, 1963, 1965, 1966) und in der *Früherziehung* von Kleinkindern mit Hörbehinderungen (*Löwe* 1970).

Viele Praktiker der Behindertenhilfe und viele Eltern behinderter Kinder waren davon überzeugt, dass die propagierten Fortschritte für *alle* Kinder mit Behinderungen möglich sind, wenn diese Kinder möglichst früh, und das hiess schon damals ab dem 1. Lebensjahr, fachlich kompetent betreut, bzw. gefördert werden und wenn vor allem deprivierenden Erziehungssituationen vorgebeugt wird.

2.2 Die politische Situation

In den frühen Sechzigerjahren, einer innovationsfreudigen Zeit mit Überbeschäftigung, dachte man in Bildungsfragen ganz allgemein und in Behinderungsfragen im speziellen optimistisch und grosszügig, hatte die notwendigen finanziellen Mittel und stellte sie gerne zur Verfügung. Man glaubte an die Machbarkeit in erzieherischen Belangen ebenso wie an die Macht der Experten. Wer sich damals für behinderte Menschen einsetzte, gewann an politschem Ansehen (1)*.

2.3 Die Initiative der Eltern

Die Eltern von Kindern mit einer geistigen Behinderung hatten sich 1960 zur Schweizerischen Vereinigung der Elternvereine für geistig Behinderte (SVEGB) zusammengeschlossen mit dem Zweck, die Lebensbedingungen ihrer geistig behinderten Söhne und Töchter zu verbessern und ihre Interessen nach aussen zu vertreten. Gemäss Art.3 der Statuten wollten sie „die Forschung auf dem Gebiet der Vorbeugung, der Früherfassung, der Erziehung und Ausbildung und der Eingliederung geistig Behinderter“ fördern. Diese Vereinigung erreichte damals als valable politische Macht, dass sie dem Bundesrat einen Bericht über die Probleme der Menschen mit einer geistigen Behinderung vorlegen durfte. Dieser Bericht, der „zeigen sollte, was getan werden muss“, forderte u.a. den Aufbau der Früherziehung für geistig Behinderte (*Helfendes Licht* 1967).

---

* Zahlen in Klammern verweisen auf die Anmerkungen S. 255

2.4 Die Finanzierung

Die genannten Bestrebungen hätten ohne entsprechende Finanzen nicht in die Tat umgesetzt werden können. Die Schweizerische Invalidenversicherung (IV) bildete die gesetzliche Grundlage der Finanzierung. Diese obligatorische Volksversicherung trat 1960 in Kraft. Sie wird zur Zeit etwa zu 80% über Lohnprozente der Erwerbstätigen und zu etwa 20% über Steuergelder finanziert.
Die eingangs erwähnten Bestrebungen führten dazu, dass bei der ersten Revision des Invalidenversicherungsgesetzes (IVG), welche am 1.1.1968 in Kraft trat, die HFE neu als Versicherungsleistung im Gesetz verankert wurde, und zwar als *pädagogisch-therapeutische Massnahme*, als eine Massnahme der Sonderschulung also (ausführlich *Balbi-Kayser* 1986) (2)*.
Dass HFE als *pädagogische* und nicht als *medizinische* Massnahme verankert wurde, hat die Ziele, Inhalte und Methoden der HFE, ihren Namen, die Fachkräfte auf allen Stufen, die Aus- und Fortbildung und die Anstellungsbedingungen bis heute massgeblich beeinflusst (3)*. Erstaunlich ist, dass diese Massnahmen, die durch die IV kostendekkend finanziert werden, ohne politische Opposition im Gesetz verankert wurden. Das war wohl vor allem das Verdienst eines aufgeschlossenen Sozialministers (Bundesrat H. P. Tschudi) und ebenso aufgeschlossener Beamter im zuständigen Bundesamt für Sozialversicherung (BSV), die die Förderung dieses jüngsten Zweiges der Behindertenhilfe zum Teil zu ihrem persönlichen Anliegen machten.

2.5 Das Engagement von Fachleuten

Da der Bund über die IV lediglich die Finanzmittel zur Verfügung stellt, selber aber keine Massnahmen durchführt, mussten Träger gefunden werden, welche Institutionen für die HFE gründeten. Die HFE zählte, wie gesagt, zu den Massnahmen der Sonderschulung. Für die Realisierung der Sonderschulung sind aber die Kantone zuständig,

---

* Zahlen in Klammern verweisen auf die Anmerkungen S. 256

denn sie sind die Inhaber der Schulhoheit. Weil in den Kantonen damals noch keine gesetzlichen Grundlagen zur Schaffung von Institutionen der HFE bestanden, mussten *privatrechtliche Trägerschaften* in Form von Stiftungen und Vereinen gegründet werden. Dies besorgten Fachleute aus der Behindertenhilfe, insbesondere Schulpsychologen, Ärzte, Sozialarbeiter, Heilpädagogen (Sonderschullehrer), Eltern und meistens auch Vertreter von Fach- und Standesorganisationen, die auch in den Vorständen Einsitz nahmen. So kam es, dass jeweils nicht mehr als 5 bis 7 Leute solche Institutionen gründeten und führten. Weil der Zeitgeist günstig und die Finanzierung gesichert war, das Engagement für die Sache standes- und berufspolitische Interessen überwog, und der Druck der Eltern ausgeprägt war, konnten diese wenigen Leute ungestört und ungewöhnlich rasch HPD gründen. 1982 waren es 47 HPD, 45 davon privatrechtliche und nur 2 staatliche.

Man vermutete bereits bei der Gründung der HPD, dass HFE keine autonome Massnahme ist und sie nur wirksam sein kann, wenn die jeweiligen sozio-kulturellen Bedingungen berücksichtigt werden. Diese Bedingungen, z.B. Sprache, Kultur, Konfession, Wohnverhältnisse, Erwerbsformen, Werte, Verständnis von Erziehung, von Familie, vor allem vom Kind mit einer Behinderung, von Fachhilfe usw. prägen den Alltag der Familien. Sie alle, so nahm man völlig zu Recht an, sind in der HFE ebenso zu berücksichtigen wie die Fachkenntnisse. Diese sozio-kulturellen Bedingungen waren und sind immer noch wenig erforscht. Viele davon können nicht angelernt, sondern nur aus dem Zusammenleben mit der Bevölkerung erfahren werden. Um diese Volks- und Familiennähe besser zu erreichen, wurden weit mehr HPD gegründet, als es Kantone gibt, und in flächenmässig grossen HPD wurden Aussenstellen geschaffen, damit die Früherzieherinnen die sozio-kulturellen Bedingungen besser erfassen können. Dies tat man aber auch, um die Reisezeiten so klein wie möglich zu halten, denn zu Beginn wurde ausschliesslich Hausfrüherziehung angeboten.
Die föderalistisch geprägten Trägerschaften sind aber auch der Grund, weshalb sich die HPD bezüglich Grösse des Einzugsgebietes, Behinderungsarten der betreuten Kinder, Grösse und fachliche Zusammen-

arbeit des Teams, Anstellungsbedingungen und Organisation der Arbeit zum Teil stark voneinander unterscheiden. Erst in den letzten Jahren wurden aufgrund der gemachten Erfahrungen gemeinsame Rahmenbedingungen geschaffen.
Diese Vielfalt gab den Früherzieherinnen ein hohes Mass an Freiheit, forderte von ihnen aber Engagement, Verantwortungsgefühl und persönliche und fachliche Kompetenz und Gestaltungskraft. Sie erschwerte jedoch den Vergleich der verschiedenen HPD und eine bis ins Details gehende Kontrolle der Arbeit der einzelnen Früherzieherinnen durch die Aufsichtsinstanzen. Das war für manche Aufsichtspersonen nicht immer leicht zu ertragen, und mitunter stürzten sich einige auf publik gewordene, vermeintliche oder wirkliche Missbräuche und versuchten, diese zu generalisieren. Das Vertrauensverhältnis zwischen Aufsichtsinstanzen und Früherzieherinnen ist deshalb durch eine transparente Information zu pflegen. Diese Information vor Ort ist, das zeigt die Erfahrung, sehr viel effizienter als kleinliche Kontrollen. Ich wurde damals oft vom Bundesamt für Sozialversicherung (BSV) als Begutachter beigezogen und erfuhr, dass die Beamten ihre Aufsichtspflicht gar nicht richtig wahrzunehmen vermochten, weil sie sich nur unzureichend vorstellen konnten, mit welchen Problemen man es in der HFE zu tun hat; mit Problemen nämlich, die mitunter nach „ausserordentlichen" Massnahmen rufen. Deshalb besuchte ich mit diesen Beamten wiederholt Familien. Diese direkten Begegnungen haben weit mehr Fragen geklärt als meine Informationen. Es ist schon so, Nichtbetroffene können sich kaum vorstellen, was es heisst, ein behindertes Kind in einer Familie zu haben und welche Hilfen notwendig sind. Diese Besuche und gemeinsame Fortbildungen von und für Politiker, Beamte, Eltern und Früherzieherinnen haben das gegenseitige Vertrauen gestärkt und die Fachdiskussionen befruchtet. Diese interdisziplinären Bemühungen, bei denen auch Eltern behinderter Kinder mitmachten, können zum Teil auch nachgelesen werden (*Grond* 1977, 1978, 1985).
Die gesicherte und kostendeckende Finanzierung durch die IV bezog sich aber nur auf Kinder, die im Sinne der IV als behindert gelten. Das sind Kinder mit schweren Behinderungen. Bei Kindern mit relativ

leichten Behinderungen, mit Verhaltensstörungen und bei von Behinderung bedrohten Kindern wurde die HFE erst ausgebaut, als die gesetzlichen Grundlagen der IV erweitert wurden und einzelne Kantone begannen, gesetzliche Grundlagen zur Finanzierung der HFE bei den letztgenannten Kindern zu schaffen.
Dass die Schweizerische Konferenz der Erziehungsdirektoren (EDK) 1991, 23 Jahre nach der Gründung der ersten HPD, die HFE offiziell als Aufgabe der Kantone anerkannte, ist zweifelsohne als Anerkennung der HFE durch die Kantone zu werten. Dies wird dazu führen, dass mit der Zeit alle Kantone HFE für sogenannt leichter behinderte Kinder finanzieren werden (*Schweizerische Konferenz der Erziehungsdirektoren* 1991).

Ich persönlich vertrete aufgrund von Erkenntnissen aus den Humanwissenschaften und aufgrund meiner praktischen Erfahrungen in der Beratung seit ungefähr 15 Jahren die Meinung, dass die HFE nicht nur gewährt werden sollte, wenn das Kind Auffälligkeiten zeigt, sondern auch dann, wenn die Eltern, unabhängig vom Kind, den Wunsch und das Bedürfnis nach Beratung in Erziehungsfragen äussern. Dies betrifft unerfahrene oder überängstliche Eltern, Eltern von Kindern in Entwicklungskrisen oder einfach Eltern, die bestimmte Erziehungsfragen haben. Ein Beratungsangebot für solche Eltern wäre ein wirksames Mittel zur Vorbeugung von Entwicklungsauffälligkeiten und zur Unterstützung vor allem junger Eltern. Diese Idee liess sich bis jetz institutionell nicht realisieren, weil die Finanzierung nicht geregelt ist. Gemessen an den vielen Beratungsinstitutionen für Eltern schulpflichtiger Kinder wie schulpsychologische Dienste und Erziehungsberatungsstellen, sind Eltern von Kindern im Vorschulalter, ohne sachlichen Grund, benachteiligt. Beruhigend ist, dass die Mütterberaterinnen und die Kinderärztinnen und Kinderärzte dank besserer Ausbildung immer mehr in der Lage sind, diese Eltern zu unterstützen, und dass immer mehr Eltern von sich aus Fachberatung bei Psychologinnen und Psycholgen holen (*Grond* 1981, 114ff).

3. Entwicklung und Stand der HFE

3.1 Organisation

- *Grösse*: Alle HPD begannen ihre Arbeit mit 1 Früherzieherin und bauten ihr Angebot aufgrund der effektiven Nachfrage sukzessive aus. Das hat sich bewährt. Heute umfassen die HPD zwischen 3 und 30 Mitarbeiterinnen, wobei HPD mit mehr als 12 bis 15 Mitarbeiterinnen schwer zu führen sind. In diesen grossen Diensten hat man daher überall Aussenstellen gegründet.
- *Einzugsgebiet*: Es gibt Dienste, die nur eine Stadt bis hin zu solchen, die mehrere Kantone umfassen, hier allerdings mit Aussenstellen.
- *Zielgruppe der Kinder:* Die allermeisten HPD betreuten zu Beginn vorwiegend geistig behinderte Kinder. Heute betreuen sie Kinder mit verschiedenen Behinderungen. Ausgenommen sind Kinder mit isolierten Sprachstörungen. Diese werden von freipraktizierenden Logopädinnen oder solchen der Schulgemeinden betreut. Kinder mit Hörbehinderungen werden durch pädoaudiologische oder audio-pädagogische Stellen betreut. Zusätzlich gibt es in einigen Regionen spezielle HPD für sehbehinderte und für körperbehinderte Kinder (genauer siehe *Grond* 1985).

  Kinder erhalten HFE, sobald die Behinderung bekannt wird, das ist manchmal ab Geburt, und solange, bis sie in einer weiterführenden pädagogischen Institution, z.B. Kindergarten, Sonderkindergarten, Vorschule oder Schule, voll integriert sind (4)*.
- *Leitung:* Die meisten HPD werden von einer Früherzieherin, einige wenige durch ein Team geleitet. In grossen Diensten gibt es nebst der fachlichen auch noch eine administrative Leitung.
- *Mitarbeiterinnen:* 85% sind Frauen. Ca. 90% sind Heilpädagoginnen und ca. 10% Psychologinnen, Ergo- und Physiotherapeutinnen. Ungefähr die Hälfte der Heilpädagoginnen und die

---

* Zahlen in Klammern verweisen auf die Anmerkungen S. 256

allermeisten Ergo- und Physiotherapeutinnen haben eine spezielle Ausbildung in HFE absolviert.

- *Anstellungsbedingungen:* Sie variierten zu Beginn sehr stark von Institution zu Institution. Heute werden die Früherzieherinnen im allgemeinen wie Sonderschullehrerinnen besoldet und haben zwischen 7 und 12 Wochen Ferien. Die Zahl der Kinder pro Vollamt wurde von 40 im Jahre 1968 auf 16 bis 20 reduziert, die Teams werden zunehmend interdisziplinär zusammengesetzt, Leitung und Administration der HPD wurden professionalisiert, so dass sich die Früherzieherinnen ihren eigentlichen Aufgaben widmen können. Teilzeitstellen wurden bis vor kurzem meist recht grosszügig bewilligt, jetzt werden sie oft im Zuge der Sparmassnahmen wegrationalisiert. Das Anrecht auf 7 Tage bezahlte Fortbildung pro Jahr ist vertraglich gesichert, und manche HPD bieten Supervision an. Die Früherzieherinnen haben sich in Berufsverbänden zusammengeschlossen, um ihre Identität zu stärken und die berufsständischen Interessen effizienter wahrnehmen zu können (5)*.

  Vor einigen Jahren begannen Früherzieherinnen, als selbständig Erwerbende zu arbeiten. Heute sind dies ca. 20 in der ganzen Schweiz. Es sind meist Zweitverdienerinnen, die HFE als Teilzeitarbeit durchführen. Sie schliessen mit dem BSV in Absprache mit dem Kanton privatrechtliche Verträge ab. Diese Form fördert ein gesundes Wettbewerbsklima und die Eltern haben, allerdings beschränkt, die Möglichkeit, zwischen einem HPD und einer selbständig erwerbenden Früherzieherin zu wählen.
- *Arbeitsorganisation:* Alle HPD boten in der Anfangsphase nur Hausfrüherziehung an. Unterdessen führen viele von ihnen HFE auch ambulant in Zentren durch, individuell oder in Gruppen. In der Regel wird jedes Kind während 1½ Stunden pro Woche besucht. Seit einigen Jahren schon bemühen sich die Früherzieherinnen stark um die integrative Förderung von behinderten Kin-

---

* Zahlen in Klammern verweisen auf die Anmerkungen S. 256

dern im öffentlichen Kindergarten. In der ganzen Schweiz gibt es zusätzlich 4 Heime zur stationären HFE.
Überdies werden immer mehr Elterngruppen durch Früherzieherinnen initiiert und so lange wie nötig begleitet.
Die Erfahrung zeigt, dass es die einzig richtige Arbeitsorganisation nicht gibt. Es sollte jene Organisation gewählt werden, die der jeweiligen Familie und den Fragen um das behinderte Kind am besten entspricht.

3.2 Aus- und Fortbildung

a) Die Fortbildung

HPD wurden gegründet, obwohl es keine Aus- und Fortbildungen in HFE gab. Die ersten Früherzieherinnen litten unter diesem fachlichen Mangel, ergiffen die Initiative und trafen sich ab 1968 vorerst vierteljährlich zu einem freiwilligen Erfahrungsaustausch. Diese Veranstaltung wurde 1971 vom BSV offiziell als Fortbildung anerkannt und finanziert. Der Kreis der Früherzieherinnen wurde immer grösser, und die von den Praktikern organisierte Fortbildung vermochte nicht mehr zu genügen. Deshalb beauftragten die Früherzieherinnen, unterstützt von der Schweizerischen Heilpädagogischen Gesellschaft (SHG), 1976 das Heilpädagogische Seminar Zürich mit der Durchführung der Fortbildung (*Grond* 1976, 15f). Seither bietet dieses Institut, aber auch andere Institutionen, Berufsverbände oder HPD, Fortbildungskurse an. Wer in einem HPD angestellt ist, hat Anspruch auf 7 Tage bezahlte Fortbildung pro Jahr, wobei die Teilnahme an Fortbildungen freiwillig ist und die Früherzieherin in Absprache mit der Dienstleitung selber entscheidet, welche Kurse sie besucht.
Dieser sukzessive Ausbau der Fortbildung, die Freiwilligkeit und die Gestaltung der Kurse durch ein Ausbildungsinstitut in enger Zusammenarbeit mit Vertreterinnen der HFE, heute des Berufsverbandes, haben wesentlich zur Qualifizierung der Mitarbeiterinnen, zur Verbesserung der Arbeit, zum Ausbau der HFE und zu deutlich länger dauernden Arbeitsverhältnissen geführt (*Grond* 1976).

b) Die Ausbildung

Bereits 1969 erarbeitete eine Kommission der SVEGB ein Ausbildungskonzept für Früherzieherinnen und wollte das Heilpädagogische Seminar Zürich mit der Realisierung dieses Konzeptes beauftragen. Nun stellte man aber fest, dass es noch gar keine Ausbildnerinnen gibt, die von ihrer Erfahrung und von ihrem Fachwissen her in der Lage gewesen wären, die Ausbildung anzubieten. Also wartete man ab und sammelte Erfahrungen aus der Fortbildung und aus der praktischen Arbeit.

Auf Initiative der Schweizerischen Heilpädagogischen Gesellschaft befassten sich die Ausbildungsinstitute der Schweiz wiederholt mit der Frage der Ausbildung von Früherzieherinnen (*SHG* 1978; *VHpA* 1979).
Heute werden an allen Heilpädagogischen Instituten auch Ausbildungen in Früherziehung angeboten, wobei sich die einzelnen Studiengänge formal zum Teil stark voneinander unterscheiden (6)*.
Die Ausbildungsinhalte beziehen sich

- auf die Aufgaben der Früherziehung (Früherfassung, Diagnostik, Frühförderung) und *stark* auf die Zusammenarbeit mit Eltern und Familien.
- auf die Persönlichkeitsbildung. Hier geht es vor allem um den Versuch, das sehr schwierige Problem der passenden Nähe bzw. Distanz zur Berufsproblematik bewusst zu machen und soweit wie möglich zu üben. Es ist relativ einfach, eine angemessene Fachkompetenz für die Arbeit mit dem Kind zu vermitteln. Schwieriger und stark von der Persönlichkeit der Studierenden abhängig ist es, das Verständnis für die familiäre Situation zu wecken und einen angemessenen Umgang damit anzuregen.

Am schwierigsten ist es aber nach meiner Erfahrung, die Studierenden soweit zu bringen, dass sie sich als Teil des Systems Früherziehung verstehen und auch entsprechend darauf einlassen, ohne sich darin zu verlieren! Gerade einsatzfreudige Früherzieherinnen neigen zu über-

---

* Zahlen in Klammern verweisen auf die Anmerkungen S. 256

höhtem Engagement mit all den bekannten Folgen der Überforderung, der Enttäuschung und des Ausbrennens bei sich selber, bei den Haupterziehungsverantwortlichen und bei den betreuten Kindern. Kompetenz in diesen Bereichen kann nur sehr begrenzt vermittelt werden und muss permanent während der Arbeit aufgebaut und durch Teamweiterbildung, Supervision oder persönliche Beratung erworben werden. Hier ist noch vieles zu tun.
Bedenkt man, wie komplex die Aufgaben der HFE sind, so versteht man, dass die Bedeutung einer guten Aus- und Fortbildung und die einer Supervision in der Arbeit kaum unterschätzt werden kann.

3.3 Inhalte, Aufgaben und Methoden

Als die ersten HPD gegründet wurden, bestanden auch keine genauen Vorstellungen und keine Vorschriften bezüglich Aufgaben, Methoden, Arbeitsorganisation und Qualifikation der Früherzieherinnen. Wer in der HFE arbeitete, war ein Generalist ohne spezifische Fachkompetenz. Man befasste sich mit dem, was einem im Alltag begegnete, und *das war eine sehr komplexe Lebenssituation.*
Im Mittelpunkt standen zuerst die Probleme der Eltern, z.B. überforderte Mütter, zerrüttete Ehen und Familien, vermeintlich oder wirklich bedingt durch das behinderte Kind, Fragen des Zusammenlebens in der Familie und in der Umgebung, und erst dann Fragen der spezifischen Förderung des Kindes. Alle, die damals HFE durchführten, fühlten sich durch diese Vielfalt an Problemen überfordert (7)*.
Entsprechend vielgestaltig wurde auch gearbeitet, bis das BSV einschritt und Ordnung schaffen wollte, indem es eine stärkere Akzentuierung der eigentlichen Förderung des Kindes verlangte. Die Zusammenarbeit mit den Eltern wurde als zweitrangig betrachtet, man sah die Eltern eher in der Rolle der Co-Therapeuten. Gegen diese Einschränkung wehrten sich sowohl die Früherzieherinnen als auch einzelne Verteter von Trägerschaften und engagierte Eltern. Deshalb beauftragte das BSV 1975 eine ad hoc-Kommission, vorwiegend beste-

* Zahlen in Klammern verweisen auf die Anmerkungen S. 257

hend aus Praktikern der HFE, mit der Ausarbeitung eines Modells, das dann als verbindlich erklärt wurde (*Grond* 1977, 1978). Dieses Modell, inkl. die Terminologie, wurde leicht abgeändert, vom *VHpA* (1979) und von der *EDK* (1991) übernommen. *Abbildung 1* auf der nächsten Seite zeigt den Aufgabenbereich der HFE:

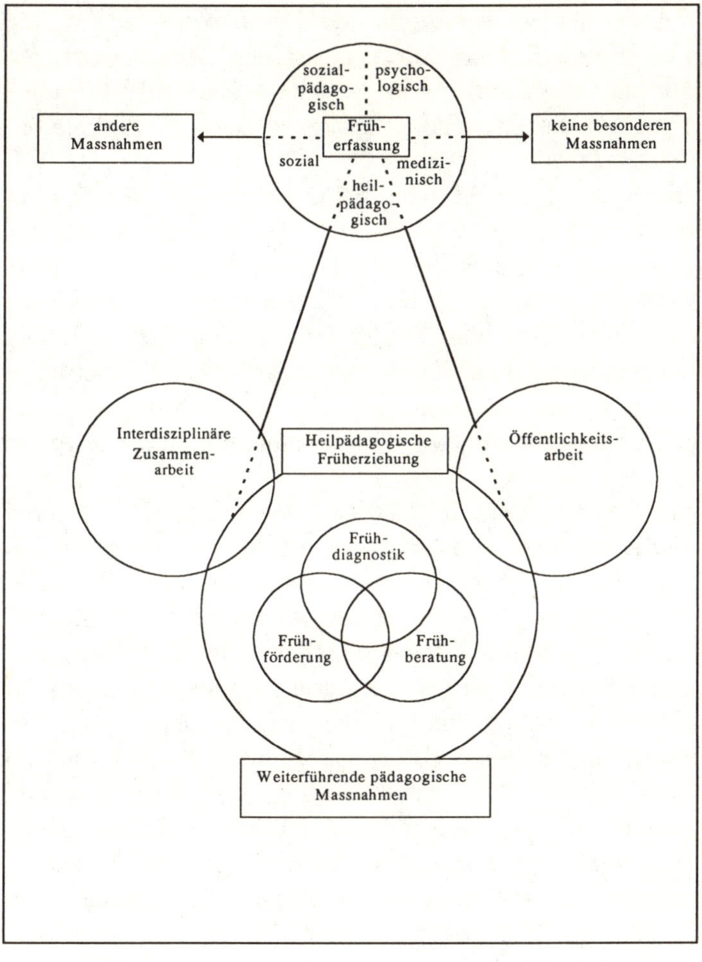

Abbildung 1: Aufgabenbereiche der Heilpädagogischen Früherziehung (Bericht der Schweizerischen Konferenz der kantonalen Erziehungsdirektoren (EDK), 1991, S. 23)

Ich erkläre kurz die einzelnen Aufgaben.

a) *Früherfassung*:

Darunter versteht man das Auffinden der behinderten Kinder, damit abgeklärt werden kann, ob und welche Frühmassnahmen angezeigt sind. Daran sind alle Fachleute, welche Frühmassnahmen durchführen, insbesondere die Ärzte, beteiligt.
Es gibt in der Schweiz keine Meldepflicht für behinderte Kinder und keine spezifischen Zuweisungsstellen. Man versucht, so zu arbeiten, dass die Fachleute in den verschiedenen Institutionen befähigt werden, die Eltern an die geeignete Stelle weiterzuleiten.

In Bezug auf die HFE sah die Früherfassung 1981 (*Grond* 1985, 99-140) wie folgt aus (aktuellere Zahlen sind mir nicht bekannt):
Die Qualität der Erfassung ist unter den HPD sehr verschieden. Bei einem Prävalenzwert von ca. 1% in den ersten 3 Lebensjahren dürften heute ca. 80% der Kinder erfasst sein. Gut und vollständig erfasst sind vor allem Kinder mit schweren Behinderungen, bzw. mit medizinisch feststehenden Kriterien, die auf eine vorliegende oder voraussagbare Entwicklungsbeeinträchtigung hinweisen.

Ungenügend erfasst sind Kinder mit weniger eindeutigen Verhaltensauffälligkeiten. Das trifft zu bei Risikokindern und bei von Behinderung bedrohten Kindern. Hier ist unklar, ob diese Kinder der HFE bereits gemeldet werden sollen, wenn bloss der Verdacht auf eine Entwicklungsstörung vorliegt oder erst dann, wenn eine solche wahrscheinlich ist oder bereits feststeht. Wie im Einzelfall entschieden wird, hängt von den diagnostischen und therapeutischen Möglichkeiten der Zuweisungsinstanzen und vom Verständnis von HFE ab. Wenn davon ausgegangen wird, dass nur Kinder zu melden sind, die bereits eine manifeste Behinderung aufweisen, so wird man länger zuwarten. Vertritt man hingegen die Auffassung, dass die Indikation zur HFE eine pädagogische ist, die nach eigenständigen pädagogisch-psychologischen Gesichtspunkten und Methoden gestellt werden muss, so wird man auch Kinder mit *Verdacht* auf Entwicklungsbeeinträchtigungen melden. Dann ist es

Aufgabe der Früherzieherin, und sie ist in der Regel dafür ausgebildet, in einem oft langdauernden Prozess zusammen mit den Eltern und andern Fachinstanzen zu entscheiden, ob HFE wirklich angezeigt ist. Unbestritten ist, dass manche Entwicklungsbeeinträchtigungen erst nach einem Förderungsversuch in enger Zusammenarbeit mit den Eltern genügend zuverlässig festgestellt werden können.

Die Anmeldung der Kinder zur HFE erfolgt zu 70% durch Ärzte, die restlichen 30% durch Mütterberaterinnen, Sozialarbeiterinnen und immer häufiger durch Kindergärtnerinnen und durch die Eltern selber. Zur rechtzeitigen Erfassung der Kinder kann ich nur sagen, dass Kinder mit medizinischen Leitsymptomen früh, in der Regel im 1. Lebensjahr, und jene mit leichteren Behinderungen relativ spät, das heisst ab 3. Lebensjahr und vor allem im 5. Lebensjahr, dann also, wenn sie den Kindergarten besuchen, erfasst werden. Die Praktiker der HFE bemühen sich, insbesondere Kinder mit leichten Behinderungen besser zu erfassen.

b) *Öffentlichkeitsarbeit*:
Ihre Ziele sind:
- das Bekanntmachen der HFE
- die Sicherstellung der Finanzierung
- die Information über Menschen mit Behinderungen in der Öffentlichkeit und in Schulen, um Verständnis für solche Menschen und ihre Familien zu wecken. Heute sind Fragen der pränatalen Diagnostik sowie ethische Fragen, insbesondere zu einem lebenswerten Leben, von grosser Bedeutung. Die Erfahrung zeigt, dass diese Öffentlichkeitsarbeit ein permanenter Auftrag ist. Bewährt haben sich Schwerpunktprogramme, die während eines Jahres angeboten werden, weil sie qualifiziert vorbereitet werden können und den Zusammenhalt in den HPD fördern.

c) *Interdisziplinäre Zusammenarbeit*

1. Mit Aussenstellen:

Für Kinder mit einer Behinderung gibt es eine Vielzahl an möglichen Frühmassnahmen, und in der Regel werden auch mehrere durchgeführt. In der interdisziplinären Zusammenarbeit geht es insbesondere darum, abzusprechen, welche Frühmassnahmen durchgeführt werden sollen, ferner um die bestmögliche Koordination der verschiedenen Massnahmen und darum, festzulegen, wer die Hauptbezugsperson für die nicht selten verunsicherten Eltern ist. Diese Zusammenarbeit musste und muss immer noch gelernt werden. Sie erfordert von den verschiedenen Fachleuten die Bereitschaft,

- ihren Fachbereich und ihre Kompetenz möglichst klar und verständlich zu äussern,
- die andern Fachleute als autonom in ihrem Aufgabenbereich zu akzeptieren und Zeit für Gespräche aufzuwenden,
- auf gewachsene Vormachtstellungen zu verzichten,
- sich im eigenen Fachbereich fortzubilden und dabei auch die andern Bereiche kennenzulernen.

Dieser Prozess ist schwierig. Gesamthaft betrachtet sind aber klare Fortschritte zu verzeichnen. Die Erfahrung zeigt, dass insbesondere *klare und kompetente* fachliche Standpunkte und persönlicher Takt die interdisziplinäre Arbeit erleichtern, zu einer deutlichen Reduktion der verschiedenen Frühmassnahmen führen und vor allem die Eltern entlasten (näheres siehe *Grond* 1985, 94-166).

2. Im Team des HPD

Es hat sich bewährt, in den einzelnen Teams Fachpersonen mit verschiedener Grundausbildung, wie z.B. Kindergärtnerinnen, Physiotherapeutinnen, Sonderschullehrerinnen, Logopädinnen, die wenn möglich eine Zusatzausbildung in HFE absolvierten, anzustellen. So können sich die Mitarbeiterinnen wechselseitig beraten, die interne Fortbildung qualifizierter gestalten und Kinder der bestqualifizierten Früherzieherin zuteilen, sofern dies organisatorisch möglich ist.

d) *Frühdiagnostik*

Hier geht es um drei Aufgaben:

1. Um die Einweisungsdiagnostik, um die Frage also, ob HFE angezeigt ist. Diese erfolgt in *interdisziplinärer Absprache*.
2. Um die Förder- oder Prozessdiagnostik mit dem Ziel, Art und Wirkung der Massnahmen während der ganzen Dauer der HFE mit den Eltern zusammen festzulegen. Diese Diagnostik muss, sachbedingt, durch die Früherzieherin wahrgenommen werden. Sie setzt eine interdisziplinäre Statusdiagnostik voraus.
3. Um die Abschluss- oder Austrittsdiagnostik. Hier geht es um die Frage, welche weiterführende pädagogische Institution das Kind nach der Entlassung aus der HFE besuchen soll. Die Früherzieherinnen haben das Recht, Empfehlungen zuhanden der Schulpsychologen zu erlassen, die den Schulbehörden Anträge stellen.

Zur Anwendung gelangen die auf dem Markt erhältlichen Mittel, ganz besonders Methoden der Verhaltensbeobachtung, -analyse und -interpretation. In zwei HPD sind Psychologen für die Frühdiagnostik allein zuständig. In allen andern HPD führen die Früherzieherinnen die Frühdiagnostik durch, bei Bedarf unter Beizug von Spezialistinnen. Die schwierige Aufgabe der Diagnostik nimmt denn auch in den Studiengängen einen prominenten Platz ein.

4. Frühförderung und Frühberatung als Kernpunkte der HFE

4.1 Die Situation der Familien mit einem behinderten Kind

Unter *Frühförderung* versteht man die direkte Arbeit mit dem Kind und unter *Frühberatung* die Arbeit mit den Eltern und der Familie. Ich bevorzuge das Wort *Zusammenarbeit* mit den Eltern. Wenn es in der HFE darum geht, die Eltern in der Erziehung (das schliesst Förderung mit ein) ihres Kindes zu unterstützen, wenn die Eltern als Haupterziehungsverantwortliche betrachtet werden und wenn wir bedenken, dass die Früherzieherin 1 bis 2 Stunden pro Woche mit dem Kind und der Familie arbeitet, das sind ca. 2% der Zeit, die die Eltern mit ihrem Kind verbringen, so wird zumindest zweierlei deutlich:

a) *Frühförderung und Arbeit mit den Eltern ist als Einheit zu betrachten* (mögliche Ausnahme: Kinder mit spezifischen Funktionsstörungen), denn die Förderung kann nur über die Eltern erfolgen.
b) *die Früherzieherin kann die Eltern lediglich begleiten*. Bedenkt man, was z.B. die Mutter eines behinderten Kindes tagein, tagaus leistet und dennoch nicht aufgibt, nicht aufgeben kann, und dass jede Mutter auch taugliche Formen des Zusammenlebens entwikkelte, so wird man ihr respektvoll, oft bewundernd begegnen, und man wird teilnehmend erfahren wollen, wie sie das alles schafft. Dann wäre Partnerschaft gelebt, die Lebensmut stiftet.

Was HFE als Lebenshilfe sein kann, sollte sich aus der Situation der Eltern mit einem behinderten Kind ergeben. Um diese Situation zu verstehen, fragen wir, wie Eltern reagieren, wenn sie erfahren, dass ihr Kind behindert ist (8)*. Die folgenden Ausführungen betreffen vor allem Eltern von schwerbehinderten Kindern, gelten aber oft auch für solche von leichter behinderten.

Die meisten Eltern sind enttäuscht, sie erleben das behinderte Kind als Verlust und Kränkung ihrer Elternschaft, sie fürchten sich vor der Zukunft, vor den Konsequenzen, die ein solches Kind für das eigene Leben und das der ganzen Familie hat, sie können sich nicht vorstellen, den schweren Schicksalsschlag ertragen zu können.

Zusammen mit diesen seelischen Erschütterungen treten mehr oder weniger bewusst folgende Fragen auf:

- Warum hat es gerade mich, gerade uns getroffen?
- Wie wird dieses Kind mein, unser Leben beeinflussen?
- Werde ich der Aufgabe als Mutter, als Vater gewachsen sein?

---

* Zahlen in Klammern verweisen auf die Anmerkungen S. 257

- Wie wird die Familie, wie werden Verwandte und Bekannte reagieren, wenn sie von der Behinderung des Kindes erfahren, wer wird es ihnen sagen, wie werde ich es ihnen sagen?
- Wer wird mir, wer wird uns bei dieser Aufgabe helfen?

Und erst, wenn diese ersten starken Emotionen etwas abgeklungen sind, wird in der Regel nach den Ursachen der Behinderung, nach der Bedeutung der Diagnose, nach konkreten Hilfen gefragt. Entscheidend ist nun, zu wissen, dass die Eltern, besonders die Mütter, einen Teil dieser Fragen sehr wohl beantworten, auf ihre Weise. Und das ist so, wie wir alle sie beantworten würden, wenn wir selber betroffen wären: aufgrund unseres kollektiven Wissens über Behinderte.
Aus der Erinnerung schildern Eltern, dass in ihr Bewusstsein eigentliche Schreckensbilder über ihr Kind aufgestiegen sind: Der Behinderte als menschliche Karikatur, der Behinderte als ein Mensch, den man nicht verstehen kann, einer, dessen Leben wenig Sinn und wenig Wert hat, einer, den nicht einmal die moderne Medizin heilen kann, einer, der in diesem Leben, in dieser Gesellschaft keine sinnvolle Aufgabe findet, der nicht ausreichend produzieren und konsumieren wird und der nicht glücklich werden kann, kurz als ein Wesen, bei dem man Mühe hat, etwas Menschliches anzuerkennen. Bei feinfühlenden und informierten Eltern taucht nach ihren eigenen Worten das „Gespenst der Institutionalisierung der Menschen mit einer Behinderung“ auf, die Angst, von Fachleuten vereinnahmt zu werden.
Im Verlaufe der Jahre beteuern die allermeisten Eltern, dass, vor allem dank fachlicher Begleitung, die Realität weit weniger schlimm ist, ja mitunter gar glücklich sein kann. Ein Beispiel: Eine Untersuchung aus dem Jahre 1990 (nicht veröffentlicht), in der sich Eltern von behinderten Kindern zur pränatalen Diagnostik mit anschliessendem Schwangerschaftsabbruch äusserten, zeigt folgendes: 54 von 60 Elternpaaren sagen, dass sie die Möglichkeiten der pränatalen Diagnostik mit Sicherheit benutzt hätten, wenn sie sie, als sie das Kind erwarteten, gekannt hätten. Dies, weil sie sich zu jener Zeit nicht hätten vorstellen können, ein behindertes Kind zu ertragen. Aus dem Zusammenleben mit dem behinderten Kind erfahren viele Eltern, dass das Leben mit

einem solchen Kind zwar mitunter schwer ist und die ganze Familie verändert. Sie betonen aber, dass dieses Leben auch schön und bereichernd ist, dass sie ihr behindertes Kind ebenso lieben und schätzen wie ihre nichtbehinderten Kinder und dass sie von ihm vieles für sich selber gelernt haben. Deshalb würden heute nur noch 3 Elternpaare (von 60) die pränatale Diagnostik und den Schwangerschaftsabbruch wählen, und nur 5 Elternpaare (von 60) raten ihren nichtbehinderten Töchtern zur pränatalen Diagnostik. Was haben diese Eltern gelernt? Es ist ihnen klargeworden,

- dass das behinderte Kind im Grunde gleich ist wie ihre nichtbehinderten Kinder,
- dass sie durch dieses Kind auf andere Werte im Leben aufmerksam wurden,
- dass sie sich vermehrt an Kleinigkeiten freuen,
- dass sie lernten, mehr aufeinander einzugehen, Geduld zu haben, Probleme durchzutragen, statt selbst Unlösbares mit allen Mitteln lösen zu wollen.

Alle betonen aber auch, dass der Weg schwierig war und mitunter noch schwierig ist. Sie alle wünschen sich mehr Hilfe in der Erziehung und leiden vor allem unter der Ablehnung des Kindes durch die Öffentlichkeit.

Bei den ersten, abschreckenden Gedanken der Eltern, wie ich sie oben darlegte, handelt es sich weitgehend um Vorurteile und Kontrollmeinungen. Wer aber von vornherein meint, der Aufgabe nicht gewachsen zu sein, läuft Gefahr, es gar nicht erst zu versuchen oder packt es falsch oder ungeschickt an, einzig aufgrund seiner Vorurteile, aufgrund unseres kollektiven Wissens über behinderte Kinder.

Zu diesen Meinungen kommen aber *tatsächliche Schwierigkeiten* hinzu, die die Eltern nicht einfach intuitiv bewältigen können. Ich denke beispielsweise an behinderte Säuglinge und Kleinkinder, die langsam trinken, oft erbrechen, schreckhaft sind, wenig und verlangsamt oder dann übermässig stark reagieren, die lange nicht gezielt schauen, horchen, sich bewegen und greifen, an solche, die oft weinen, unruhig sind und lange oder überhaupt nicht reden und auch wenig verstehen,

an solche, die die Eltern nicht „erreichen", kurz an jene, deren Entwicklung von den Vorstellungen einer „normalen Entwicklung", wie sie die meisten Eltern haben, abweichen.
Vorurteile und tatsächliche Schwierigkeiten beeinflussen sich negativ und prägen das Verhalten der Eltern in typischer Art und Weise. Das belegen denn auch die Studien über den Umgang von Eltern, vor allem von Müttern, mit behinderten Kindern. Sie begegnen ihrem Kind oft distanziert, unsicher, getrauen sich weniger, es herumzutragen, suchen weniger Blickkontakt, lachen es weniger an, sprechen und spielen weniger, warten die Reaktionen des Kindes weniger lange ab, sondern handeln zunehmend direktiv nach eigenem Tempo, ohne auf die Befindlichkeit des Kindes zu achten. Ihr Verhalten ist auch weniger differenziert, weniger spontan und schematischer auf das Allernotwendigste beschränkt.
Damit aber ist die Eltern-Kind-Beziehung zentral getroffen. Eltern sagen denn auch, dass es ihnen schwerfiel, dieses Kind als ihren Sohn, als ihre Tochter zu erleben, es gern zu haben, sich an ihm zu freuen oder gar stolz darauf zu sein, an seine Entwicklung zu glauben und die notwendige Geduld aufzubringen. Wie muss einem Kind zumute sein, wenn ihm seine Eltern stets mit belastenden Gefühlen begegnen, das in einer vorwiegend negativen Beziehung lebt? Ich kann die oft gehörte Meinung nicht teilen, dass Eltern und behindertes Kind keine Beziehung zueinander haben. Die Beziehung besteht, sie ist aber oft negativ belastet, und so kommt es weniger zu Begegnungen und mehr zu Vergegnungen im Sinne von *Martin Buber* (1963, 787-808). Damit ist die für eine gesunde Entwicklung entscheidende dialogische Beziehung gestört, und diese prägt Kind und Eltern mitunter stärker als die eigentliche Behinderung. Man kann aber auch sagen, dass Eltern und Kind sich nicht zu wechselseitig tragenden Beziehungen hin entwikkeln können, sie vermögen *weniger zu einer Gemeinschaft zu integrieren*, und dies, um es nochmals zu betonen, aufgrund von Vorurteilen und von tatsächlichen Schwierigkeiten.
Weil es um Beziehungen und somit um Verstehen, Vertrauen, Hoffnung, Einfühlung, Mit-Leiden, inneren und äusseren Halt, Gestaltung des Alltags durch Einwirken und Zurückhaltung, alles Phänomene der

Erziehung, geht, bevorzuge ich den Begriff *Früherziehung* anstelle von Frühförderung.
Aus diesen Tatsachen, verbunden mit dem Ziel, die Eltern in ihrer Handlungskompetenz zu unterstützen, ergeben sich folgende zentrale Aufgaben für die Früherziehung:
4.2 Vermitteln von Deutungshilfen für Eltern und Kind.
4.3 Vermitteln von Handlungskompetenz für Eltern und Kind.

4.2 Vermitteln von Deutungshilfen

Viele Mütter klagen immer wieder darüber, dass sie das Verhalten ihres Kindes nicht verstehen. Sie fragen etwa: Warum schaut es mich nicht an, warum lässt es sich nur ungern anfassen, warum greift es nicht nach Spielzeugen und warum wirft es sie weg, ohne damit zu spielen, warum fürchtet es sich vor bestimmten Dingen oder Menschen, warum redet es nicht, warum versteht es noch keine Sprache, warum schläft es nachts nicht durch, warum führt es Stereotypien aus? Diese Verhaltensweisen scheinen so sinnlos zu sein, und darauf zu antworten oder gar Lösungen aufzuzeigen ist schwierig und mitunter unmöglich. Trotzdem sind dies brennende Fragen von Eltern. Einige dieser Fragen können anhand theoretischer Kenntnisse aus den Humanwissenschaften und aufgrund der fachlichen Erfahrung beantwortet werden, etwa, dass Kauen vor Sprechen, Greifen vor Spielen, Kriechen vor Gehen, kurzes Aufmerken vor Handeln, Objektpermanenz vor dem Erkunden kommt usw. Hier kann man den Eltern den Ablauf der Entwicklung erklären, mit ihnen spielerische Übungen zusammenstellen, die ihrem Kind angemessen sind, so dass es und sie selber Erfolg haben und so den *Sinn ihres gemeinsamen Tuns erfahren können.*
Einige der vielen Fragen über Verhaltensstörungen, sie gehören zu den brennendsten, lassen sich ebenfalls mit Hilfe verschiedener Theorien erklären. Es wird aber immer wieder Fragen geben, die man mit Theorien schlicht nicht oder nur dürftig beantworten kann. Dies sollen die Eltern offen erfahren. Hier kann es manchmal weiterhelfen, wenn man fragt: *Was will mir das Kind mit seinem Verhalten mitteilen?* Das

setzt allerdings voraus, dass man sein Verhalten als verstehbare Botschaft, und nicht einfach als Unsinn, betrachtet und dass man sich in die Situation des Kindes zu versetzen versucht. Und genau dieses Sicheinfühlen in die Situation des Kindes gelingt vielen Müttern erstaunlich gut, allerdings nicht von Anfang an. Es ist ein Verhalten, dass sie aus ihrem Alltag von Begegnungen mit andern Menschen her kennen. Und so bringen es die allermeisten Mütter auch zustande, das Verhalten ihres Kindes zu deuten. Ihre Deutung ist zwar theoretisch nicht abgestützt. Aber vielleicht sind Mütter den Theorien manchmal weit voraus. Dann nämlich, wenn sie begriffen haben, dass ihr Kind ihnen im Grunde ähnlich ist, dass es wie sie gelingen und nicht misslingen will, dass auch es sich nach Geborgenheit sehnt und sich als Bewirkender erfahren möchte. Dann also, wenn sie der Wirklichkeit in all ihrer Fülle begegnen können, statt nur auf einzelne Verhaltensweisen fixiert zu sein. Der Wert solcher Deutungen liegt nicht nur darin, dass Mütter handlungsfähiger werden. Weit wichtiger ist, dass durch solches Deuten ihr Kind eher zu ihrem Kind wird, zu einem Wesen, das mit Sinn erfüllt ist, das man verstehen und lieben kann: Das Kind, und mit ihm seine Eltern, sind dann Subjekte geworden und damit in eine menschliche Beziehung integriert.
Es kann allerdings vorkommen, dass diese Beziehung eine sehr persönliche wird, die geradezu mystische Züge annimmt und in dieser Intensität weit länger als notwendig andauert. Dieser Gefahr der andauernden symbiotischen Beziehung sind vor allem jene Mütter ausgesetzt, die in der Betreuung ihres Kindes weitgehend alleingelassen werden und darin dann den einzigen Lebensinhalt erfahren. Hier behutsam Gespräche zu führen, die zu enge Beziehung zu lockern, damit das Kind sich auch andern Personen und der Sachwelt öffnen kann, ist eine der heikleren Aufgaben der Früherziehung.

4.3 Vermitteln von Handlungskompetenz

Deuten und *Handlungskompetenz* bedingen sich wechselseitig. Die Eltern erwarten zu Recht, dass sie durch HFE effizienter handeln lernen. Dazu eignen sich zweifelsohne die verschiedenen Trainings-,

Förder- und Lernprogramme sowie Lernspiele und *vor allem auch* die von der Früherzieherin eigens für ein bestimmtes Kind zusammengestellten Übungsreihen. Damit können bestimmte Funktionen gefördert und gewisse Fertigkeiten ausgebildet werden. Wenn es aber dabei bleibt, so ist leicht feststellbar, dass behinderte Kinder zwar in der Lernsituation angemessen reagieren, jedoch wenig fähig sind, das Gelernte in Handlungen und in den Alltag zu übertragen. Das erstaunt nicht, wenn man um die Transfer-, Generalisierungs- und Differenzierungsschwäche vieler behinderter Kinder weiss. Das Ziel ist das gemeinsame Handeln in der Familie.
Darum scheint es mir wichtig, die folgenden vier Handlungsebenen zu beachten:

- Training von Funktionen
- Integration der gelernten Funktionen in eine Handlung
- Anwendung der Handlung in einer Lebenssituation
- Anwendung der Handlung in verschiedenen Lebenssituationen.

Dieses systematische Vorgehen ist aber nur die eine Seite der Arbeit mit dem Kind, jene allerdings, die es ihm ermöglicht, gezielter und erfolgreicher zu handeln. In der Früherziehung ist es aber leicht möglich, vor allem unselbständige Eltern zum Handeln nach solchen Programmen anzuleiten, mitunter, ohne dass sie das Verhalten ihres Kindes verstehen. So gibt es Mütter, die zuverlässig und gekonnt Trainingsprogramme und Therapien durchführen und nur darauf achten, ob das Kind programmgemäss reagiert. Die Reaktion ist wichtiger als das Kind. Der Funktionalismus feiert Urständ, und das Kind verkommt leicht zu einem Objekt, das planmässig zu reagieren hat. Allein der Fortschritt zählt. Manche Mütter begegnen ihrem Kind so mehr als Therapeutin und weniger als Mutter. Der Alltag wird dann leicht zur totalen Lernsituation, in der die Mutter ihrem Kind nur noch unter dem Gesichtspunkt der Förderung begegnet, direktiver wird und das Kind in seiner Spontaneität einschränkt. Mir scheint, dass wir auch in der Früherziehung nicht alles verantwortlich tun dürfen, was lerntechnisch möglich ist.

Deshalb ist nebst diesen Übungen vor allem das spontane Handeln in und aus dem Alltag zu beachten. Das Kind soll seine Umgebung mit der Mutter zusammen erkunden dürfen, sein Bett, sein Zimmer, die Wohnung, die Umgebung. Es ist gut, wenn es mit Gegenständen im Haus hantieren darf, wenn mit ihm zweckfrei gespielt wird, ihm Geschichten erzählt werden, mit ihm gesungen wird, auch dann, wenn es nicht alles versteht, mit ihm Feste gefeiert werden, ganz so, wie man dies auch mit nichtbehinderten Kleinkindern tut.
Die Früherzieherin wird deshalb gut tun, jene Mütter, die diesen Freiraum ausnützen, nicht einzuschränken, sondern sich mit ihnen zusammen daran zu beteiligen oder einfach still beiseite zu stehen, weil es wichtig ist, dass Mutter und Kind einen eigenen privaten Lebensbereich aufbauen und bewahren dürfen, einen, in den sich die Früherzieherin nicht einmischt. Jene Mütter, denen der Mut zur Ausschöpfung dieses Freiraumes und der Mut zum Experimentieren fehlt, wird die Früherzieherin zu mehr Unabhängigkeit animieren. Denn nur dann können Kind und Eltern zu einer Familie werden.

Es kommt also darauf an, dass die Eltern das System der Früherziehung nicht als Autorität verinnerlichen und meinen, alles Heil, alle Hilfe komme nur von den Fachpersonen. Wenn die Eltern die Haupterzieher bleiben sollen, so dürfen sie sich aber auch nicht wie *Betreute* benehmen, sondern sollen den Mut haben, auf die eigene innere Stimme zu hören, Fragen zu stellen, Vorschläge der Früherzieherin zu hinterfragen, Antworten und Entscheidungen zu wagen, kurz: Sie sollen bereit sein, Verantwortung zu übernehmen. Dies anzustreben ist nicht immer einfach. In der direkten Arbeit mit Eltern erfährt man immer wieder, dass diese zumindest zu Beginn der Zusammenarbeit allzu gerne Vorschläge der Experten entgegennehmen. Einige fixieren sich geradezu darauf, richten sich bereitwillig nach diesen Vorschlägen und merken nicht, dass sie so ihre Gefühle, ihr Denken und ihre Intuition vernachlässigen. Ein solches Verhalten kann uns Fachleuten zwar schmeicheln und den Eindruck erwecken, wir hätten es mit kooperativen Eltern zu tun. Und wer wünscht sich nicht solche? Die Gefahr ist aber gross, Kooperation mit Unterwürfigkeit zu verwechseln.

Und umgekehrt: Nicht alle Eltern, die kritisch die Anregungen der Früherzieherin hinterfragen oder eigene Wege gehen, sind bereits schwierige Eltern. Sie sind vielleicht einfach kompetente und anspruchsvolle Eltern, also genau das, was man mit Früherziehung erreichen möchte.
Bestmögliche Kompetenz in fachlicher und menschlicher Hinsicht und optimale Zusammenarbeit mit den Eltern werden nicht verhindern können, dass Früherzieherin und Eltern manchmal an die Grenze ihrer Deutungs- und Handlungsmöglichkeiten gelangen. Sind sie dann nur noch ohnmächtig, nur noch hilflos? Worum könnte es in solchen Situationen gehen? Vielleicht darum, zu erkennen, dass wir zwar an die Grenzen unseres Handelns gestossen sind, aber nicht an die Grenzen unseres Seins. Sein, nicht mehr in Rolle und Funktion, sondern Sein als Person, als Mensch, wo die Rollendifferenz so weit aufgehoben ist, dass man sich gegenseitig nur noch als hilflose Menschen begegnet. Das könnte heissen, die leeren Hände zu zeigen im Sinne von: „Ich habe fachlich nichts mehr anzubieten - aber nehmen Sie wenigstens meine leeren Hände." Die Befreiung vom Zwang, immer weiter suchen zu müssen, was man noch tun könnte, kann in solch schweren Situationen hilfreich sein. Neues kann entstehen, oder man stützt einander in der Hilflosigkeit, die dann vielleicht erträglicher ist. In solchen Augenblicken ist HFE nicht mehr nur ein Beruf, sondern der Versuch, das Leben zu bestehen.

5. Anregungen für den Umgang mit Eltern

Im Sinne einer Zusammenfassung will ich einige Punkte darlegen, die beachtet werden sollten, damit die Eltern mit ihrem Kind den für sie bestmöglichen Weg, also *ihren Weg* finden, mit, dank und mitunter auch trotz der Früherziehung. Es sollte dies ein Weg sein, auf dem sie vermehrt eigene Verantwortung wahrnehmen, auf dem sie sich zunehmend als Schicksalsgemeinschaft erleben.

Auf dieser Wegsuche unterstützt die Früherzieherin die Eltern in ihrer Aufgabe als Haupterzieher erfolgreicher,

a) wenn sie ihre Bemühungen der jeweiligen Familie immer wieder anpasst und ihr Vorgehen mit den Familienangehörigen stets neu abspricht. Sie ist zu einem permanenten Rollenwechsel angehalten und ist bald Lehrende, bald Beraterin, bald Co-Therapeutin, häufig selber Lernende und Staunende. Staunen wird sie, wenn sie nicht nur auf die Defizite von Familie und Kind fixiert ist, sondern auch wahrzunehmen versucht, wie die einzelne Familie ihr Leben konstruktiv gestaltet und welche lebensbejahende Möglichkeiten sich dabei auftun (siehe *Grond* 1980, 1981, 1985, 1990, 1992);
b) wenn sie sich bemüht, die Sprache der Eltern zu sprechen, statt sie mit Fachausdrücken und theoretischen Argumentationen zu verunsichern;
c) wenn sie versucht, mehr mit den Eltern zusammen zu handeln und weniger zu reden, vor allem dann, wenn das, was man meint, nicht in Worte gefasst werden kann, weder von den Eltern, noch von der Früherzieherin. Durch Vormachen, auch durch gemeinsames Tun wird manches klar, was dann ausgesprochen werden kann. Mitunter erübrigt sich aber das Reden, auch weil man sich wortlos verstanden hat;
d) wenn sie die je eigene Geschichte einer Familie zu erfahren versucht, ihre Lebensverhältnisse, ihre religiösen Überzeugungen, ihre Auffassung über Erziehung, über behinderte Kinder und darüber, was denn der Mensch überhaupt sei und was er anstreben solle, statt sie vorschnell zu klassifizieren und zu qualifizieren oder sie mit Mittelschichtnormen zu vergleichen;
e) wenn sie versucht, die Erziehungsmethoden der Eltern zu verstehen und sie, wenn notwendig, besprechend behutsam zu verändern;
f) wenn sie versucht zu erfahren, was die Eltern von der Früherziehung erwarten. Es ist erstaunlich, dass wir darüber nur wenig wissen. Meine Untersuchungen zeigen jedenfalls, dass sich die Erwartungen der Eltern an die Früherziehung zu Beginn nur selten mit dem decken, was die Früherzieherinnen anstreben. Diese unausge-

sprochenen unterschiedlichen Erwartungen erschweren oft das gegenseitige Verständnis und die Zusammenarbeit und führen nicht selten zu Missverständnissen, zu Vergegnungen und zu Enttäuschungen hüben wie drüben.

Was erwarten denn die Eltern?
Vorerst wohl Hilfe für ungelöste Probleme! Aber, welche Probleme sollen gelöst werden? Hier unterscheiden sich die Meinungen.
Beispiele:
- Die einen erwarten die „Heilung" des Kindes, also Methoden und Mittel, um das Kind so zu fördern, dass es sogenannt „normal" wird, zumindest aber so, dass es „normal" eingeschult werden kann.
- Andere erwarten eine Entlastung der Eltern, vor allem der Mutter, damit diese etwas mehr Zeit für sich hat, während die Früherzieherin mit dem Kind arbeitet.
- Manche Mütter erwarten jemanden, mit dem sie über ihre Sorgen und Fragen reden können. Oft genug handelt es sich dabei um Ehe-, Familien- und Lebensprobleme, die dann die Früherzieherin überfordern können. Aber eben: Das sind genau die Probleme, die manche Mütter haben, und diese reden und handeln ganzheitlich aus ihrer Situation.
- Andere erwarten konkrete Hilfe für die Bewältigung ihrer ganz konkreten Alltagsprobleme, die sich aus dem Zusammenleben mit dem behinderten Kind ergeben und sich unter anderem auf die Behebung von Verhaltensstörungen oder die Förderung in bestimmten Bereichen bezieht. Sie möchten, dass die Früherzieherin ihnen hilft, damit ihr Kind selbständig isst, damit es gehen lernt und vor allem, damit es zu reden beginnt.
- Schliesslich gibt es Eltern ohne genaue Erwartungen. Sie wollen vorerst einfach sehen, was Früherziehung ist. Sie haben sie gewünscht, weil man sie ihnen empfahl, weil sie nichts unversucht lassen wollen, mitunter auch, weil Früherziehung nichts kostet und „weil sie wohl nicht schaden wird".

Manche Eltern haben mehrere dieser Erwartungen, andern sind sie nicht sehr bewusst. Nur selten aber erwarten Eltern schon zu Beginn, sie könnten durch die Zusammenarbeit mit der Früherzieherin lernen, ihr Kind angemessener zu deuten und zu verstehen, um zunehmend fähiger zu werden, die Verantwortung für dieses Kind zu übernehmen. Am Anfang der Früherziehung erwarten sie auch noch keine Hilfe, um als ganze Familie trotz und mit dem behinderten Kind ein befriedigendes und befriedeteres Leben führen zu können.

Kommentar: Die aufgezählten Erwartungen können durchaus angemessen sein. Mitunter sind sie aber auch unerfüllbar. Entweder sind sie überhaupt nicht erfüllbar, z.B. dann, wenn erwartet wird, dass ein schwerer behindertes Kind normal schulfähig wird. Mitunter sind sie zwar erfüllbar, aber erst später, so etwa dann, wenn Eltern erwarten, dass ihr Kind demnächst zu reden beginnt, obschon es weder richtig kauen, noch lallen, noch horchen kann.
Um befriedigend miteinander zu arbeiten ist es wohl notwendig, dass die Früherzieherin die Erwartungen der Eltern aufzudecken versucht, sie immer wieder mit ihnen bespricht, um so miteinander realistischere und für alle stimmendere Erwartungen erarbeiten zu können. Das bedeutet nicht, dass die Früherzieherin sich den Erwartungen der Eltern einfach anpasst. Aufgrund ihres Fachwissens und ihrer Erfahrung wird es immer wieder vorkommen, dass sie ihren Erwartungen treu bleibt, obwohl die Eltern das noch nicht akzeptieren. Entscheidend scheint mir, dass man offen über die Differenzen spricht. Dass das schwierig sein kann, ist wohl allen klar, die in diesem Beruf arbeiten. Manchmal wird es sogar ein hoffnungsloses Unterfangen bleiben.

g) weiter unterstützt die Früherzieherin die Eltern als Haupterzieher, wenn sie bei der Hausfrüherziehung den Intimbereich der Familie respektiert, denn es ist nicht selbstverständlich, dass eine Familie über Jahre hinaus wöchentlich eine Fachperson bei sich empfängt;
h) wenn sie die kognitiven, sozialen, materiellen Möglichkeiten einer Familie, und vor allem Zeit und Kraft der Mütter, berücksichtigt

und versucht, sie von da aus auf ihrem Weg zu begleiten, statt ihr mit den in Lehrbüchern beschriebenen Anforderungen an die Mitarbeit zu begegnen;

i) wenn sie zu erfahren versucht, wie die Eltern das Verhalten ihres Kindes verstehen, wie sie damit im Alltag umgehen, um dann, wenn notwendig, von da aus mit ihnen zusammen angemessenere Deutungen und vielleicht wirkungsvollere Formen des Umgangs zu entwickeln;

j) wenn sie die Eltern nicht einfach auf das mitgebrachte Spielmaterial verpflichtet, auch wenn es noch so wertvoll ist, sondern das Kind unterstützt, mit seinem eigenen Spielzeug und mit seinen eigenen Gegenständen zu spielen und zu handeln;

k) wenn sie nicht nur zur bestmöglichen Förderung des Kindes beiträgt, sondern auch versucht, Möglichkeiten zur besseren Bewältigung des Alltags und zum spontaneren Zusammensein der ganzen Familie zu erarbeiten;

l) wenn sie die Mütter in allem, was sie gut findet, unterstützt und auch bereit ist, von ihnen zu lernen, sich an ihren Erfolgen freut, statt auf den Schwächen und Unzulänglichkeiten herumzureiten. Dabei kann es hilfreich sein, zu bedenken, dass die Eltern mit ihrem Kind den ganzen Tag, über Wochen, Monate und Jahre zu tun haben und gar nicht anders können, als für sich *geeignete* Formen des Zusammenlebens zu entwickeln, Formen, die über weite Strekken für sie stimmen.

6. Erfolge durch HFE

Überprüfte Erfahrungen zeigen folgendes:

a) Isolierte Funktionsstörungen und leichte Lernbehinderungen können oft behoben werden, so dass die Kinder Regelklassen besuchen können.

b) Reaktive Verhaltensstörungen können, sofern die Zusammenarbeit mit den Eltern gelingt oder die Milieuverhältnisse es zulassen, meistens gebessert oder abgebaut werden.
c) Schwere Behinderungen können nicht geheilt, aber gebessert, und reaktive Störungen abgebaut oder vermieden werden.
d) Die meisten Eltern erleben für sich und für die Familie HFE als eine Form der Lebenshilfe.
e) HFE kann in der Regel dazu beitragen, dass Familienangehörige und behindertes Kind sich etwas besser als Ganzheit erfahren.

Ich erinnere an den Anfang: Durch Früherziehung will man die Eltern in der Erziehung ihres behinderten Kindes unterstützen. Meine Ausführungen, es sind nicht mehr als ein paar Erfahrungen, sollen dazu anregen, darüber nachzudenken, was wir Fachleute in der Früherziehung eigentlich leisten können. Wir können schwere Behinderungen nicht heilen. Aber wir können dazu beitragen, dass Eltern und behindertes Kind sich etwas besser als Ganzheit erfahren. Damit hätten wir heilpädagogisch gewirkt, denn „heil" kann sehr wohl auch ganz, unversehrt, in Beziehungen aufgehoben, eben *integriert*, bedeuten. Und mir scheint, dass wir in der Behindertenhilfe nichts dringender brauchen als ein neues Verhältnis zur menschlichen Gemeinschaft, zu einer Gemeinschaft, in der jeder, unabhängig von seiner Leistungsfähigkeit, bestehen darf und etwas zu sagen hat.

Anmerkungen

(1) Heute sind in der Schweiz andere Themen aus dem Sozialbereich wie Drogen, Aids, Flüchtlinge und Asylsuchende, die Versorgung von alten Menschen, die Gleichberechtigung der Geschlechter, politisch aktuell.

(2) Der genaue gesetzliche Text lautet: «Massnahmen für invalide Kinder im vorschulpflichtigen Alter, insbesondere zur Vorbereitung auf die Sonderschulung ...» (IVG, Art. 19, Abs. 3). (Invalidenversicherung: Bundesgesetz vom 19. Juni 1959 (IVG), Bern: Bundesamt für Sozialversicherung. Vertrieb: Eidgenössische Drucksachen- und Materialzentrale, CH-3000 Bern.)

(3) Abgesehen von wenigen Ausnahmen haben die Früherzieherinnen eine heilpädagogische Ausbildung, die Aus- und Fortbildungen werden durch die Institute für Heilpädagogik, bzw. Sonderpädagogik, angeboten, und die Fachkräfte werden im allgemeinen nach den Bedingungen für Heilpädagogen, und nicht nach jenen für medizinische Fachkräfte, angestellt.

(4) Es hat sich als zweckmässig erwiesen, dass die Früherzieherinnen mit den Kindergärtnerinnen und mit den Lehrkräften solange zusammenarbeiten, bis sich diese kompetent fühlen, mit dem Kind allein zu arbeiten. Das dauert ½ bis 1 Jahr. Dadurch können Schwierigkeiten bei der Einschulung, das Auftreten von Verhaltensstörungen und Rückfälle in der Entwicklung eher vermieden werden. So erhöht sich die Bereitschaft der Kindergärtnerinnen, ein Kind mit einer Behinderung ohne Stützhilfe aufzunehmen.

(5) Die meisten Früherzieherinnen sind dem „Berufsverband der Früherzieher der deutschen, rätoromanischen und italienischen Schweiz“ beigetreten. Präsidentin ist z.Zt. Frau Brigitte Eisner-Binkert, Kreuzbuchstrasse 29, CH-6006 Luzern. Sekretariat: Frau Beatrice Baselgia-Brunner, Via Caguils 34, CH-7013 Domat/Ems.

Die Früherzieherinnen der französischsprachigen Schweiz bilden einen eigenen Berufsverband.

(6) Spezielle Ausbildungen werden durch folgende Institute angeboten:

- Höhere Fachschule im Sozialbereich (in Zusammenarbeit mit dem Institut für Spezielle Pädagogik und Psychologie der Universität Basel), Thiersteinerallee 57, CH-4053 Basel
- Heilpädagogisches Institut der Universität Freiburg, Abteilung Klinische Heilpädagogik, Petrus Kanisiusgasse 21, CH-1700 Freiburg
- Heilpädagogisches Seminar Zürich, Kantonsschulstrasse 1, CH-8001 Zürich

Die bis jetzt vollständigste Übersicht über die Ausbildung in Heilpädagogischer Früherziehung in der Schweiz stammt von einer Österreicherin, nämlich: *Postmann, Tanja*: Heilpädagogische Frühförderung entwicklungsauffälliger Kinder. Eine Bestandesaufnahme mit besonderem Augenmerk auf die Aus- und Weiterbildung von Pädagogen im deutschsprachigen Raum. Eine vergleichende Studie. Frankfurt am Main: Haag + Herchen, 1993.

(7) Heute bin ich froh, dass ich damals gerade wegen meiner Unbeholfenheit und Offenheit einen solch unverfälschten Einblick in die Situation von Familien mit behinderten Kindern erhielt.

(8) Ich stütze mich dabei auf Fachliteratur, auf viele Diplomarbeiten, die unter meiner Leitung entstanden, auf meine Erfahrung aus der Beratung von Eltern und aus Kursen für Eltern behinderter Kinder.

Bibliographie

- *Balbi-Kayser, M.*: Die Früherziehung behinderter Kinder in der Schweiz im Spiegel bundes- und kantonalrechtlicher Grundlagen. Luzern: SZH, 1986

- *Bloom, B. S.*: Stability and Change in Human Characteristics. New York: Wiley, 1964
- *Bobath, K.*: Die Neuropathologie der cerebralen Kinderlähmung und ihre Bedeutung für die Früherfassung und Behandlung. Düsseldorf: 1963
- *Bowlby, J.* : The influence of early environment. International Journal of Psychoanalysis 1940 (21), 154-178
- *Bowlby, J.*: Maternal care mental health. Geneva: World Health Organization, 1951
- *Bowlby, J.*: Some pathological processes set in train by early mother-child separation. Journal of Mental Science 1953 (99), 265-272
- *Bowlby, J.*: Attachment and loss. Vol.1. Attachment. New York: Basic Books, 1969
- *Bowlby, J.*: Attachment and loss. Vol.2. Separation: Anxiety and anger. New York: Basic Books, 1973
- *Bruner, J. S.*: Toward a theory of instruction. Cambridge, Mass.: Harvard University Press, 1966
- *Bruner, J. S.*: Processes of cognitive growth: Infancy. Worcester, Mass.: Clark University Press, 1968
- *Bruner, J. S.*: The growth and structure of skill. In: *K.J. Connolly (Ed.):* Mechanisms of motor skill development. New York: Academie Press, 1970
- *Bruner, J. S.*: Competence in infants. In: *J.S. Bruner (Ed.)*: Beyond the Information given: Studies in the psychologie knowing. New York: Norton, 1973a
- *Bruner, J. S.*: Organization of early skilled action. Child Development, 1973b, (44), 1-11
- *Buber, M.*: Werke Band I. Schriften zur Philosophie. Über das Erzieherische. München: Kösel, Heidelberg: L. Schneider, 1963
- *Egg, M.*: Das geistesschwache Kind daheim und in der Schule. Zürich: Schweizer Spiegel-Verlag, 1956
- *Egg, M.*: Ein Kind ist anders. Zürich: Schweizer Spiegel-Verlag, 1963, (3. Auflage)

- *Egg, M.*: Andere Kinder - andere Erziehung. Zürich: Schweizer Spiegel-Verlag, 1965
- *Egg, M.*: Andere Menschen - anderer Lebensweg. Zürich: Schweizer Spiegel-Verlag, 1966
- *Grond, J.*: Fortbildung für Früherzieher bei Geistigbehinderten am Heilpädagogischen Seminar Zürich. Helfendes Licht 1976 (3), 15f
- *Grond, J. (Hrsg.)*: Früherziehung behinderter Kinder. Luzern: SZH, 1977, 1978
- *Grond, J.*: Aspekte der Früherziehung Behinderter in der Schweiz. Aspekte 7. Luzern: SZH, 1980
- *Grond, J.*: Integrative Aspekte in der Früherziehung Behinderter und von Behinderung Bedrohter. In: *Bonderer, E.;Bächtold, A. (Hrsg.)*: Schweizer Beiträge zur Integration Behinderter. Luzern: SZH, 1981, 109-135
- *Grond, J.*: Früherziehung. In: *Tobler, R..;Grond, J. (Hrsg.)*: Früherkennung und Früherziehung behinderter Kinder. Voraussetzungen für die Zusammenarbeit in der Praxis. Bern: Huber, 1985, 94-166
- *Grond, J.*: Perspektiven der Früherziehung Behinderter und von Behinderung Bedrohter - unseriöse Träumereien. Heilpädagogik. Fachzeitschrift der Österreichischen Gesellschaft für Heilpädagogik 1990 (2), 34-41. In diesem Buch Arbeit 17.
- *Grond, J.*: Ansichten eines Aussenstehenden. Ein Interview. Erschienen in: Informationsblatt BVF (Berufsverband der Früherzieher der deutschen, rätoromanischen und italienischen Schweiz).
  1. Teil Informationsblatt 1992 (19), 4-16
  2. Teil Informationsblatt 1992 (20), 6-16
- *Helfendes Licht* 1967 (2)
- *Köng, E.* : Frühbehandlung cerebraler Lähmungen und Elterninstruktion in der Schweiz. In: Früherfassung und Frühbehandlung, eine Notwendigkeit für spastisch gelähmte Kinder. Düsseldorf: 1963.

- *Köng, E.* : Was versteht man unter cerebralen Bewegungsstörungen? In: Schweizerische Vereinigung zugunsten cerebral gelähmter Kinder (Hrsg.): Behandlung und Erziehung von Kindern mit cerebralen Bewegungsstörungen. Zürich, o.J.
- *Löwe, A.*: Früherfassung. Früherkennung, Frühbetreuung hörgeschädigter Kinder. Berlin: Marhold, 1970
- *Meierhofer, M.; Keller, W.*: Frustration im frühen Kindesalter. Bern: Huber, 1970
- *Meierhofer, M.; Nufer, H. et al.*: Nachuntersuchung ehemaliger Heimkinder. Forschungsbericht des Marie-Meierhofer-Instituts für das Kind. Bern: Huber, 1970
- *Piaget, J.:* Psychologie der Intelligenz. Zürich/Stuttgart: Rascher, 1947
- *Piaget, J.* : La naissance de l'intelligence chez l'enfant. Neuchâtel: Delachaux et Niestlé S.A., 1959.
- *Postmann, T*: Heilpädagogische Frühförderung entwicklungsauffälliger Kinder. Eine Bestandesaufnahme mit besonderem Augenmerk auf die Aus- und Weiterbildung von Pädagogen im deutschsprachigen Raum. Eine vergleichende Studie. Frankfurt a. M.: Haag + Herchen, 1993
- *Roth, H.*: Pädagogische Psychologie des Lehrens und Lernens. Berlin/Hannover: Schroedel, 1959, (3. Auflage)
- *Roth, H. (Hrsg.)*: Begabung und Lernen. Stuttgart: Klett, 1968
- *Schmalohr, E.*: Frühe Mutterentbehrung bei Mensch und Tier. München, o.J.
- *Schweizerische Heilpädagogische Gesellschaft (Hrsg.)*: Früherziehung in der Schweiz, Gegenwart und Zukunft. Lenzburg: SHG, 1978
- *Schweizerische Konferenz der Erziehungsdirektoren (Hrsg.)*: Heilpädagogische Früherziehung in der Schweiz. Bern 1991. Zu beziehen bei: Sekretariat EDK, Sulgeneckstrasse 70, CH-3005 Bern.
- *Spitz, R. A.*: Die Entstehung der ersten Objektbeziehungen. Stuttgart: Klett, 1957
- *Spitz, R. A.*: Vom Säugling zum Kleinkind. Stuttgart: Klett, 1967

- *Verband der Heilpädagogischen Ausbildungsinstitute der Schweiz (VHpA), Arbeitsgruppe Früherziehung (Hrsg.)*: Überlegungen zum Problem „Ganzheitliche Früherziehung" und mögliche Konsequenzen für die Ausbildung von Früherziehern in der Schweiz. Luzern: SZH, Aspekte 3, 1979

15

Perspektiven der Früherziehung Behinderter und von Behinderung Bedrohter - unseriöse Träumereien

1989/1990

Eigentlich wollte ich ernsthaft Perspektiven der Früherziehung (1)* aufzeigen. Also begann ich, Fakten zu Vergangenheit und Gegenwart zu sammeln, zu analysieren und zu deuten. Im Kopf war das Konzept erstellt. Doch da meldeten sich Bedenken: Mit welchem Recht schreibe ich über die Zukunft eines Fachbereiches, in dem ich während 22 Jahren arbeitete, bevor ich mich kürzlich anderen Aufgaben

* Zahlen in Klammern verweisen auf die Anmerkungen S. 273

zuwandte? Die Zukunft der Früherziehung gehört doch den betroffenen Eltern und den engagierten Fachleuten. Sie allein werden sie in Verantwortung gestalten, gestalten wollen - und müssen.
Da erging ich mich in „früherzieherische“ Tagträumereien. Davon möchte ich hier erzählen.

Ich bewarb mich um eine Stelle in der Früherziehung bei einem Mann, den ich als sehr weise einschätzte. Ich sandte meine Unterlagen ein und wurde zu einem Vorstellungsgespräch geladen.

Er empfing mich mit der Frage: „Sind Sie den Weg der Erkenntnis gegangen?“
„Ja, meine Diplome ...“
„Ich meine nicht die Diplome, sondern den Weg der Erkenntnis.“
„Ich habe in der Früherziehung gearbeitet, Heilpädagogische Dienste aufgebaut und ...“
„Ich weiss, und am Heilpädagogischen Seminar Zürich in der Ausbildung in Früherziehung mitgewirkt, aber bitte, sind Sie den Weg der Erkenntnis gegangen? Offenbar nicht!“
Er reichte mir einen Zettel mit dem Hinweis, das sei die Adresse, wo man den Weg gehen könne und bat mich, ihn jetzt zu entschuldigen.

Reichlich verwirrt und auch etwas empört zweifelte ich an seiner Weisheit.

Dennoch fuhr ich hin und war nicht wenig erstaunt, als der Weg auf meinem Maiensäss (2)* endete. Ich parkierte und wurde von einem Mann in einer Tracht, ähnlich der eines Standesweibels, empfangen. Ohne Worte deutete er mir an, mitzukommen. Neugierig schaute ich mich um und sah, dass auf allen kleinen Böden in der steilen Halde Gruppen von Menschen beschäftigt waren. Auf jedem Boden stand ein grosser Laubbaum, und um diesen Baum standen die Leute.

---

* Zahlen in Klammern verweisen auf die Anmerkungen S. 273

Wir näherten uns dem ersten Boden. Dort steht eine mächtige *Buche*, deshalb nennen wir ihn „Buchboden". Die Buche gilt im Volksglauben als glücklicher und heiliger Baum, als Baum des Glaubens, denn aus ihrem Holz schnitzte man Opfergeschirr. Später galt sie als Baum der Wissenschaft, denn aus ihrem Holz wurden die Buchstaben geschnitzt. Ob sie trotz der Wissenschaft noch immer der glückliche, der heilige Baum, der Baum des Glaubens ist, sein darf?
Auf dem Buchboden standen Leute im Kreis, neigten sich über etwas am Boden Liegendes. Als ich näherkam, sah ich ein Kind, auf Stroh gebettet und mit viel Papier und Büchern zugedeckt. Ich konnte einige Titel entziffern, „Früherziehung, viele *Förderprogramme*, Piaget, Buber, Szagun, Tobler/Grond, Methode für ...", kurz, die Literatur, die ich in der Ausbildung in Früherziehung am Heilpädagogischen Seminar Zürich (HPS) verwendete, lag da auf einem Haufen. Die Erwachsenen waren hektisch dabei, das Papier umzuschichten. Sie griffen nach einem Buch, blätterten kurz und mit gerunzelter Stirn darin und legten es wieder hin, behutsam, - um das Kind nicht zu verletzen, dachte ich. Nachdem ich eine Weile zusehen durfte, bedeutete man mir, mitzumachen. Also nahm ich auch Bücher, blätterte darin - und war nicht wenig erstaunt, dass die Seiten ganz weiss waren.
„Weitermachen, üben!", sagte einer.
Ich fuhr also fort, ohne zu wissen, was ich tat, ohne den tieferen Sinn meines Tuns zu verstehen. Ich nahm an, dass das in der Wissenschaft so sein muss.
Da sah ich am Rande des Bodens eine ältere Frau am Boden sitzen, in ein Buch vertieft. Sie winkte mich zu sich. *Ihr* Buch aber war beschriftet und sah aus wie eine alte Handschrift. Ich fragte sie, was dieses Treiben solle.
„Das ist Früherziehung, nur, die Leute haben noch nicht gemerkt, dass man in einem Buch nur dann lesen kann, wenn man sich lange darin vertieft. In meinem Alter ist „weniger mehr", aber es ist das Vorrecht der Jugend, vorerst mit Büchern um sich zu werfen."
„Was soll ich tun?"
„Das kommt auf Sie an! Vielleicht müssen Sie eine Zeitlang werfen, bis ein Buch zu *Ihrem* Buch wird. Erst dann wird es seinen Inhalt

preisgeben. Und wenn Sie das Buch sorgfältig wählen und sich seinem Inhalt hingeben, so kann es für Sie zum Kunstwerk werden.

Am anderen Ende des Platzes, hinter einem starken Gitter, sassen ein Mann und eine Frau auf einem Bänklein und sahen mit einem Gemisch von Bewunderung und Bestürzung den Leuten zu. Da hörte ich, wie die Frau zum Manne sagte:
„Siehst Du, so müssen wir unser Kind früherziehen. Die Wahrheit liegt in den Büchern, man braucht nur die Bücher hin und her zu schieben und das Kind damit zuzudecken, und schon hilft's."
„Es scheint, dass Du recht hast. Aber es kann doch nicht sein, dass so geschulte Leute die Bücher einfach wahllos hin und her schieben. Das muss doch System haben. Sicher gibt es ein Buch, das in die Geheimnisse des Bücherschiebens einführt. Man müsste halt studiert haben."

Mein „Standesweibel" zupfte mich am Ärmel, und wir gingen zum nächsten Boden. Im Vorbeigehen sah ich, dass das Kind nach Atem rang und versuchte, seinen Kopf von den Büchern frei zu bekommen. Ich wies den Weibel darauf hin und fragte, ob das denn so sein müsse?
„Das ist der Preis, den man für Wissenschaftlichkeit bezahlt, alles kann man nicht haben, das Kind wird sich schon daran gewöhnen."
„Aber, das Kind leidet doch und ..." Sein strafender Blick schnitt mir das Wort ab.

Und schon waren wir auf dem „Lindenplatz". Die *Linde* gilt als Familienbaum, als Baum der Frauen, der Mütterlichkeit und der Fruchtbarkeit, der Güte, als Baum der Rast und der Besinnung.
Auch hier standen Leute, aber in kleine Gruppen aufgeteilt. Ich sah Grossväter und Grossmütter, Väter, Mütter und Kinder, überall war auch ein behindertes Kind dabei. Es waren also Familien mit behinderten Kindern.
Von der Gruppe abgesetzt stand ein Mann in Uniform, seine Brust reich mit Orden geschmückt, vor sich eine Schachtel mit farbigen Wollknäueln. Der Uniformierte sprach:

„Wir machen jetzt das Wollspiel. Aus jeder Familie soll sich jemand einen Wollknäuel holen."
Bewegung kam in die Gruppe und ich sah, dass es überall die Mütter waren, die den Knäuel holten.
„Wer den Knäuel hat, halte das Ende fest und gebe den Knäuel an den nächsten weiter. Gut so! Und jetzt erhält der nächste den Knäuel, bis er wieder bei der ersten Person ist."
Nun waren alle Familienmitglieder mit dem Faden verbunden.
„Haltet den Faden mit beiden Händen, achtet darauf, dass Ihr ihn nicht verliert."
Eine Frau fragte: „Wo soll ich mit dem Knäuel hin? Ich muss den Faden mit beiden Händen halten."
„Legen Sie ihn in den Rucksack, Sie sind sich ja gewohnt, die Last zu tragen."
Da sah ich, dass alle Mütter, aber nur die Mütter, Rucksäcke trugen, grössere und kleinere, neuere und bereits arg strapazierte. Ihre Rücken waren von der Last gebeugt.
Als auch das geschehen war, befahl der Uniformierte: „Jetzt zieht Ihr am Faden, bewegt Euch im Kreis, aber den Faden immer straff gespannt."
Dies sah aus wie ein Kinderspiel, wie Ringelreihen.
Der Uniformierte unterbrach: „Jetzt bewegt Ihr Euch im Takt meines Tamburins, versucht auch durcheinander zu gehen, aber der Faden muss gespannt bleiben."
Das Spiel begann. Die einen beherrschten es auf Anhieb, andere fielen aus dem Takt und einige verfingen sich so sehr im Faden, dass sie nicht mehr weiter konnten. Einige Fäden rissen.
„Ihr seht, das ist nicht so einfach, Ihr müsst üben und Euch Mühe geben, auch wenn dieses Spiel nichts kostet."
Ein Mann fragte: „Wozu ist das gut?"
„Das ist das Spiel der Einheit und der Verbundenheit. Durch den Wollfaden fliessen Eure Kräfte so, dass jeder jedem helfen kann. Deshalb darf es keine Knöpfe geben und der Faden muss ganz und gespannt bleiben."
Nun wurde ich aufgefordert, mitzumachen.

Was dann geschah, ist rasch erzählt: Ich verhedderte mich und war ganz von Wolle umsponnen. Ich konnte nicht gleichzeitig im Takt gehen, auf die andern achten und den Faden halten.
„Sie achten zu sehr auf sich und fügen sich nicht in das System ein, systemisches Denken genügt nicht, auf das Handeln kommt es an" kam's vom Uniformierten. Und schon war ich entlassen.

Wir schritten auf den „Ahornplatz" zu. Der *Ahorn* gilt als antidämonisch, er vertreibt die bösen Geister. In Teilen des Kantons Graubünden wurden unter einem Ahorn Bünde oder Bündnisse geschlossen und es wurde zu Gericht gesessen. Man wollte Politik ohne böse Geister machen. Der Ahorn ist also auch der Baum der Gerechtigkeit und der Politik.
Ich sann darüber nach, was denn Früherziehung mit Politik zu tun hat. Da sah ich Eigenartiges. An einem grossen Pult sass ein Richter in vollem Ornat. Davor standen Männer und Frauen Schlange. Sie hielten ein Ei in der Hand, das sie dem Richter gaben. Dieser steckte die Eier in eine Art Eierring. Alle, die steckenblieben, legte er auf ein Fliessband, das in den Berg hineinführte. Alle, die durchfielen, warf er in ein tiefes, dunkles Loch.
„Was hat das mit Früherziehung zu tun?" fragte ich den Richter.
Dieser, ohne aufzublicken, hielt mir den Messring vor's Gesicht. Darauf stand in Goldlettern eingraviert: „Art. 19, Abs. 3 IVG, Art. 9 IVV und dann verschiedene Buchstaben"(3)*. Ich war verblüfft und verstand nichts.
„Was hat das mit Früherziehung zu tun?" wagte ich nochmals zu fragen.
„Das ist das Tor zum Früherziehungshimmel. Wer durch den Ring fällt, wird in die Finsternis geworfen. Wer hängen bleibt, kann in den Himmel eintreten."
Dass ich den Früherziehungshimmel kennenlernen dürfte, das hatte ich nicht erwartet. Ich war dankbar, angekommen zu sein, denn das musste der Mann gemeint haben, der mich auf den Weg der Erkenntnis schickte.

---

* Zahlen in Klammern verweisen auf die Anmerkungen auf S. 273

„Lasst mich in den Himmel ein“, bat ich den Richter und erhoffte mir, ihn mit der ehrwürdigen „Ihr-Formel“ gnädig zu stimmen. „Erst, wenn Sie den Weg zu Ende gegangen sind, aber Sie können das Ergebnis bestaunen.“
Er zeigte mit der Hand auf eine Art Höhle im Berg. Hier kamen, schön in Reih und Glied, behinderte Kinder heraus, alle mit einem Sennenkäppi auf dem Kopf und darauf Schweizerkreuz und Kantonswappen gestickt.
Nicht weit vom Ausgang der Höhle stand die Fassade eines Gebäudes. Es war nur einstöckig, hatte viele Tore, ähnlich wie bei Garagen von Grossüberbauungen. Über jedem Tor war ein Plakat. Ich las: „Sonderklasse, Sonderschule für geistig Behinderte, Sonderschule für Sehbehinderte, Sonderschule für Hörbehinderte ...“ Das ganze Schulsystem war aufgezeichnet.
Neben dieser Fassade stand ein grosses Haus mit einer Freitreppe. Vor der Türe standen zwei mächtige Polizisten, breitbeinig, die Arme gekreuzt. Kein Zweifel, die bewachten das Tor. Über dem Tor stand: „Primarschule, Schule des Volkes“, vor der Treppe eine Tafel: „Zutritt für Behinderte verboten“.
Die Kinder, die aus der Höhle kamen, wurden von guten Frauen empfangen und durch die verschiedenen Tore geführt. Einige Kinder stiegen trotz der Verbotstafel, wahrscheinlich konnten sie nicht lesen, und trotz der gestrengen Mienen der Polizisten die Treppe hoch. Doch der Weg war versperrt. Sie kehrten enttäuscht und weinend zurück. Ein paar aber stahlen sich zwischen den Beinen der Polizisten hindurch ins Innere. Kurze Zeit später sah ich sie mit lachendem Gesicht zusammen mit Primarschülern (Volksschülern) aus dem Fenster winken. Da verstand ich nicht, warum man nicht alle behinderten Kinder da hineinlässt. Ich tröstete mich, denn mir war der Früherziehungshimmel in Aussicht gestellt worden, wo ich alles verstehen würde.

Wir gingen zum letzten Boden, zum „Eschenboden“. Die *Esche* vertreibt körperliche Krankheiten, vor allem rheumatische, so dass man sich wieder besser bewegen kann.

Bevor ich den Boden betrat, musste ich ein grünes, glänzendes Lederkleid anziehen. Es war mir viel zu eng und einige Nähte platzten. Ich schämte mich und fühlte mich unwohl. Da sah ich, dass alle Männer und Frauen auf diesem Boden auch solche Kleider trugen, aber diese sassen wie angegossen. Die Gruppenleiterin, eine behäbige, energische ältere Dame empfing mich mit den Worten:
„Hier sind Sie auf dem Boden der Interdisziplinarität. Wir bauen eine Puppe und Sie können gleich mitmachen. Sie sind für den Kopf verantwortlich."
Ich wies auf die offenen Nähte meines Kleides.
„Auf ein paar geplatzte Nähte kommt's nicht drauf an. Entscheidend ist, dass wir uniformiert sind", sagte sie selbstsicher.
Und schon begann die Arbeit. Mitten auf dem Platz stand ein grosser Tisch. Die Männer und Frauen in Grün näherten sich ihm in würdigem Schritt, als gingen sie zum Altar. Einer trug ein Bein, ein anderer einen Arm, eine Hand, ein Ohr, - die ganze Anatomie sozusagen. Mir wurde ein Teil des Kopfes in die Hand gedrückt. Nun begannen wir, die Puppe zusammenzusetzen. Das ging mühsam. Teile musste zurechtgeschnitten, zurechtgeschliffen, zum Teil ergänzt werden. Mir fiel auf, dass jeder in einer anderen Sprache redete. Der Turmbau zu Babel kam mir in den Sinn. Trotzdem gelang es, die Puppe zusammenzusetzen. Beschämt sah ich, dass der Kopf etwas verbeult und zu gross geraten war.
„Lasst uns die Puppe zum Leben erwecken", sagte die Chefin.
Alle wichen einen Schritt zurück. Die Energische neigte sich über die Puppe und blies ihr ihren Atem ein. Ich dachte: wie in der Bibel. Knisternde Spannung auf dem Platz. Aber es tat sich nichts.
Verwirrt machten sich alle daran, die Puppe zu untersuchen.
Da stellte jemand fest, und plötzlich verstanden ihn alle: „Das Herz fehlt."
Verstehendes und gleichzeitig hilfloses Nicken bei allen.

„Wer ist für das Herz zuständig?" fragte die Gestrenge.
Alle meldeten sich.

Ihr Kommentar: „Ja, zuständig wollen alle sein, verantwortlich jedoch fühlt sich niemand. Jetzt aber wissen wir, woran es liegt. Morgen werden wir es schaffen."
Da sprang der Bauch der Puppe mit einem dumpfen Knall auf, alle erschraken, und jemand stellte nüchtern fest: „Ihr ist die Galle geplatzt."
Bevor ich wegging, sah ich, dass das Gesicht der Puppe vor Wut verzerrt war. Ich beruhigte mich, denn ich wusste ja, dass dies alles nur deshalb geschehen war, weil wir das Herz vergessen hatten.

Die letzte Station war oben bei der Quelle unter der alten Eiche, auf dem „Eichplatz". Die *Eiche* ist der Himmelsbaum, auch der Götterbaum. Bei den Griechen war sie dem Zeus, bei den Römern dem Jupiter und bei den Germanen dem Donar geweiht.
Nach so vielen Erlebnissen war ich etwas verwirrt und hoffte jetzt, beim Himmelsbaum die Erkenntnis zu gewinnen.
Am Fusse der Eiche sass ein Mensch, ich konnte weder Alter noch Geschlecht bestimmen, er sah geschlechts- und zeitlos aus und sann vor sich hin. Mich überkam eine sonderbare Ruhe. Kaum atmend, starrte ich ihn an.
„Setz Dich", sagte er, ohne aufzusehen.
Ich liess mich im Gras seitlich vor ihm nieder.
„Komm näher, stütze Deinen Rücken an der Eiche, denn die Eiche gibt Trost und innere Festigkeit. Du wirst das brauchen können."
Ich erinnerte mich, dass ich Ähnliches auch schon gehört hatte.
„Hast Du die Erkenntnis gewonnen?"
Ich war unsicher. Aber da dachte ich an meine Bewerbung und sagte: „Eigentlich schon, ich muss nur noch lernen, Bücher mit System zu schichten, damit sie mir ihren Inhalt preisgeben, darf mich nicht in Wollfäden verheddern, das Herz nicht vergessen, und dann lässt man mich in den Früherziehungshimmel ein."
Er lächelte mitleidig, und das ärgerte mich.
„Ohne das Wesentliche hilft Dir all das nichts."
„Was muss ich dann tun?"
„Erinnere Dich!"

Ich war sprachlos und fühlte mich hintergangen.
„Das tue ich dauernd, und mein Gedächtnis ist nicht schlecht. Also, kann ich in die Früherziehung?"
„Erinnere Dich!" sagte er wieder.
„Woran denn?"
„An *Dich selber*."
Ich wollte die Prüfung unbedingt bestehen und begann, mich an das zu erinnern, was heute geschah. Kaum hatte ich aber zu sprechen begonnen, sagte er:
„Tiefer."
Also erzählte ich von meinen Gedanken und Gefühlen.
„Das ist bloss Introspektion und macht, dass Du Dich als Mass der Dinge siehst. Erinnere Dich tiefer."
Ich erzählte von meiner Kindheit, von meiner Muttersprache, von meinen Aengsten und Hoffnungen, von meinen Streichen, von Menschen, die mir wichtig waren.
„Schon besser, erinnere Dich noch tiefer."
Jetzt war ich verzweifelt. Nun sah er mich erstmals gütig an und sagte:
„Du musst Dich über Deine Einzigartigkeit hinauserinnern, von Dir absehen, Dich an das erinnern, was Dich unbedeutend und stark in der Verwandtschaft mit allen Menschen, mit dem Universum macht. Erst, wenn Du Dich erinnerst, dass die Behinderung weniger zählt als der Mensch, erst, wenn Du Dich erinnerst, dass der Behinderte Dein Verwandter ist, beginnt Deine Erkenntnis."
Sprach's und verschwand.

Ich war perplex und wusste nicht, ob ich mich weiterhin für die Stelle bewerben sollte.
Da entschloss ich mich, das Erinnern zu wagen.

Anmerkungen

(1) Unter Früherziehung, andernorts pädagogische Frühförderung genannt, verstehe ich alle heilpädagogischen Bemühungen, mit denen man die Eltern und Angehörigen in der Erziehung eines behinderten oder eines von Behinderung bedrohten Kindes unterstützen will. Im Mittelpunkt der Bemühungen steht die Art und Weise, wie die Familienmitglieder miteinander und mit dem Umfeld umgehen, und nicht nur die blosse Förderung des behinderten oder von Behinderung bedrohten Kindes. Unter welchen Bedingungen diese eher gelingen kann, können Sie in Arbeit 14, Kapitel 5, S.250 lesen.

(2) Ein Maiensäss ist eine Bergwiese mit Stall und Wohnhäuschen, zwischen Tal und Alpweide gelegen, das man im Mai, bevor das Vieh auf die Alp getrieben wird, bezieht. Heute gilt es vielenorts als Ort der Ruhe und Entspannung, wo man sich abseits von Hektik und inmitten der Natur erholen kann.

(3) Das sind die Bezeichnungen der Artikel aus dem Gesetz über die Schweizerische Invalidenversicherung. Früherziehung wird in der Schweiz kostendeckend durch diese obligatorische Volksversicherung finanziert, sofern die Behinderung des Kindes den notwendigen Schweregrad aufweist. Für Kinder mit leichteren Behinderungen und für von Behinderung bedrohte Kinder, die oft eben auch auf Früherziehung angewiesen sind, bezahlt die Invalidenversicherung nichts. Deshalb erhielten diese Kinder während Jahren keine Früherziehung. Heute bezahlen manche Kantone diese Leistungen.

16

Fragwürdigkeiten in der pädagogischen Arbeit

1994/1995

1. Vorbemerkung

Zwei Begriffsumschreibungen: *Fragwürdig* meint „würdig, dass man nachfragt" und auch „zweifelhaft". *Erziehung* umfasst all das, was versucht wird, um die Entwicklung von Heranwachsenden positiv zu beeinflussen und schliesst folglich das Unterrichten mit ein.

Die Erfahrung zeigt, dass viele, die mit Erziehung zu tun haben, verunsichert sind und zu Recht nach Lösungen suchen. Woher kommt diese Verunsicherung? Von den vielen möglichen Gründen nenne ich nur einen einzigen: Wir denken und handeln entweder zu irrational oder zu technisch und zu wenig ganzheitlich vernünftig. Das ist kulturell bedingt, weil Naturwissenschaft und Technik unser Denken und Handeln wesentlich prägen. Die Lösungsvorschläge, die uns angeboten werden, sind daher in der Regel entweder technischer Art, das heisst, sie sagen uns, was zu tun ist, damit etwas erreicht wird; oder sie sind eine Überreaktion auf die Rationalität und damit oft irrational und enthalten blosse Glaubenssätze. Denken Sie an alle Formen der Beratung, an Förderansätze, an Trainingsprogramme, an die entsprechende Literatur, an Unterrichtsmethoden etc. Die Verunsicherung ist deshalb vor allem hausgemacht, weil wir entweder irrational leben oder zu sehr nur den technischen Verstand und die Rationalität überbetonen. Die ganzheitliche Vernunft dagegen vernachlässigen wir. Wenn das stimmt, so dürften technische Lösungen falsch sein, denn man kann nicht vom Krankmachenden die Heilung erwarten. Deshalb habe ich versucht, darüber nachzudenken, was wir eigentlich tun, wenn wir etwas tun in der Erziehung, und beschränkte mich auf das rationaltechnische Denken und Handeln.

In jeder Erziehung geht es um die drei Fragen: „Was ist?“, „Wie verstehe ich das, was ist?“ und „Was kann ich versuchen?“.

„Was ist?“ ist die Frage des Erkennens, der Diagnostik. Wer erzieht, kann gar nicht „nicht erkennen“, kann nicht „nicht diagnostizieren“. Wir erkennen und diagnostizieren dauernd, allerdings mehr oder weniger bewusst. Hier spreche ich nur über dieses Erkennen und einige Folgen daraus.

2. Erkennen

2.1 Vom Wesen des Erkennens in der Diagnostik

In allen Phasen, bei allen Typen und Mitteln der Diagnostik geht es um den Versuch, etwas vom Kind und von seinem Milieu zu erkennen. Das Erkennen ist Voraussetzung für das Verstehen und dieses für den Umgang oder zumindest für die Gestaltung der Massnahmen. Ich betone: Mit allen diagnostischen Mitteln will man das Kind und sein Milieu besser erkennen, seien es nun Tests, Fragebogen, Entwicklungsskalen, methodenabhängige Einschätzungsinstrumente, oder ganz individuelle, rein subjektive Erfassungsmethoden, persönliche Vorstellungen also. Und alle Mittel folgen grundsätzlich, allerdings mehr oder weniger genau und nachvollziehbar, dem gleichen Prinzip: *Es wird verglichen*. Jeder Vergleich aber ist ein *Messen*. Das Kind oder einzelne seiner Verhaltensweisen werden mit und an den diagnostischen Mitteln, z.B. an unserem Verständnis von Entwicklung, verglichen.

Diese Art, Menschen oder menschliches Verhalten zu erfassen, folgt den Gesetzen und Zielen, die durch die Naturwissenschaften entwickelt wurden und unterdessen alle unsere Lebensbereiche mehr oder weniger prägen (1)*. Von zentralem Interesse sind *Prozesse*, also *Entwicklungen* (2)*. Es geht darum, Gesetze über Prozesse in der Natur, und der Mensch ist Teil davon, zu finden, um in sie *einzugreifen* und sie *zu verändern*. Der Wissenschaftler, und mittlerweile die Menschen allgemein, stellt sich dabei auf den Standpunkt desjenigen, der die Natur geschaffen hat und versucht, sie *nachzubilden*, um *sie* zu *erkennen* und letztlich zu *verbessern*. Beispiele: Ärzte, Biologen, Chemiker, Physiologen und andere versuchen, die Funktion eines Organs, z.B. des Herzens, und Neurologen, Neurophysiologen, Psychologen und andere z.B. die Funktionen der Wahrnehmung zu erkennen. Hier wie dort wird in das Herz und in die Wahrnehmung eingedrungen, analysiert, um den Ablauf der Funktionen (nicht ihr Wesen) zu

---

* Zahlen in Klammern verweisen auf die Anmerkungen S. 300

verstehen. Die Erkenntnisse werden in Modellen, konkreten oder abstrakten, nachgebildet (siehe 2.4). Bei ausreichender Zuverlässigkeit der Ergebnisse werden Theorien entwickelt. Erst jetzt, aufgrund der gefundenen Annahmen, kann man begründet versuchen, die Funktionen zu verändern. Wenn es um die Beeinflussung von Störungen geht, nennt man die Veränderungsversuche *therapeutische Massnahmen*. Beim Herzen sind es z.B. Medikamente und chirurgische Eingriffe, bei der Wahrnehmung z.B. Wahrnehmungstrainings und Wahrnehmungstherapien. Die Erkenntnisse können aber auch zu allgemeinen Ratschlägen führen. Diese nennt man oft sanfte oder prophylaktische Massnahmen. Beim Herzen sind es z.B. Ratschläge, um es zu schonen, (z.B. nicht rauchen, optimales Körpergewicht) und um es zu stärken (z.B. gesunde Ernährung und ausreichend Bewegung). Bei der Wahrnehmung sind es z.B. Empfehlungen gegen Reizüberflutung, oder wahrnehmungsfördernde Spiele, Gegenstände, sowie Lern- und Erziehungsmethoden.

Wesentlich dabei sind zwei Punkte:

1. Der Erkenntnisprozess erfolgt in jedem Fall und grundsätzlich aufgrund einer Analyse, das heisst indem das Ganze in Teile zergliedert, nachgebildet und dadurch erklärt wird. Dabei ist unbedeutend, wie genau das erfolgt; entscheidend ist, dass nach gleichem Prinzip verfahren wird. Ziel der Bemühungen sind Erkenntnisse, die angewandt werden können. Für die Anwendung zuständig sind die Angewandten Wissenschaften, also die Technik und die Angewandte Psychologie, von der die Pädagogik und die moderne Heilpädagogik mehr oder weniger beeinflusst werden.

   Das Analysieren ist unerschöpflich und führt stets zu neuen Teilergebnissen. Ein Denken und Handeln, das auf Analyse, auf Eindringen und Zerlegen gründet, ist ebenfalls unerschöpflich. Deshalb führt es immer wieder zu neuen Anwendungen in Form von neuen Techniken. Eine Heilpädagogik, in der so gedacht und gehandelt wird, ist ihrem Wesen nach eine angewandte Psychologie, Neurologie, Neurophysiologie, Biologie usw. Sie zeigt alle Merkmale einer Technik. Davon zeugen immer wieder neue Theorien, Therapieformen, Programme, Unterrichtsmethoden und Lehrmittel. Ziel dieser Heilpädagogik ist es, Gesetze und Techniken, die in den Wissenschaften gefunden wurden oder die aus der eigenen Praxis entstanden, anzuwenden, um die Entwicklung des Menschen zu optimieren, wobei vorerst offen bleibt, ob die Vorstellungen des Diagnostikers, der Erzieherin, des Erziehers, der Therapeutin, des Therpeuten oder die eigentlichen Möglichkeiten des Kindes optimiert werden sollen. Im ersten Fall wird das Kind einer Norm angepasst, im zweiten wird es individualisiert, wobei auch letzteres nach Massgabe des Diagnostikers, der Therapeutin, des Therapeuten und der Erzieherin, des Erziehers erfolgt.

2. Der zweite wesentliche Punkt ergibt sich aus dem ersten. Wer analysiert, wendet sich dem einzelnen Teil zu, z.B. der Wahrnehmung. Wie der untersuchte Teil sich zu andern (z.B. Wahrnehmung zu Emotionalität) oder zum Ganzen (z.B. Wahrnehmung zum ganzen Menschen) verhält, funktioniert, muss oft ausser acht gelassen werden, denn es würde die Teilergebnisse trüben. Der Spezialist, oder wer sich als solcher verhält, gebärdet, muss, solange er als solcher auftritt, das Kind mit einer Behinderung als Ganzes vernachlässigen, sich vor ihm schützen. Damit aber wird das Kind in seiner Ganzheit nicht erfasst und schon gar nicht verstanden. Alle Erfahrung zeigt aber, dass es in der Erziehung auf eine ganzheitliche Erfassung ankommt. Eine wissenschaftliche Methode, die den ganzen Menschen zu erfassen vermag, gibt es aber nicht. Deshalb erscheinen jene, die mit behinderten Kindern arbeiten und mit ihnen zusammenleben müssen (z.B. Eltern, Lehrkräfte und HeimerzieherInnen), ganz besonders unwissenschaftlich, wenn sie auf das Kind eingehen, wenn sie ihm zu begegnen versuchen. Ihr Zugang ist oft ein grundsätzlich anderer, sofern er nicht der Beliebigkeit, dem Zufall oder der Launenhaftigkeit überlassen ist. Er gleicht eher dem des Zuschauens im alten Sinne des Wortes. Es wird weniger analysiert. Man lässt sich mehr ergreifen und versucht, von da aus zu verstehen. So kann aber weder Objektivität noch Intersubjektivität erzielt werden, sondern ausschliesslich Subjektivität. Das ist der Grund, weshalb viele, die so im Leben stehen, oft nicht erklären

können, warum sie etwas tun, wie sie es tun und was dabei geschieht. Sie begnügen sich mit dem Ereignis.
In der analytischen Erkenntnismethode gilt eine genaue, objektive und funktionell nüchterne Fachsprache. Idealerweise gründet sie auf Messwerten, z.B. Quotienten. Sie ist unmissverständlich. Im Vergleich dazu ist die Sprache der vorwiegend Zuschauenden ungenau, weil subjektiv; vielbedeutend, weil dem Ganzen verpflichtet; emotional durchdrungen, weil aus Betroffenheit entstanden und damit missverständlich und die Kommunikation erschwerend. Anstelle von Daten treten oft Bilder, nicht selten symbolträchtige, und anstelle von Erklärungen Geschichten. Eigentlich ist diese Sprache naiv, das heisst ursprünglich, weil auf den ganzen Menschen angelegt. Wer heute, vor allem in Fachkreisen, so spricht, gilt denn auch als naiv, oft aber im abschätzigen Sinne, nämlich als einfältig und gutgläubig. Ob sie wohl deshalb als einfältig erscheinen, weil sie sich durch die vielfältigen wissenschaftlichen Detailergebnisse und Methoden nicht beirren lassen, sondern auf das Kind konzentriert sind? Und ob sie wohl deshalb als gutgläubig anmuten, weil sie das Kind grundsätzlich als vollwertiges, auf Gelingen angelegtes Wesen, statt als Bündel von gestörten Funktionen, betrachten?
Dieses letztere Vorgehen gilt also allgemein als unwissenschaftlich, als weniger professionell. Professionalität schliesst nach geltender Meinung unbedingt Wissenschaftlichkeit ein. Deshalb werden z.B. berufsständische Anliegen stets mit dem Hinweis auf Wissenschaftlichkeit vorgebracht. Wissenschaft meint, dass das, was getan wird, bewusst sein muss und sprachlich so klar darzustellen ist, dass es für andere nachvollziehbar und kritisierbar wird. Ist also das, was ich oben als Erkennen durch Ergriffenwerden nannte, unwissenschaftlich? Sind jene, die so handeln, unprofessionell? Gemessen an der geltenden Definition von Wissenschaft und Professionalität, ja! Die Frage ist aber, ob es trotzdem dem Kinde dient. Und da zeigt meine Erfahrung sehr deutlich, dass das zutrifft, obwohl, und mitunter weil, es nicht wissenschaftlich ist. Das, was wir wissenschaftlich nennen, deckt also bei weitem nicht das ab, was ein Kind an Erziehung benötigt. Oder anders und überspitzt

formuliert: Dort, wo die wirklichen Anliegen in der Erziehung beginnen, dort, wo es darum geht, ein Kind möglichst umfassend zu erkennen und anzuerkennen und es zu erziehen, dort hört die Wissenschaft auf. Wenn das stimmt, so ist es zweifelhaft, Erziehung mit Wissenschaftlichkeit, vor allem mit Wissenschaftlichkeit im technischen Sinne, gleichzusetzen. Vielleicht ist Wissenschaftlichkeit in der Erziehung letztlich überhaupt zweifelhaft, wenn sie blosses Handeln und nicht auch eine „Art zu sein" beinhaltet?
Zudem: Wer versucht, ganzheitlich zu erkennen und zu verstehen, hat oft Mühe, auf Anhieb verständlich zu sagen, was er tut. Fragt man eindringlicher nach, neugierig und teilnehmend, so stellt man oft fest, dass er es dennoch erklären und deuten kann. Deshalb ist es zweifelhaft, Wissenschaftlichkeit nur dann zu akzeptieren, wenn jemand sein Tun *auf Anhieb* auch sprachlich genau und überprüfbar ausdrücken kann. Wenn die Ausdrucksfähigkeit fehlt, sagt das über die Qualität der Arbeit noch wenig aus. Vielleicht ist die Betonung der Sprache im modernen Erziehungsgeschäft ein Zeichen unserer Weltentfremdung. Ich meine damit, dass unsere Sprache wichtiger wird als unser Tun und dass wir mitunter annehmen, wenn etwas gut gesagt sei, so sei es auch schon gut getan. Diese Überbetonung der Sprache üben wir alle auch, aber die Gefahr ist gross, dass sie zum Verbalismus, zu einer entleerten Sprache führt. Kennzeichen ist dann, dass das, was gesagt wird, nicht übereinstimmt mit dem, was gemeint und getan wird, weil es nicht *leibhaftig* erfahren wurde. Wir sind in der Erziehung heute so weit, dass wir leibhaftig Erfahrenes oft durch Leerformeln ersetzen. Wer das ebenfalls so sieht, wird auch folgendem zustimmen: Eine gute Erziehung ist nicht zwingend jene, die sprachlich transparent und genau beschrieben und begründet werden kann. Nicht an der Sprache, nicht an den Begründungen und nicht an den Akten und Plänen kann sie ermessen werden, sondern einzig am Geschehen. Und das kann man bestenfalls anteilnehmend erfahren. All jenen, die ErzieherInnen zu beurteilen haben, möchte ich wünschen, dass sie das berücksichtigen. Wenn nämlich dieses sprachlich so schwer darstellbare *Geschehen*, und nicht das Reden darüber, massgebend ist, so

kommt es auf die beteiligten Personen an. Folglich müsste jedem, der erzieht, ein Stück weit eine *Eigenwelt* zugestanden werden, in die niemand eingreifen darf, weder Vorgesetzte aller Art, noch Eltern, und auch nicht die Öffentlichkeit. Das ist weder ein Plädoyer gegen Elternarbeit, noch eines gegen Interdisziplinarität, und auch nicht eines gegen die Beaufsichtigung von Arbeit, von Begleitung und von Anregung, denn all dies braucht es, aus gewichtigen Gründen. Aber es ist ein Plädoyer *gegen* die drohende Veröffentlichung, eigentlich gegen die Uniformierung und Vermassung von Erziehung und Schule, und eines *dafür*, dass die Zusammenarbeit sorgfältig zu planen ist und Eigenwelten jeder Klasse zu respektieren sind. Und so ist es auch eine Aufmunterung zum Eigenen jeder Erzieherin und jedes Erziehers. Damit keine Missverständisse entstehen: Ich bin weder gegen Wissenschaft noch gegen Technik in der Erziehung, und schon gar nicht gegen Fachkompetenz. Ich wollte nur betonen, dass all dies allein nicht genügt. Es braucht Menschen, die aufeinander zugehen in ihrer Ganzheit, und das entzieht sich letztendlich jeder Wissenschaft.

2.2 Was ist messen?

Was tun wir, wenn wir diagnostizieren? Worin besteht das Messen, der Vergleich? Wir versuchen, etwas, das uns noch unbekannt ist, mit unseren diagnostischen Mitteln zu vergleichen, es diesen zuzuordnen. Ist das erfolgt, so erscheint uns das Unbekannte bekannt (Beispiele: Down-Syndrom, Konzentrationsstörungen, Aggressionen, Beziehungsstörungen etc.). Wir kennen es aber nicht als das andere und den andern, sondern als einen Wert auf unserem Massstab, als Produkt unserer Sichtweise. Der Kernphysiker *Heisenberg* sagt in diesem Zusammenhang, was auch in der Erziehung gilt: «Durch die Art der Beobachtung wird entschieden, welche Züge der Natur bestimmt werden und welche wir durch unsere Beobachtung verwischen» (*Heisenberg* 1949, 67; ausführlicher zu diesem Thema *Dürr* 1992). Wenn wir diagnostizieren, begegnen wir also den Daten und Informationen, die *unsere* Mittel uns liefern. Wir schaffen, wir inszenieren eine Wirklichkeit, in der wir uns selber wiedererkennen. Wir erkennen nur das, was wir bereits kennen, nicht von diesem konkreten Menschen, sondern vom Menschen allgemein. Der Diagnostizierte wird im Verhältnis zu unserem Vorverständnis gesehen, eigentlich erscheint er nur als Verhältnis zu unserem Massstab. Und wenn es sich um Kinder mit einer Behinderung handelt, so erscheinen sie wohl meist als negative Abweichung, als Minusvariante. Das geschieht übrigens selbst dann, wenn wir uns bemühen, die offenen Möglichkeiten und Stärken zu sehen, denn auch dies erfolgt meist auf dem Hintergrund der konventionellen Vorstellung, was ein (tüchtiger) Mensch ist, und diese gründet nicht auf dem Menschen mit einer Behinderung. Damit dieser nicht vor allem als Abweichung erscheint, müsste das Menschenbild radikal geändert werden. Stellen wir uns vor, zu welchem Ergebnis wir kämen, wenn Behinderte und Nichtbehinderte mit einem diagnostischen Mittel, z.B. mit einem Fragebogen oder mit unserem persönlichen Menschenbild als Massstab gemessen würden, wenn nach folgenden Eigenschaften gefragt wäre: Geduld, Fleiss, Vertrauen, Arglosigkeit, Akzeptanz von immer neuen Bezugspersonen, vertrauensvolle Anpassung an und Kooperation mit Fachleuten, Erdulden von Ungerechtigkeit, Dankbarkeit, Helligkeit des Gemütes, Bescheidenheit, Genügsamkeit, Solidarität und Sorge um den andern, und die Fähigkeit, gesellschaftlich als Randständiger behandelt zu werden und trotzdem nicht zu zerbrechen.

Kurz: Wenn wir konventionell messen, so ordnen wir dem Kind etwas von unserem Messsystem zu und erklären dies. Das Kind in seiner Eigenart haben wir aber nicht erfasst und erst recht nicht verstanden, und sein Wesen schon gar nicht: denn verstehen kann man nur Ganzheiten. Diagnostizieren ist, so betrachtet, stets eine Etikettierung, nach heutigem Wissen eine notwendige allerdings. Ob auch eine dienende, wage ich zu bezweifeln.

2.3 Unterschiedliche Massstäbe

Das Ergebnis jeder Erfassung, mit welchen Mitteln auch immer sie geschieht, hängt also vom Massstab des Untersuchenden ab. Es gibt jedoch keine allgemein anerkannten objektiven Massstäbe. Annähernde Objektivität kann nur mit standardisierten Testverfahren erreicht werden. Befriedigend objektive Ergebnisse ergeben aber nur wenige und nur solche, die enge Verhaltensbereiche messen. Die meisten sind von der durchführenden Person, genauer von ihrem persönlichen Massstab, abhängig und deshalb subjektiv. Dies gilt umso mehr, je differenzierter ein Mensch erfasst werden soll. Deshalb gibt es ebenso viele Einschätzungen eines Menschen oder seiner Verhaltensweisen, wie es Diagnostiker gibt. Und weil alle, die erzieherisch und therapeutisch tätig sind, auch diagnostizieren, kann es vorkommen, dass ein und dasselbe Kind von einer bestimmten Person als behindert und von einer andern als ein ganz aussergewöhnliches Kind eingestuft wird, dem einen als origineller Mensch und dem andern als Verkörperung des Unsinnigen, des Kränkenden erscheint; einer sieht vor allem die motorischen, ein anderer mehr die emotionalen und kognitiven Defizite; einer erkennt eher Auffälligkeiten der Sprache, ein anderer eher solche des Sozialverhaltens; die einen befassen sich mit Defiziten in der Persönlichkeitsstruktur, andere mit solchen im Beziehungssystem; die einen sind stark im Wiedererkennen von Folgen von Hirnschädigungen, andere sehen genau dasselbe als Folge von Beziehungsmängeln usw.

Die Frage lautet dann oft: Wer hat recht?

In der Praxis beanspruchen wir Fachleute meistens, selber recht zu haben, weil wir, im Unterschied zu den Eltern etwa, aufgrund unseres Fachwissens und unserer Erfahrung unsere Beobachtungen besser belegen und vertreten können.

Was tun wir aber, wenn wir so argumentieren? Wir sagen, dass wir ähnliche Verhaltensweisen bereits bei andern Menschen erkannt haben und sie dort, so interpretiert, wirkungsvoll angingen. Das ist aber bei weitem kein Beweis für die Richtigkeit unserer Annahme, sondern lediglich ein mögliches Argument dafür, eines, das für den Umgang mit behinderten Kindern von Bedeutung sein kann und es oft war und

sein darf. Das bedeutet aber nicht, dass andere Sichtweisen falsch sind. Zudem: Ein starres Festhalten an den herkömmlichen fachlichen Sichtweisen hätte die Entstehung neuer Betrachtungsweisen verhindert. Neue Erkenntnisse bedingen nämlich, dass alte mindestens teilweise überwunden werden. Das gilt im Einzelfall ebenso wie allgemein.
Lehrkräfte werden den Spezialisten gegenüber oftmals zusammen mit den Eltern als Laien betrachtet, und das heisst, als zum Volk gehörend, als gemein und damit als weniger kompetent. Manche Lehrkräfte sehen sich selber auch als weniger kompetent an und laufen dann Gefahr, alle ihre allgemeinen Erfahrungen minder zu gewichten als das spezialisierte und somit engfeldige Wissen der Spezialisten.
Die unterschiedlichen Sichtweisen und die diagnostischen Erkenntnisse sind auch der Anlass, aber nicht der Grund, für die interdisziplinäre Diagnostik. Diese ist nur sinnvoll, weil jede Spezialistin und jeder Spezialist eine beschränkte Sichtweise hat. Eine solche Diagnostik erfolgt nach dem Puzzle-System: Das Ganze wird durch die speziellen diagnostischen Verfahren (Sichtweisen gehören dazu) in Teile zergliedert und, falls die multidisziplinäre Diagnostik zur interdisziplinären wird, wieder zusammengesetzt. Dabei wissen wir, dass es nichterfassbare Bereiche gibt, und so ist das neu entstandene Bild immer unvollständig.
Nicht „wer hat recht?“ lautet deshalb die angemessene Frage in der Erziehung, sondern „wie sieht/erfährt jeder Beteiligte das Kind in Beziehung zu sich?“. Dies allein ermöglicht einen Austausch an Informationen. Und wenn das Kind mitredet, ist das Bild vollständiger. Dieser offene Austausch sollte, weil es sich bei Kindern um dynamisch sich verändernde Wesen handelt, während der ganzen Dauer der Erziehung gepflegt werden. So kann Vertrauen und damit beziehungswie handlungsmässig die Basis für die Zusammenarbeit zwischen den verschiedenen Beteiligten immer wieder neu geschaffen werden.
Die Theorie- und Wissenschaftsgläubigkeit führt auch dazu, dass jemand umso überzeugender wirkt, je besser er theoretisch begründen kann. Das kann rechtens sein, solange die Theorie für dieses Kind in dieser Situation stimmt. Ich definiere Theorien nochmals etwas an-

ders: Theorien in der Erziehung sind begründete, mehr oder weniger überprüfbare Meinungen, die von bestimmten Personen aufgrund ihrer Erfahrung in einer bestimmten Zeit vorgelegt werden und von andern aus Einsicht oder aus Autoritätsgläubigkeit übernommen werden. Theorien können nie besser sein als die Erfahrungen, die ihnen zugrunde liegen. Weil in unseren Breitengraden Theorien der Erziehung von Kindern mit einer Behinderung meist von AutorInnen verfasst werden, die mit diesen nie, nur wenig oder weit zurückliegend gearbeitet haben, geschweige denn mit ihnen zusammengelebt haben, kann es vorkommen, dass diese Theorien eigentliche Biotope von Verbalismen sind, die dann nicht nur von Praktikern ungenau oder gar nicht verstanden werden. Trotzdem lassen sich manche davon beeindrucken und sind dann verunsichert. Das ist ein Grund, weshalb Theorien so kurzlebig sind, eben weil sie der Praxis nicht standhalten.
Theorien gleichen mitunter eher Ideologien. Manchenorts wird die Diskussion um die schulische und gesellschaftliche Integration und Separation von Menschen mit einer Behinderung ideologisch geführt und gehandhabt. Ein weiteres Beispiel ist die einseitige Betonung der Fachkompetenz gegenüber der Laienkompetenz. Was ist eine Ideologie? Ich verstehe sie als eine nicht begründete, sondern bloss behauptete Meinung. Mit ihr will man bestimmte Ziele erreichen. Weil sie auf Glaubenssätzen beruht, wird sie oft vehement und emotional verfochten. Sie macht blind und stumpf für andere Sichtweisen. In ihr gilt das „Entweder-Oder“, statt das „Sowohl-als-auch“, das „Alles oder Nichts“ statt das „Mehr oder Weniger“. Sie legt auch das fest, was nicht festgelegt werden dürfte, z.B. den Menschen und die Erziehung. Ideologien imponieren wegen ihrer Einfachheit mitunter auch Politikern, die sie dann manchmal umsetzen. Ideologien verändern aber immer nur ein Teilsystem. Wenn dabei die Rahmenbedingungen nicht mitgeändert werden, wirken sie zerstörerisch. Wird integrative Schulung durchgeführt, so sind deshalb folgende Rahmenbedingungen zu ändern: die Kompetenz der Lehrkräfte ist sicherzustellen, die Kooperationsbereitschaft aller Beteiligten ist zu fördern, die öffentliche Meinung und die Meinung der Normalschullehrkräfte sind zu beeinflussen, entsprechende Lehrmittel und Beratungen sind bereitzustellen, die

Verantwortung der beteiligten Lehrkräfte ist festzulegen usw. Geschieht dies nicht, so werden die Lehrkräfte und die Kinder leicht missbraucht.
Ideologien können aber zu Theorien werden, wenn genau hingesehen und beschrieben wird, was geschieht, und dann entsprechend gehandelt wird.
Nun ist es aber so, dass in der Praxis oft gehandelt werden muss, bevor die Rahmenbedingungen bereitgestellt sind. Es fragt sich nur, ob das verantwortbar ist und zu welchem Preis es geschieht.

2.4 Modelle als Hilfe und als Einschränkung

Die Natur- und die technischen Wissenschaften arbeiten mit Modellen. Modelle sind Hilfsmittel, um eine komplizierte Wirklichkeit übersichtlicher und verständlicher zu gestalten. Die Landkarte kann als Modell eines bestimmten Gebietes verstanden werden. Sie zeigt ein künstliches, aber stets sehr vergröbertes und in Symbolen ausgedrücktes Abbild eines bestimmten Gebietes, z.B. eines Landes. In der Psychologie und der Heilpädagogik arbeitet man auch mit Modellen. Auch diese sind Hilfsmittel und wollen helfen, die Wirklichkeit Mensch besser zu erfassen. Auch sie sind künstlich, vergröbernd, vereinfachend und in Symbolen, nämlich in Sprache, dargestellt. Beispiele: Das Persönlichkeitsmodell der Psychoanalyse, Modelle der Wahrnehmung, der Motorik, der Kognition, der Intelligenz, des Gedächtnisses. Sie stellen aber das Kind oder eine seiner Fähigkeiten ebenso wenig dar, wie die Landkarte das Land an sich darstellt. Ähnlich verhält es sich mit den Akten und mit den Gutachten über Kinder. Sie sind Annäherungsversuche und als solche hilfreich, aber sie sind nicht *das Kind*. Sie sind zu überprüfen und neu zu deuten, denn sie sind stets verbesserungsfähig. Deshalb lohnt es sich ebenso wenig, die Akten und Gutachten zu ignorieren, denn sie enthalten die Sichtweisen anderer, noch in interdisziplinären Besprechungen so zu tun, als seien Akten und Gutachten das Kind selber. Das wäre etwa so, wie wenn

jemand, eine Landkarte in der Hand haltend, behaupten würde, er halte das Land in der Hand (3)*.
Nun könnte man einwenden, es genüge durchaus, nur einen Aspekt eines Menschen zu kennen, da eine zu grosse Vielfalt nur verwirre, so dass man vor lauter Bäumen den Wald nicht mehr sehe und handlungsunfähig bleibe. Das trifft aber nur zu, wenn man davon ausgeht, dass nur der einzelne Teil von Interesse ist und dieser ohnehin wesentliche Rückschlüsse auf den ganzen Menschen zulässt. Dass das zutrifft, wird von vielen mit guten Gründen bestritten, vor allem mit dem Hinweis, dass die gleiche Auffälligkeit, und selbst eine scheinbar so banale wie ein interdentaler Sigmatismus (Lispeln), von verschiedenen Menschen aufgrund verschiedener Bedingungen unterschiedlich erfahren und bedeutet wird und es in der Erziehung auf eben diese individuelle Bedeutung ankommt. Deshalb ist immer auch zu fragen, welche Bedeutung ein bestimmtes Symptom für dieses Kind in Beziehung zu dieser Erzieherin, diesem Erzieher hat.

2.5 Intensivheilpädagogik als anachronistisches Merkmal unserer Zeit oder: Was ist das rechte Mass in der Erziehung?

Unter 2.1 stellte ich fest, dass Wissenschaften und Denkweisen, die zu neuen Erkenntnissen gelangen, indem sie in ihren Gegenstand eingreifen, Teile davon herausschneiden und analysieren, unermesslich weiterforschen und immer neue Ergebnisse produzieren. Sie gründen letztlich auf der Auffassung, dass der Mensch, wie alles in der Natur, durch Menschen nach Massgabe ihrer Interessen verändert werden kann und auch zu verändern ist. Das Machbare ist zu tun, und das Nochnichtmachbare ist durch Forschung machbar zu machen. Wenn immer möglich werden aus Ergebnissen Behandlungstechniken, Förderansätze, Unterrichtsmethoden usw. entwickelt. Diese sind, wie die Ergebnisse, auf denen sie gründen, detailorientiert.

---

* Zahlen in Klammern verweisen auf die Anmerkungen S. 301

In diesem Zusammenhang möchte ich vier Probleme besprechen:

1. Es ist üblich geworden, solche Techniken einerseits als besondere Unterrichts- und Trainingsmethoden und anderseits als Therapien zu bezeichnen. Hier befasse ich mich nur mit Therapien. Wer diese anwendet, wird als Therapeutin oder Therapeut bezeichnet. Es ist ferner systemimmanent, dass solche Techniken verfeinert werden, so dass mit der Zeit nur jene das neue und differenzierte Wissen anwenden können, die eine entsprechende Ausbildung absolviert haben. Und weil in unseren Breitengraden die Arbeit mit behinderten Menschen in der Regel unter der Oberaufsicht des Staates steht, kann dieser seine Ordnungspflicht nur wahrnehmen, wenn er weiss, wer in einem bestimmten Bereich arbeitet und ob dies rechtens ist. Das Mittel dazu ist die staatliche Anerkennung der Diplome und somit die Zulassungsbewilligung. Folge davon ist, dass nichtdiplomierte Fachleute durch diplomierte, unbesehen von Erfahrung, Eignung und Fachkompetenz, ersetzt werden (müssen), dass die Fachleute an der Basis immer jünger und der Wechsel der MitarbeiterInnen immer grösser wird, dass Wissen grundsätzlich höher gewertet wird als Erfahrung, dass die Fachsprache die Umgangssprache zunehmend verdrängt und der Umgang mit Menschen mit einer Behinderung zunehmend professionalisiert und zur Symbolhandlung wird. Dadurch beschränkt sich die Verantwortung der Gesellschaft immer stärker auf die finanzielle Sicherstellung des Systems der Behindertenhilfe. Das Denkprinzip des Eindringens, Analysierens und Ausscheidens prägt also auch unsere gesellschaftlichen Systeme und läuft den Integrationsbestrebungen, das heisst der Herstellung von Ganzheiten, zuwider. Das ist zeitwidrig und fragwürdig.

   Anzustreben ist eine Aufwertung der Lebenserfahrung, des gesunden Menschenverstandes, als Gemeinsinn und nicht als dumpfes Gefühl verstanden, und einer *genauen* Umgangssprache im Verhältnis zum Fachwissen und zur Fachsprache, denn das fördert den Bezug zur Wirklichkeit.

   Nicht nur Therapien und Unterrichtsmethoden, sondern auch die Organisation von Schulen und Heimen folgt den Prinzipien der

Analyse und des Eingreifens. Die modernen Namen dafür heissen Qualitätskontrolle und Schulentwicklung. Sie sollen die Effizienz der Schule aufwerten. Um was es geht, zeigt folgendes Zitat von *Xaver Büeler*: «Im Zuge einer Professionalisierung des Schulsystems werden insbesondere vier Aspekte im Vordergrund stehen:

a) Kontinuierliche Personalentwicklung und individuelle Hilfestellung für „Problemfälle",
b) Förderung von Problemlöskapazitäten und kooperativer Arbeitskultur;
c) Erschliessung von internen und externen Unterstützungssystemen (Schüler, Lehrer, Eltern, Wissenschaft, Politik, Wirtschaft);
d) Institutionalisierung von Entwicklungs- und Reflexionsprozessen (Forschung, Supervision, Controlle), die nach dem Muster der Selbstorganisation ablaufen» (*Büeler* 1995, 69).

Wenn ich das richtig verstehe, so heisst das: Lehrkräfte sollen sich fortbilden und bei Problemfällen beraten werden, Lehrkräfte sollen gemeinsam Lösungen erarbeiten, die Schule soll von innen durch Schüler/innen, Lehrer/innen, Eltern, und von aussen durch Wissenschaft, Politik und Wirtschaft unterstützt werden, und in der Schule soll mehr geforscht, supervisiert, qualifiziert und begleitet werden. Das mag alles rechtens sein. Ich frage mich aber, wie das die Arbeit zwischen LehrerIn und SchülerIn, vor allem aber das, was ich Eigenwelt nannte, beeinflusst. Und ich frage mich weiter, ob dieses in Wirtschaft, Industrie und Dienstleistungsbetrieben praktizierte Vorgehen für die Schule geeignet ist, wie es die Schule verändert. Ich befürchte, dass sie dadurch nicht offener, sondern veröffentlichter wird, in ihr weniger erzogen und mehr produziert wird, und schliesslich, dass die Schule, die bereits jetzt Gefahr läuft, zum Prügelknaben und zur Reparaturwerkstatt der Nation zu werden, nun auch noch zum Ort der Hektik und des „Tun als ob" wird. Wenn ich sehe, mit wieviel verschiedenen Spezialisten, Eltern, Mitgliedern von Behörden und Amtsstellen manche Lehrkräfte schon heute zu tun haben, wieviel Sitzungen und Papieraktivitäten sie zu bewältigen haben und unter welchem Professionalisierungsdruck sie stehen (Kurse, die besucht, Literatur, die gelesen, neue Methoden, die beherrscht werden sollten usw.), so verstehe ich gut, dass viele klagen, sie könnten ihre Klasse nur noch nebenbei führen, und nicht die Arbeit mit den Kindern sei es, die sie belasten oder gar ausbrennen lassen, sondern das Drumherum, eben die symbolischen Arbeiten. Diese Lehrkräfte sollten sich wehren, denn im Trend der Zeit scheinen jene zu stehen, die sich wie pädagogische Manager gebärden und dabei erst noch das Gefühl haben, endlich „wer" zu sein. Diese Leute verkehren die Schule in eine pädagogische Agentur, die alle Merkmale eines hektischen und auf Aktionismus ausgerichteten Dienstleistungsbetriebs aufweisen, in dem die Schülerinnen und Schüler zu Dienstleistungsbezügern und damit zu entpersönlichten Konsumenten werden. Das hat mit Management und Engagement viel, mit Erziehung aber, so wie ich sie verstehe, sehr wenig zu tun. Managen tut man Abläufe und engagieren kann man sich nur für eine Sache; Menschen dagegen muss man achten und lieben. Was aber geschieht, wenn Management, Engagement und Hektik anstelle von Begleitung, Achtung und Liebe die pädagogische Arbeit prägen? Sie droht zum Verwaltungsakt zu werden! Deshalb hoffe ich, dass die Lehrkräfte rechtzeitig bei der Gestaltung dieses modernen Managements mitwirken können und dabei ihre Eigenwelten und ihre *erfahrenen* Interessen der Kinder verteidigen.

2. Wie geht ein durch verschiedene Spezialisten behandeltes behindertes Kind, wie gehen seine Eltern und Lehrkräfte mit der Vielfalt an Bezugspersonen, Methoden und Ansprüchen um? Gesichert ist, dass das Kind nur das lernt, was es selber in seine kognitiven Schemata integrieren kann. Das hängt ab von der Massnahme und ihrer Durchführungsart, von der Beziehung des Kindes zu den Therapeutinnen und Therapeuten und von seiner Beanspruchung. Die Frage ist deshalb so gewichtig, weil behinderte Menschen oft besondere Schwierigkeiten haben, verschiedene Lerninhalte so zu integrieren, dass sie sie im Alltag selbständig anwenden können. Ich verfüge über gesicherte Erfahrungen, die zeigen, dass heute in

der Regel nicht zu wenige, sondern zu viele verschiedene Massnahmen bei behinderten Kindern durchgeführt werden. Diese Vielfalt kann dazu führen, dass dem Kind zu wenig Kraft und Zeit bleiben, um das Vermittelte zu integrieren, um sich auszuruhen, bei sich zu sein und sich den einfachen Alltäglichkeiten zu widmen. Das Kind, so stark in Einzelaspekte unterteilt, entwickelt auch verschiedene Identitäten. Es wird in einer künstlichen Welt festgehalten, was seine Weltentfremdung und seine Behinderung verstärken kann. Behinderungen zeigen sich vor allem in einem gefährdeten Selbst und immer auch als herabgesetzte Fähigkeit, den Alltag zu gestalten und zu leben. Manche Kinder reagieren auf diese Überforderung mit Verhaltensstörungen, vorwiegend in Form von Unruhe, Apathie, Gereiztheit und mit eigenartigen Formen von Bewusstseinstrübungen. Es gehört deshalb zu den Aufgaben der Fachleute, und da meine ich, dass die Lehrkräfte die wichtigsten sind, immer wieder neu zu prüfen, welche und wie wenig Massnahmen und wie wenig Abwechslung geeignet sind, damit ein Kind nicht verwahrlost, das heisst nicht in Unordnung gebracht wird. Es gilt als gesichert, dass eine äussere Ordnung die Voraussetzung ist für eine innere Ordnung und dass diese wiederum die Grundlage ist für die Entwicklung eines geordneten Selbst.

Den Prinzipien „Erkennen durch Analyse“ und „Veränderung durch Eingreifen“ verdanken wir die imponierenden Fortschritte in vielen Bereichen, aber auch die Entfremdung des Menschen von Alltag, Natur und allem Transzendenten. In der Heilpädagogik sind die Fortschritte ebenfalls beachtlich, aber auch die Entfremdung unter den Menschen und des einzelnen für Menschliches. Es gibt Hinweise darauf, dass das Ziel „Lebenshilfe“, dem alle Erziehung und alle Therapien verpflichtet sind, durch die lebens- und menschenentfremdende Wirkung einer ungezügelten Therapeutisierung in ihr Gegenteil verkehrt wird. Das ist zeitwidrig, denn es fördert Lebensferne statt Lebensnähe. Zu fordern ist, dass Veränderungsbemühungen massvoll bleiben und vom Alltag her auf den Alltag hin gestaltet werden und dass jene, die mit dem Kind zusammenleben oder es schulen, als Hauptpersonen betrachtet und behandelt werden.

Besonders das, was in diesem Kapitel steht, gilt auch für nichtbehinderte Kinder, von denen manche auf die pädagogische Hektik mit Unruhe, Aggressivität, Gleichgültigkeit usw. reagieren. Viele Erzieher sehen aber nicht, dass ihre so gutgemeinten Massnahmen zu diesen Verhaltensstörungen führen können. Sollten wir uns aber nicht vielmehr darüber wundern, dass so viele Kinder die von uns inszenierte pädagogische Betriebsamkeit so schadlos überstehen?

3. Angesichts der vielfältigen therapeutischen Möglichkeiten stellt sich die Frage, *was denn Hilfe für Menschen mit einer Behinderung leisten soll.* Soll sie soweit wie möglich Normalität oder einfach Lebensfähigkeit anstreben? In der Evolutionstheorie nimmt man an, dass nicht nur die stärksten und optimal angepassten Arten und Individuen überleben, sondern alle, die sich hinreichend an die Umwelt, oder diese an sie, anpassen (und die sich fortpflanzen können). Aus der Evolution lässt sich zwar kein Normensystem für den Menschen ableiten, aber die neuverstandene Evolution als „hinreichende Anpassung" an die Umwelt könnte für die Kultur anregend werden. In unserem Zusammenhang würde das bedeuten, dass nicht alle Massnahmen durchgeführt werden sollen, die zur Verfügung stehen, sondern nur jene, die der Lebensfähigkeit des Kindes dienen. Das würde aber bedingen, dass wir die geltende Norm der „Normalisierung um jeden Preis" aufgeben. Die Artenvielfalt menschlicher Verhaltensweisen und Seinsformen, und eine Behinderung ist eine Art zu sein und kein Defekt, würde nicht weiter durch Anpassungsdruck (zu viele Massnahmen können das sein) und Aussonderung reduziert. Jedes Leben wäre lebenswert und jeder Mensch hätte ein unbedingtes Lebensrecht. Es wäre eine wesentliche Grundlage für menschliche Solidarität geschaffen. Damit könnten auch Menschen mit einer Behinderung, ihre Angehörigen und ihre BetreuerInnen ein ungebrocheneres Selbstverständnis entwickeln und das gesellschaftliche Ganze selbstbewusster mitprägen. Dann würden wir weniger Gefahr laufen, verrückte und gefährliche Lebensformen zu entwickeln. Verrückt meine ich

wörtlich und im Sinne von verschoben, denn sie werden durch eine zunehmende Minderheit nach ihrer eigenen Vorstellung, was ein erstrebenswertes Leben ist, für alle Menschen verbindlich festgelegt. Zu dieser Minderheit gehören jene sicher nicht, die man als Noch-nicht-ganz-Mensch (die Kinder und die noch nicht Erwerbstätigen), als Nicht-ganz-Menschen (die Behinderten und Randständigen) und als Nicht-mehr-ganz-Menschen (die Betagten und jene, die nicht mehr erwerbstätig sind) bezeichnet.

Diese Diskriminierung, verbunden mit Anpassungsdruck und Aussonderung, sind Merkmale der industriellen Massenwirtschaft, in welcher Kontrolle, Zentralisierung, Gleichförmigkeit und quantitatives Denken gefordert und gefördert werden. Vielfältig bedingt, scheint sich ein neues Menschen- und Lebensverständnis anzubahnen. Es ist gekennzeichnet durch Individualität und durch Pluralität in den Seins- und Lebensweisen. Unterschiede werden bewusster akzeptiert, das Leben ist mehr auf Koexistenz und weniger auf Konkurrenz ausgerichtet (4)* (*Welsch* 1988, 1991). Wenn Pluralität auch verschiedene Seinsweisen umfasst, so steht die Intensivheilpädagogik immer dann im Gegensatz zur Zeit, wenn Normalisierung um jeden Preis angestrebt wird, weil z.B. behinderte Kinder das nie erreichen. Die Zukunft wird zeigen, ob die neuen Werte auch für Menschen mit einer Behinderung, ihre Angehörigen und BetreuerInnen und für alle jene gelten werden, die als Nichtvollwertige disqualifiziert werden, oder ob die kulturelle Entwicklung einmal mehr an diesen Menschen vorbeigeht.

Zu diesem Lebens- und Menschenbild gehören nicht Gleichgültigkeit, fade Beliebigkeit und Orientierungslosigkeit, also nicht „alles geht“ und „ alles ist möglich“, sondern die eigenverantwortete Lebensführung in Koexistenz. In Erziehung und Schule ginge es darum, zu versuchen, Hilfen zur Selbsthilfe zu vermitteln, soviel Verantwortung wie nur möglich bei den Lehrkräften zu belassen und darauf hinzuwirken, dass diese ihre Verantwortung immer besser wahrnehmen können. Das aber hat mit Technik wenig zu tun, dafür sehr viel mit dem, was man in Philosophie und Ethik unter

* Zahlen in Klammern verweisen auf die Anmerkungen S. 301

Beziehung, Dialog, Menschenwürde, Autonomie, Verantwortung, Einfühlung und eben auch Erziehung versteht. Wenn dies bejaht wird, so ginge es in der Aus- und Fortbildung von Lehrkräften mehr darum, sich mit grundlegenden Fragen des Menschen in all seiner Vielfalt zu befassen und weniger darum, möglichst viele Methoden und Techniken zu vermitteln. Tatsache ist aber, dass in der Ausbildung und in den Fortbildungen grundsätzliche Fragen über das Menschsein zunehmend durch die Vermittlung von Methoden und Techniken verdrängt werden. Das zeigt z.B. selbst ein nur flüchtiger Blick in Programme von Fortbildungsveranstaltungen.

4. Wodurch wird die Entwicklung des Menschen positiv beeinflusst?
Als positiv bezeichne ich, was Eigenständigkeit, Vielfalt, Lebensmut, Lebensfreude und Solidarität entstehen lässt. Ausreichende Zeugnisse aus der Geschichte der Menschheit zeigen, dass Kinder einerseits dauerhafte Bezugspersonen brauchen, nicht fehlerfreie, sondern glaubwürdige, solche, die sich weder vertreten lassen, noch weggehen. Als glaubwürdig werden Menschen erfahren, die ihre Sicht von Welt verkörpern und andere bestehen lassen, solche, die nicht allgemeinverbindliche Ziele vorgeben und durchzusetzen versuchen, sondern sich damit begnügen, ihre begrenzte Welt dem Kinde gegenüber zu leben im Vertrauen darauf, dass das Kind aus dieser Verbundenheit heraus einen Weg findet. Anderseits ist es notwendig, dass Kinder handeln können und dürfen. Sie sind dazu anzuhalten und darin zu unterstützen.
Das alles nennt man Erziehung. Nach *Buber* erfolgt Erziehung vorwiegend durch den Erzieher, wenn dieser «aufbauende Kräfte der Welt einsammelt» und diese möglichst absichtlos auf das Kind wirken lässt (*Buber* 1963, 807). Das bedeutet nicht, dass die Lehrerin, der Lehrer das Kind an sich bindet, im Gegenteil: Es meint, dass nur jene Lehrkraft, die von sich absieht, also z.B. nicht einfach von den Kindern geliebt werden will, sondern sich dem Kind und dem „Stoff" verpflichtet, das Kind tatsächlich frei lässt. *Tolstoi*, der grosse russische Schriftsteller, sagt in seinen pädagogischen Schriften etwas ähnliches, nämlich: «Wissenschaft ist Wissenschaft und

enthält sonst nichts in sich. Das erzieherische Element aber liegt in dem Unterricht der Wissenschaften, in der Liebe des Lehrers zu seiner Wissenschaft, in seiner liebevollen Darstellung und im Verhältnis des Lehrers zu seinen Schülern» (*Tolstoi* 1911, 206).

2.6 Messen und Distanzierung

Ich wende mich wieder dem Messen zu und frage, wie wir denn messen können? Wir können es nur, indem wir auf eine gewisse Distanz gehen zu dem, was wir messen wollen. Je grösser die Distanz, umso mehr kann gemessen und vermessen werden, aber umso verkleinerter auch erscheint das, was gemessen wird. Je mehr sich der Messende vom Subjekt entfernt und dieses zum Objekt, zum Gegenstand macht, umso mehr kann er darüber aussagen, ohne in seinem Tun gestört zu werden. Gestört durch wen? Durch den zu Messenden selber, durch seine Einzigartigkeit, durch das, was man aus der Entfernung nicht mehr sieht und dem man sich folglich nicht stellen muss. Deshalb kann man Menschen, die man nur flüchtig kennt, vermeintlich so genau und sicher beurteilen. Unsere Ferne, unsere Entfremdung machen es uns leicht. Und deshalb ist man so unsicher, so unwissend, wenn man Menschen, die einem nahestehen, charakterisieren sollte. Messen kann man in der Regel nur aus einer grossen inneren Distanz, die Verbundenheit ausschliesst. Dieses „auf Distanz gehen“ ist immer wieder notwendig, damit man sich nicht verliert, aber in der Erziehung reicht es nicht aus.
Möglich ist auch, den Menschen nicht zu messen, sondern ihn frei zu lassen und mit ihm in Verbundenheit zu leben. Das setzt voraus, dass man sich der Meinung entledigt, man werde dem Kind nur dann gerecht, wenn man es analytisch erfasst hat, und dem Zwang widersteht, das Kind in eine bestimmte Richtung verändern zu wollen. Es setzt aber auch voraus, dass man sich begnügt, mit dem Kind gemeinsam einen Weg zu gehen. Nicht weil Kind und ErzieherIn einander ein Geheimnis wären, sondern weil sie einander auch genügen, so wie sie sind, weil sie sich anerkennend erkennen und nicht erkennend anerkennen wollen. Die direkte Begegnung ist dann das Medium des

menschlichen Lebens und Anregung zugleich. Eine Form dieser Anregung durch Begegnung ist Erziehung, dann nämlich, wenn bewusst darauf geachtet wird, dass die Begegnung das Kind nicht erstickt, nicht verformt, nicht definiert, sondern es frei macht für die eigenen Möglichkeiten, vorerst auch für solche, die den Erwachsenen nicht behagen.

2.7 Wiedererkennen und Verstehen

In einer Diagnostik, die auf Wiedererkennen angelegt ist, zählt nur, was bereits bekannt ist. Erstmaliges und Einmaliges werden ebenso leicht übersehen wie das Unscheinbare. Das erschwert oder verunmöglicht u.a. das Staunen und damit eine wirkliche und wohltuende Art der Beziehung, vor allem bei Kindern mit einer Behinderung. Wer staunt, ist offen, denn er hat nicht das festlegende Wissen, er schaut zu und lässt entstehen, statt einzugreifen und zu verändern, er gesteht dem Bestaunten Einzigartigkeit zu, statt ihn bloss als Abweichung auf einer Skala, auch einer in seinem Kopf, zu verstehen. Kurz, wer staunt, zeigt Respekt vor der Einmaligkeit des Ereignisses. Und die Erfahrung des Einmaligen und Aussergewöhnlichen erleichtert es, Altes, Vertrautes, auch Belastendes, neu zu sehen. Es eröffnet neue Perspektiven. Erleichtert wird diese offene Betrachtungsweise, wenn man sich immer wieder bemüht, das bekannte und bewährte Wissen auf die Seite zu schieben, es bewusst nicht anzuwenden. Dieses bewusste Nicht-wissen-wollen ist nicht Unkenntnis, sondern die schwierige Leistung, das bekannte Wissen zu überwinden. Es setzt allerdings voraus, dass man dem Kind zutraut, ursprünglich, originell zu sein, Leistungen zu erbringen, die weder erklärbar sind noch erklärt werden müssen. Das heisst aber auch, dass man bereit ist, auf Überraschungen, weil sie ganz grundsätzlich von Lebendigkeit zeugen, einzugehen. Menschen mit einer Behinderung kann man in besonderem Masse als erstaunliche Wesen erfahren, wenn man das zulässt.
Wenn wir genau hinsehen, so vermögen wir auch mit besten Fachkenntnissen vieles in der Erziehung nicht zu erklären. Selbst bei solch verbreiteten Verhaltensweisen wie einer motorischen Stereotypie gera-

ten wir oft in Schwierigkeiten. Natürlich kann eine Stereotypie erklärt werden als Folge von zu hoher oder zu niedriger Aktivation, als ein Aus-dem-Felde-gehen infolge Überforderung, als Kompensation für Misserfolge, als Gewohnheit, als Übersprung- oder als Ersatzhandlung, als autoerotische Stimulation, als einzig verbliebene Verhaltensmöglichkeit, um sich selbst leibhaftig zu erfahren und ähnliches mehr. Das sind alles kausale oder finale Erklärungen, und sie können stimmig und hilfreich sein. Wer kausal fragt, will wissen, warum etwas ist. Wer final fragt, will wissen, wozu etwas ist. Wenn wir nur kausal erklären, so gehen wir etwa so vor wie jener, der die Rose aus ihrem Dünger erklärt. Erklären wir nur final, so tun wir so wie jener, der dieselbe Rose einzig als mögliches Geschenk versteht. Wer die Rose aber *ausschliesslich* kausal oder *ausschliesslich* final erklärt, sieht die Rose nicht und kann sich von ihr folglich auch nicht ansprechen lassen. Als Rose bedeutet sie ihm nichts. Mit allen Vorbehalten Vergleichen gegenüber können wir folgendes sagen: Wer ein bestimmtes Verhalten, z.B. eine Stereotypie, ausschliesslich kausal oder ausschliesslich final erklärt, der sieht das Verhalten an sich nicht, und schon gar nicht das Kind, und lässt sich davon (durch seine Gestalt etwa) nicht ansprechen. Es gibt aber die Möglichkeit, ein konkretes Verhalten im Sinne der Einbildungskraft nach *Bachelard* (1987), der Umfassung im Sinne *Bubers* (1963, 804f) oder der Einfühlung und Identifikation in sich wirken zu lassen. Dann kann eine neue Form der Gemeinsamkeit entstehen, weil man meint, erfahren zu haben, was das Verhalten für den andern bedeutet, wie ihm zumute ist, wie es in ihm wirkt. Daraus können sich neue Wege auftun, auch solche, auf denen etwa die Stereotypie zur kleinen kommunikativen Nische zwischen ErzieherIn und Kind wird. Wir haben also die Möglichkeit, Verhaltensweisen als Gestalten auf uns wirken zu lassen, ohne sie zu benennen, und dabei zu erfahren, was diese in uns auslösen. Das ist in besonderem Masse dort hilfreich, wo Sprache versagt. Wir alle wissen, dass es in der Erziehung Situationen gibt, in denen wir sprachlos sind und dennoch verstehen, und dass es Situationen gibt, die durch Sprache eben einen andern Sinn erhalten oder gar sinnlos werden. Sprachlos sind wir etwa in Momenten tiefster Verbundenheit, dann, wenn wir sagen sollten, was in einem intensiven Spiel, bei einer bestimmten Aufgabe wirklich geschah, vor allem dann, wenn es uns besonders „unter die Haut“, „ans Herz“ ging, dann, wenn wir erschauderten oder zutiefst erschraken, wenn es uns „kalt den Rücken hinunterlief“, wenn uns „das Blut in den Adern erstarrte“. Wenn wir solche Erlebnisse in Worte fassen, so wissen wir, dass es nicht gelingen will. Es gibt Erfahrungen, über die man nicht sprechen kann und wohl auch nicht soll, damit sie nicht zerredet werden. Könnte es sein, dass solche Erlebnisse und Erfahrungen in den Wissenschaften deshalb von so geringer Bedeutung sind, weil sie nicht in Sprache gefasst werden können? Wissenschaftlich unbedeutend heisst aber nicht, ohne Bedeutung für das Leben. Was besagt dies? Zum Beispiel, dass uns für manche intime Erfahrungen die Worte buchstäblich fehlen, sei es, weil wir in neue Erfahrungsbereiche vorgestossen sind, für die die Gehirnstrukturen, welche Sprache zur Verfügung stellen, (noch) nicht entwickelt sind oder sei es, weil es bloss Erfahrungsbereiche sind, die die Menschheit in ihrer sprachbildenden Kraft bisher ausblendete, weil darüber nicht gesprochen wurde, oder weil es neue Erfahrungsbereiche sind, wie das intensive Zusammenleben mit behinderten Kindern, die sprachlich noch nicht durchdrungen sind.

In solchen Situationen ist Schweigen oft angemessener. In der Zusammenarbeit kann man versuchen sich näherzukommen, indem man gemeinsam handelt, einander zuschaut und indem man einander Geschichten aus dem Alltag erzählt.

In den Naturwissenschaften hat man erkannt, dass in der Natur und im Kosmos Gesetze gelten, «deren Gültigkeit die Fassungskraft und Reichweite menschlicher Sinneserfahrung prinzipiell übersteigen, und zwar auch der Sinneserfahrungen, die mit Hilfe der besten und verfeinertsten Apparate gemacht werden, ...» (*Arendt* 1992, 257). Dies, weil die Gültigkeit dieser „ewigen“ Gesetze weiter reicht als jede menschliche Erfahrung. Mir scheint, dass wir nach einem Jahrhundert psychologischer, medizinischer und heilpädagogischer Bemühungen um Kinder mit einer Behinderung doch erkennen können, dass wir einiges über Funktionen, über Lernstrategien, über Entwicklungen und Therapien wissen, dass aber jeder, der dem Kind mit einer Behinderung

wirklich begegnen will, weit darüber hinaus muss, ja mitunter all dieses Wissen vergessen sollte. Dazu können uns Bilder verhelfen, denn Gestalten und Bilder sind vor dem Denken. Wie dies erfolgen kann, ohne das wissenschaftliche Wissen zu verwerfen, hat der Kardiologieprofessor *Frank Nager* in seinem Buch „Das Herz als Symbol" (*Nager* 1993) gezeigt.
Bilder sind individuell, aber nicht irrational, sondern vernünftig. Deshalb kommt es auf den einzelnen an. Ich wünsche Ihnen die Kraft zur Eigenständigkeit, nicht zum Eigensinn, sondern dafür, dass Sie sich auf Situationen einlassen, demütig, aber aufrechten Ganges, im Wissen, dass Sie besser Herr X und Frau Y statt Prometheus sein können. Prometheus, der in bester Absicht das Beste für die Menschheit von den Göttern raubte, nämlich das Licht, wurde dafür fürchterlich bestraft. Tun Sie das, was Sie können, und wollen Sie das, was Ihnen und Ihren Kindern möglich ist. Das ist oftmals weniger als das Notwendige und immer viel weniger als das Ideale, aber das einzige und somit das beste, was uns bleibt. Dann sind Sie glaubwürdig für sich selber und für Ihre Kinder, also würdig, dass man nach Ihnen fragt.

Anmerkungen

(1) «Physik und Chemie machen Aussagen über die äussere Welt, die nur auf dem Weg über die psychischen Prozesse zugänglich ist. Die Psychologie macht Aussagen über die psychischen Prozesse selbst, das heisst über die Art und Weise, wie das Ich mit der äusseren Welt in Beziehung tritt. Sie ist damit grundsätzlich zumindest in keiner ungünstigeren Lage als Physik und Chemie». (*Traxel* 1968, 114)

(2) Aus Interesse an der Entwicklung entstanden im 19. Jahrhundert z.B. die Geologie als Erdgeschichte, die Biologie als Geschichte des

Lebens, die Psychologie als Geschichte der menschlichen Entwicklung, sowohl der Gattung wie des einzelnen.

(3) Akten und Gutachten sind notwendig. Diese sollten aber nicht einfach Auflistungen von Defiziten sein, sondern eher wie Briefe an einen Freund, etwa so, wie die Briefe von Espinas an seine Tochter Olga, die ein Down-Syndrom hat (*Espinas* 1988). Sie sollten Grundlagen zum Handeln und Verstehen sein und an die Einstellung des Lesers appellieren. Sie sollten aber auch unsere offenen Fragen enthalten, Fragen, die unsere Unsicherheit und unsere Zurückhaltung und Ehrfurcht vor der Einmaligkeit des Kindes ausdrücken. Werden sie so angelegt, so würden sie nichts enthalten, was das Kind und seine Angehörigen nicht schon kennen, aber oft nicht benennen können.
Wir dürfen aber nicht übersehen, dass wir dann, wenn wir immer mehr diagnostische Details über Kinder sammeln, die Akten zwar immer umfangreicher, unsere Sichtweisen oft aber immer nebelhafter werden. Ich kenne z.B. verschiedene Erwachsene mit einer geistigen Behinderung, über welche bis zu 4 kg Akten angelegt wurden, die alle vollgespickt mit Details und für die Betreuer unzugänglich sind. Kein Wunder, dass letztere in ihrer Arbeit im dunkeln tappen und sich fragen, wie denn diese Menschen zu verstehen sind.

(4) Die verschiedenen Gruppen, die sich manchenorts destruktiv und mit mehr oder weniger verstandenen totalitären und fundamentalistischen Ansprüchen bemerkbar machen, sind nicht die Spitze eines Eisberges, sondern vielmehr Zeichen der Abwehr gegen die sich durchsetzende polyvalente Gesellschaft, die, wie jede Umwälzung, eben auch verunsichert.

Bibliographie

- *Arendt, H.*: Vita activa oder vom tätigen Leben. München: Piper, 1992, (7. Auflage)
- *Bachelard, G.*: Poetik des Raumes. Frankfurt a.M.: Fischer, 1987
- *Buber, M.*: Werke Band I: Reden über Erziehung. München: Kösel, 1963
- *Büeler, X.*: Den Bildungsschlaf der Gerechten stören. Qualitätssicherung durch Schulentwicklung. Neue Zürcher Zeitung (NZZ) Nr.21, 26.1.95, 69
- *Dürr, H.-P. (Hrsg.)*: Physik und Transzendenz. Die grossen Physiker unseres Jahrhunderts über die Begegnung mit dem Wunderbaren. Bern/München: Scherz, 1992, (6. Auflage)
- *Espinàs, J.M.*: Dein Name ist Olga. Zürich: Pendo, 1988
- *Heisenberg, W.*: Wandlungen in den Grundlagen der Naturwissenschaft. Zürich: Hirzel, 1949, (8. erw. Auflage)
- *Nager, F.*: Das Herz als Symbol. Basel: Editiones Roche, 1993
- *Tolstoi, L. N.*: Pädagogische Schriften, Band 1. Jena: Eugen D., 1911
- *Traxel, W.*: Über Gegenstand und Methode der Psychologie. Bern/Stuttgart: Huber, 1968
- *Welsch, W. (Hrsg.)*: Wege aus der Moderne. Schlüsseltexte der Postmoderne-Diskussion. Weinheim: acta humaniora, 1988
- *Welsch, W.*: Ultrapostmoderne Moderne. Weinheim: acta humaniora 1991, (3. Auflage)

17

DISKRIMINIERUNG

1994

Obwohl die Diskriminierung der Menschen mit einer geistigen Behinderung und oft auch ihrer Angehörigen und der Fachleute durch Nichtbetroffene, durch das politische System und durch den Zeitgeist unbestritten ist, befasse ich mich hier thesenartig und daher sehr anfechtbar mit der *hausgemachten* Diskriminierung.

1. Wir Fachleute diskriminieren Menschen mit einer geistigen Behinderung, wenn wir das Andersartige stärker betonen als das Gemeinsame.

1.1 Wir schreiben und reden meist nur über ihre Defizite, darüber, wie man sie erkennen und was man dagegen tun kann. Wir denken in Defizitkategorien auch dann, wenn wir von den offenen Möglichkeiten reden.
Antidiskriminierend ist, wenn wir uns mit Verstand und Herz zuerst den Gemeinsamkeiten und dann den Unterschieden zuwenden, das heisst, wenn wir grundsätzlich anerkennen, dass diese Menschen existenzberechtigt sind, so wie sie sind, und wir uns erst dann mit ihnen auf den Weg machen.

1.2 Das Andersartige betonen wir auch, wenn wir *vorschnell* ein Arbeitsprodukt wie z.B. eine Zeichnung eines Menschen mit einer geistigen Behinderung überhöhen und als Kunst bezeichnen. Dadurch werden diese Menschen zu geheimnisvollen Wesen. Jene aber, die sachlich denken, belächeln unsere Naivität.
Antidiskriminierend ist, wenn die Werke der Menschen mit einer geistigen Behinderung als das gelten dürfen, was sie sind.

1.3 Weil wir von den Mängeln der Menschen mit einer geistigen Behinderung fasziniert sind, versuchen wir, diese Menschen zu verändern. Wir messen sie an der Norm, an der Mittelmässigkeit und setzen sie dadurch ins Defizit.
Antidiskriminierend ist, wenn wir ihre Möglichkeiten, ihre Eigenart und Einzigartigkeit stärker gewichten als die Norm.

2. Wir Fachleute sondern uns selber von der Öffentlichkeit ab und demonstrieren dadurch eindrucksvoll die Andersartigkeit der Menschen mit einer geistigen Behinderung.

2.1 Wir verwenden eine Fachsprache, die von Nichtbetroffenen, Eltern und zu vielen Praktikern nur ungenügend verstanden wird. Dadurch behindern wir das Gespräch mit Nichtbetroffenen, mit Angehörigen und selbst unter Fachleuten.
Antidiskriminierend ist, wenn wir eine Sprache sprechen, die genau ist und trotzdem von all jenen verstanden wird, die wir an-

sprechen wollen. Was alle angehen soll, sollen alle verstehen können.

2.2 Wir haben uns der Veränderung durch besondere Massnahmen verschrieben. Dies erfordert Fachkenntnisse, die nur in besonderen Ausbildungen erworben werden können. Wir haben die Heilpädagogik professionalisiert und damit bekundet, dass Menschen mit einer geistigen Behinderung vorwiegend nur durch Fachleute angemessen betreut werden können. So werden Lebenserfahrung und spontaner Umgang mit diesen Menschen fragwürdig. Nichtbetroffene und Laien haben gute Gründe, sie den Fachleuten zu überlassen.
Antidiskriminierend ist, wenn wir den spontanen, laienhaften Umgang neu betonen und die Nichtbetroffenen dazu ermuntern und sie begleiten.

2.3 In den Aus- und Fortbildungen werden immer mehr die „Methoden“ ausgebaut und Philosophie, Pädagogik und Ethik abgebaut. Wir bewegen uns in Richtung Sozialtechnik. Dadurch wird das Spezielle auf Kosten des Allgemeinen gefördert und die Andersartigkeit der Menschen mit einer geistigen Behinderung unterstrichen.
Antidiskriminierend ist, wenn wir uns bewusster den grundlegenden Fragen des Menschseins stellen und entschieden vertreten, dass diese Fragen auch für Menschen mit einer geistigen Behinderung gültig sind.

2.4 Wir stellen unsere Arbeit zu einseitig als vorwiegend belastend dar, meinen dabei aber vor allem die Arbeitsbedingungen. Die Öffentlichkeit macht diesen Unterschied nicht und schliesst aus unseren Klagen, dass die Menschen mit einer geistigen Behinderung *an sich* belastend sind.
Antidiskriminierend ist, wenn wir das Befriedigende in unserer Arbeit betonen und einlösbare politische Forderungen zur Ver-

besserung der Arbeitsbedingungen verständlich und sachkompetent stellen.

3. In Lehre und Forschung besteht eine beträchtliche Distanz zwischen Lehrenden und Forschern einerseits, und Menschen mit einer geistigen Behinderung, ihren Angehörigen und den Praktikern anderseits. Das fördert die Absonderung in mehrfacher Hinsicht.

3.1 Es gibt zu wenig Lehrstühle an Universitäten und Fachhochschulen, die sich den Anliegen der Menschen mit einer geistigen Behinderung im weitesten Sinne widmen können. Dies dürfte zeigen, dass die Bedeutung von Lehre und Forschung für diese Menschen nicht gebührend erkannt ist und wahrgenommen werden kann.
Antidiskriminierend ist, wenn ausreichend Lehrstühle geschaffen und Mittel zur Verfügung gestellt werden, damit die Anliegen dieser Menschen auch wissenschaftlich wahrgenommen werden können.

3.2 Ganz allgemein ist festzustellen, dass die meisten der wenigen, die in Lehre und Forschung auf Hochschulniveau tätig sind, mit Menschen mit einer geistigen Behinderung gar nicht oder dann nur vorübergehend gearbeitet, geschweige denn mit ihnen zusammengelebt haben. Zu viele Lehrende und Forscher kennen diese Menschen vorwiegend aus der Literatur oder aus der mittleren oder sicheren Entfernung des Beobachters. Dadurch bleibt ihr Verständnis ein distanziertes.
Antidiskriminierend ist, wenn Bedingungen geschaffen werden, damit Lehrende und Forscher vermehrt aus der Zusammenarbeit und dem Zusammenleben mit Menschen mit einer geistigen Behinderung arbeiten können.

18

Aufwertung der Laienhilfe als Sozialisierung des Sozialstaates

1995

1. Einleitung

Mein Nachwort zum Buch über Ivo Betschart endet mit der folgenden Feststellung: «Es kann doch kein Zweifel bestehen: Durch die einseitige kollektive Unterstützung der Fachhilfe durch die öffentliche Hand in Fachinstitutionen wie Heime für Behinderte, aber auch für Alte und Chronischkranke, und im Gesundheits- und im Bildungswesen ganz allgemein, haben wir die Privathilfe ausgehöhlt. Die Folgen dieser Entwicklung sind vielfältig. Beklagt wird im allgemeinen nur die Kostenexplosion. Weit bedeutsamer ist aber, dass wir verlernen, uns sozial zu verhalten und auch immer weniger Menschen die Möglichkeit haben, dies zu üben. Der Sozialstaat droht unsozial zu werden, indem er die Entfremdung unter den Menschen fördert.»

Mit diesen Worten kritisiere ich weder die Fachinstitutionen, noch die Fachleute. Wir brauchen diese unbedingt, wir müssen sie vor dem drohenden Abbau schützen, sie dürfen nicht als Luxusartikel betrachtet werden, den wir uns nur leisten, solange es uns wirtschaftlich gut geht, und sie dann bei Bedarf vorschnell wegrationalisieren. Hilfe für Behinderte soll etwas Selbstverständliches sein, etwas, das grundsätzlich anerkannt und gesichert ist wie der Lebensraum jedes Bürgers. Dies, weil es Menschen mit einer Behinderung gibt und weil es keinen verantworteten Grund gibt, ihnen das vorzuenthalten, was alle für sich beanspruchen, nämlich einen Ort zum Leben, ohne sich erklären zu müssen, einen Ort zum Lernen, zum Arbeiten, und vor allem Menschen, bei denen sie sich aufgehoben fühlen, unabhängig von ihrer Leistungsfähigkeit.

Wenn ich von der drohenden Entfremdung unter den Menschen spreche und eine Sozialisierung unserer Gesellschaft fordere, so meine ich, und jetzt beziehe ich mich nicht mehr nur auf Menschen mit einer Behinderung, folgendes: Wir haben in den letzten Jahrzehnten die *professionelle Hilfe* im Bildungs-, Gesundheits- und Sozialwesen stark ausgebaut. Davon zeugen vielfältige Institutionen wie Ambulatorien, private ärztliche und psychotherapeutische Praxen, Beratungsstellen aller Art, Spitäler, Heime, differenzierte Individualleistungen (Unfall- und Krankenversicherung, Alters- und Hinterlassenenversicherung, Invalidenversicherung mit Renten und Eingliederungsmassnahmen), die Aus- und Fortbildung der Fachkräfte und ihre verbesserten Anstellungsbedingungen. Das alles ist eine bemerkenswerte wissenschaftliche und sozialpolitische Tat. Aber meines Erachtens genügt sie nicht. Nachdem die Fachhilfe ausgebaut ist, geht es nun darum, *die Laienhilfe aufzuwerten, zu reaktivieren und zu fördern*. Warum?

2. Thesen

Die folgenden Thesen sind holzschnittartig und beziehen sich vor allem auf Menschen mit Behinderungen. Sie gelten aber grundsätzlich für alle Menschen, die auf heilpädagogische, medizinische, psychologische und soziale *Langzeithilfe* angewiesen sind, wie z.B. Alte, die unselbständig sind, Chronischkranke, Pflegebedürftige, Langzeitarbeitslose, Menschen in materieller Not, Kinder und Jugendliche, die besondere Schwierigkeiten bereiten, Drogenabhängige aller Art, Flüchtlinge, usw.

2.1 Mit der Fachhilfe wollte man die Laienhilfe ergänzen. Nun sind wir aber daran, die Laienhilfe durch die Fachhilfe zu ersetzen oder zu vereinnahmen. Wir bewegen uns in Richtung Expertentum auch in den einfachsten Fragen des mitmenschlichen Zusammenlebens. Wir neigen dazu, vorschnell Fachleute aufzusuchen, wenn Probleme im Zusammenleben auftreten, ohne uns zu fragen, was wir selber tun könnten und ob das, was wir verändern wollen, auch veränderbar ist.

Wenn die Fachhilfe, und sei sie noch so kompetent, überhand nimmt und den ganzen Umgang mit dem hilfsbedürftigen Menschen prägt, so sind spontane Beziehungen erschwert, und wir wissen, dass das krank machen kann. Professionalität zeichnet sich nämlich durch hohe Kompetenz in Einzelbereichen, in Funktionen aus. Der Professionelle ist zwar immer auch ein Mensch. Begegnet er aber den Hilfesuchenden, so unter dem Blickwinkel seiner Fachkompetenz, und dieser ist spezialisiert und eingeengt auf die Situation und auf den Fachbereich. Das ist not-wendend und rechtens, um das Verschüttete offenzulegen, Vernachlässigtes zu beleben und das Leiden zu lindern. Der Mensch ist aber hinter allen Funktionen ein *Beziehungswesen*. Beziehungen fordern den ganzen Menschen. Werden nun auch Beziehungen im alltäglichen Umgang professionalisiert, so ist die Beziehungsfunktionalität des Menschen, und nicht er selber, von Interesse. Beachtet wird mehr, ob und wie er bestimmte Beziehungsleistungen erbringt (z.B.: Hat er sich mir zu- oder abgewendet? Entwickelt er sich so, wie ich meine, dass er es sollte?) und weniger, was er mir und ich ihm und dann, was wir einander bedeuten. Die Beziehung wird quantifiziert und an der Norm bewertet. In diesem Vergleich von gemessenen Äusserlichkeiten wird der unterstützungsbedürftige Mensch stets schlecht abschneiden. Das, was nicht in den mittelmässigen Beobachtungs- und Erwartungsraster passt, wird leicht übersehen, und das, was hinter den Äusserungen steht, oft gar nicht wahrgenommen, nämlich die Fragen des Menschen an einen andern Menschen, ob er ihn wahrnehme, wie er ihn bejahen könne, ob und wie er ihn liebe, ob er ihm antworte als ganzer Mensch, letztlich, ob gegenseitiges Vertrauen möglich ist und ob man sich aufeinander verlassen kann. Selbstverständlich werden die meisten Professionellen, sofern sie nicht zu ausschliesslich ihrem Fachbereich verpflichtet sind, auch all diese Aspekte berücksichtigen, einfach spontan leben. Aber darüber wird oft wenig gesprochen, und die Anweisungen an die Angehörigen und Betroffenen haben das Professionelle zu umfassen. Ich meine nun, zu beobachten, dass diese professionelle Beachtung von Einzelfunktionen oft in den Alltag übertragen wird. Betrifft es die Beziehungen, so kann das unempfindlich machen für das Ganze und für das Spontane. Die Beziehungsfähigkeit im Alltag wird dann zweifach anästhesiert: indem die obgenannten grundlegenden Fragen des Menschen ausgeblendet und so unbedeutet und unbedeutend bleiben, und indem nur erwartete Leistungen wahrgenommen werden (anästhesiert, griech. bedeutet unempfindlich machen, also nicht empfinden, nicht wahrnehmen und folglich nicht deuten können). Die wichtigsten Folgen dieser anästhesierten Beziehungen sind dann ein unverbindliches, funktionalisiertes Leben, gekennzeichnet durch emotionale Distanz und Oberflächlichkeit. Das fördert die eigenen Interessen, die Rücksichtslosigkeit und die Gleichgültigkeit. Ich nenne das die *soziale Krankheit* unserer Tage. Niemand will das. Offensichtlich wissen die meisten Menschen im Innersten: Das, was lebensentscheidend wirkt und bewirkt, ist zuerst die Art, wie wir begegnen,

dann, was wir tun und erst dann, was wir sagen. Oft verfahren wir aber umgekehrt. Das Reden kommt vor dem Tun, und dieses vor der verpflichtenden Beziehung.
Deshalb plädiere ich für eine Ent-Täuschung der Bedeutung der Fachhilfe für den Alltag. Die Täuschung liegt in der Meinung, die Fachhilfe könnte dem Menschen als Beziehungswesen vollauf gerecht werden und folglich auch auf den Alltag übertragen werden. Die Ent-Täuschung würde frei machen für die verschüttete Erfahrung, dass Fachhilfe stets nur die Beziehungen im Alltag ergänzen und bereichern kann, ein Beitrag sein kann, damit Menschen sich besser entfalten und besser miteinander umgehen können.

2.2 Wird Fachhilfe überbetont und Laienhilfe entwertet, so drohen uns Gespür und Sinn für Mitmenschliches immer mehr abhanden zu kommen. Dann brauchen wir immer mehr Spezialisten für immer mehr "Probleme" und werden immer unselbständiger. Das Leben wird zum technischen Problem, und was nicht durch professionelle Massnahmen beeinflussbar ist, wird leicht zum Ärgernis. Menschen, die auf Langzeithilfe angewiesen sind, sind in mancher Hinsicht anders als sogenannt Normale. Die Beeinträchtigung, sei sie körperlicher, geistiger, seelischer oder sozialer Art, ist oft nicht heilbar. Erwartet man von der Fachhilfe die Normalisierung des Betroffenen, so wird dieser zum Ärgernis, weil er sich eben nicht normalisieren lässt. Auch da fühlt er sich verstossen, vor allem aber wird ihm das Recht auf seine Eigenart abgesprochen. Er wird bestenfalls geduldet, oder gar nur erduldet.

2.3 Wer so denkt und handelt, pervertiert den Sinn der Fachinstitutionen. Er betrachtet sie weniger als Hilfe zur Selbsthilfe und mehr als eine Art autonomer Reparaturwerkstatt. Zur Reparaturwerkstatt können alle Fachinstitutionen vom Ambulatorium über spezielle Schulen und Beratungsstellen bis hin zu den stationären Einrichtungen wie Heime und Kliniken werden. Dies geschieht mehr durch uns selber als durch die Fachleute, denn wir betrachten die Fachhilfe allzu rasch als Konsumgut, das man sich wie irgendeinen Gegenstand gegen Bezahlung erwerben kann. Die Fachleute werden zu Leistungserbringern und ihre Bemühungen zu Produkten. Wir machen sie zuerst zu Funktionären und Technokraten und beklagen dann, dass sie wenig Sinn für tragende Beziehungen und wenig Verständnis für spezielle menschliche Situationen haben, dass man sich bei ihnen nicht geborgen, sondern durch sie abgefertigt fühlt. Beziehungen sind aber keine herstellbaren Konsumprodukte, sie entstehen bestenfalls zwischen Menschen, die sich unmittelbar, nicht hinter Techniken und Programmen, begegnen.

2.4 Hinter der Überbetonung der Fachhilfe einerseits und der Geringschätzung der Laienhilfe anderseits steht wohl unsere Wissenschaftsgläubigkeit und unsere Unfähigkeit, Andersartiges zu ertragen. Wir stehen unter dem Eindruck, Andersartiges normalisieren zu müssen. Lebenswert und lebenstüchtig, und heute wohl auch lebensberechtigt, ist für viele nur, wer der Norm entspricht, und das sind die, die arbeiten, konsumieren und autonom leben können. Davon ausgeschlossen sind Kinder, Nichterwerbstätige, Menschen mit einer Behinderung, viele Psychischkranke, Chronischkranke, Alte und zunehmend auch Arbeitslose und Arbeitsverhinderte (z.B. Asylsuchende und Flüchtlinge, die arbeiten möchten und nicht dürfen). Alle diese erfüllen die Norm des „aufrechten Bürgers" nicht und laufen Gefahr, dass man ihnen die volle Menschenwürde abspricht, weniger verbal als durch einen entwürdigenden Umgang mit ihnen. Wenn aber immer mehr Menschen, die anders sind als unsere enge Norm, nicht vollwertig sein dürfen, so sind wir keine solidarische Gemeinschaft mehr. Solidarisch sind wir erst dann, wenn wir auch den Andersartigen vorerst als vollwertigen Menschen akzeptieren, wenn wir ihn in unsere Gemeinschaft aufnehmen. Ich verstehe durchaus, dass Angehörige und die entscheidungsfähigen Betroffenen nur das Beste wollen. Ich bezweifle aber, dass dieses Beste darin liegt, möglichst viele Sonderinstitutionen aufzusuchen und alle erdenklichen Therapien und Massnahmen durchzuführen, zu verändern um jeden Preis, selbst um den Preis des Wohlbefindens des unterstützungsbedürftigen Menschen, seiner Angehörigen und der Fachleute. Dieser Preis ist dann zu hoch, wenn wir uns in erster Linie an Methoden und Programmen orientieren und zu wenig auf die Bedürfnisse und die Möglichkeiten des Betroffenen und auf die unseren achten, dann also, wenn wir unter dem Zwang von Handeln und Reden stehen und dabei die Eigenart des hilfsbedürftigen Menschen so sehr vergessen, dass wir an den zu hoch gesteckten Zielen scheitern, enttäuscht sind und ausbrennen. Ich gehe, und das betrachte ich als notwendige Wiederholung, davon aus, dass alle Menschen sich im Grunde ähnlich sind und das Verbindende stärker zu gewichten ist als das Trennende. Alle Menschen haben, solange sie nicht verbildet sind, das Bedürfnis, in Beziehungen zu leben, in welchen sie, so wie sie sind, bereits genügen. Sie wollen anerkannt sein in ihrer Eigenart und nicht nur so, wie andere sie sich wünschen. Menschen wollen aber auch etwas leisten können und selbständiger werden. Werden Menschen, z.B. solche mit einer Behinderung, mit einer psychischen Krankheit oder Sozialabhängige, vorwiegend als Wesen betrachtet und behandelt, die zu verändern sind, so werden sie sich nicht anders erleben als wir, wenn wir uns nicht angenommen fühlen, wenn unsere Mitmenschen uns vor allem verändern wollen. Auch wir fühlen uns dann verworfen, vielleicht sogar vernichtet, jedenfalls hilflos und mitunter dem Verzweifeln nahe. Es kann kein Zweifel bestehen, dass sich auch viele Menschen, die auf Langzeithilfe angewiesen sind, durch eine übertriebene fachliche Betriebsamkeit verworfen fühlen. Die meisten können es nicht sagen, können sich nicht verständlich wehren. Ihnen bleibt oft nur der Weg über Verhaltensstörungen. Und wir werten diese Störungen dann als Schwäche des Betroffenen und suchen nach weiteren Massnahmen. Die Idee, dass die Verhaltensstörung eine Folge der Verwerfung, der Überforderung und der *Vergegnung* sein könnte, scheint sich nun aber doch langsam durchzusetzen. Deshalb tun wir gut daran, uns darauf zu besinnen, dass jeder Mensch zuerst anerkannt und erst dann erkannt und verändert werden will. Das ist die Voraussetzung für ein menschenfreundliches Leben. Tun wir das nicht, so fühlen wir uns nicht verstanden, fremd, und wir befremden einander. Deshalb ist ein menschenfreundliches Leben ein Leben in einem lebensfreundlichen Alltag, in einem Alltag, der durch die Fachhilfe zwar verbessert, aber nicht ersetzt werden kann. Mir scheint, dass wir vor allem anderen lernen sollten, unseren Alltag und jenen der Menschen, die auf Langzeithilfe angewiesen sind, freundlicher zu gestalten.

2.5 Wenn wir die Bedeutung der Fachleute überbetonen und unsere Verantwortung an sie abgeben, so entwerten wir die Laienhilfe und vergeben uns manche Möglichkeit, soziale Kompetenz zu entwickeln. Es ist erstaunlich, wieviele Fortschritte wir in technischer Hinsicht gemacht haben. Noch erstaunlicher aber ist, wie rasch wir in Verlegenheit geraten, wenn wir mit andersartigen Menschen oder auch mit eigenen Krankheiten und Unzulänglichkeiten umgehen sollten, z.B. mit Menschen mit einer Behinderung, mit Alten, mit Leidenden, mit Sterbenden und mit Menschen aus anderen Kulturen. Sozial sind wir weit weniger entwikkelt, weit weniger kompetent als in technischen Belangen. Technisch sind wir so versiert, dass wir dazu neigen, selbst das Zwischenmenschliche, den Umgang mit uns und mit Mitmenschen also, zu technisieren. Deshalb feiern wir jede neue Psycho-Technik als Errungenschaft und weisen jeden Versuch zur Laienhilfe als Rückständigkeit ab. So wird der Mitmensch leicht zum behandelbaren Objekt, und wir mit ihm. Menschen aber, die sich wie Objekte behandelt fühlen, erkranken.

2.6 Soziale Inkompetenz fördert auch die Gleichgültigkeit den Mitmenschen gegenüber. Gleichgültigkeit meint, dass wir uns vom Schicksal des anderen nicht ansprechen lassen, dass wir uns von ihm abwenden, ihn in die Einsamkeit treiben und dort stehen lassen. Wer die Meinung vertritt, nur Fachleute könnten hilfsbedürftigen Menschen gerecht werden, hat gute Gründe, sich vorzuenthalten und gleichgültig zu sein. Er leistet ja seinen Anteil über

Sozialbeiträge und nimmt an, dass damit schon zum Rechten geschaut ist. Er hat die unterstützungsbedürftigen Menschen so quasi dem Staat, den Institutionen und den Fachleuten übergeben, und so gehen sie ihn unmittelbar nichts mehr an. Eine solche Haltung kann die Gleichgültigkeit diesen Menschen gegenüber fördern. Gleichgültigkeit aber ist ein guter Nährboden für Gewalt. Man schaut nicht hin und greift selbst dann nicht ein, wenn es um Fragen der Existenzberechtigung der Menschen geht, z.B. in Zusammenhang mit Infantizid und aktiver Euthanasie. Randständige sind oft einsam. Es ist furchtbar, mitansehen zu müssen, wie viele Menschen an ihrer verzweifelten Einsamkeit mehr leiden als an ihrer Behinderung, ihrer Krankheit oder ihrem schweren Schicksal. Furchtbar deshalb, weil so viele das selber erfahren und doch so wenig dagegen unternommen wird, unternommen werden kann, weil unsere Werte, unsere Lebens- und Arbeitsbedingungen es, wirklich oder vermeintlich, nicht zulassen.

2.7 Wird die Professionalität überbetont und die Laienhilfe vernachlässigt, so wird die Fachhilfe sozial weniger kontrolliert. Dadurch können menschenunfreundliche Praktiken entstehen, vor allem, wenn sie unter dem Siegel der Wissenschaftlichkeit propagiert werden. Fachhilfe erfordert die soziale Kontrolle, aber nicht, weil die Fachleute ethisch bedenklich handeln wollen, sondern weil sie in ihrem Engagement leicht den Blick für das Ganze verlieren. Fachliche Einäugigkeit lässt auch unschwer Ideologien entstehen. Ideologien verengen den Blick für das Ganze, schränken die Selbstverantwortung und die Freiheit des einzelnen ein, uniformieren, vermassen und wirken lebensfeindlich.

2.8 Wer die Fachkompetenz weit über die Laienhilfe stellt, erliegt leicht einer zweifachen Täuschung.
Die erste Täuschung liegt in der Annahme, dass Fachhilfe alles vermag. Zweifelsohne können Fachleute viel, aber bei weitem nicht alles. Nicht etwa, weil sie untüchtig, sondern einfach, weil sie Spezialisten sind, Menschen mit besonderen Fachkenntnissen

also und damit auch Menschen mit beschränkter Sichtweise. Damit will ich nicht die Fachleute herabsetzen, sondern ihnen jene Bedeutung beimessen, die sie haben können, nämlich jene, besondere Fragen zu stellen und darauf kompetente Antworten zu versuchen. Gestehen wir ihnen das zu, so überfordern wir sie nicht. Sie können auch dann bestehen, wenn sie nicht alles wissen, eben, weil sie nicht alles wissen können. Fachleute vermögen nie abschliessende Ratschläge für die Gestaltung des Alltags eines Menschen, der Langzeithilfe benötigt und privat wohnt, zu geben, weil der Alltag nicht durch Dritte vorprogrammiert werden kann. Er ist durch jene, die miteinander leben, immer wieder neu zu gestalten. Nur wenige Fachleute (z.B. ErzieherInnen und Pflegende) sind Generalisten und dazu da, den Alltag mit einem Menschen mit einer Behinderung zu leben. Lebensentscheidend aber ist die konkrete Lebenssituation. In ihr erkrankt oder gesundet der Mensch. Damit ist einsichtig, dass Spezialisten nur einen bestimmten Beitrag zur Lebensgestaltung leisten können, der dann sinnvoll wird, wenn die Erkenntnisse aller Spezialisten zu einem Gesamtbild verwoben werden. Das nennen wir interdisziplinäre Zusammenarbeit, und wir alle wissen um ihre Chancen und ihre Schwierigkeiten. In Fragen der Erziehung, Pflege und Begleitung aber gehört die Erfahrung der Angehörigen wesentlich zur Interdisziplinarität. Das bedeutet, dass die besonderen Massnahmen mit den Angehörigen zusammen zu planen und durchzuführen sind. Das heisst aber auch, dass Angehörige in besonderem Masse Mitverantwortung tragen, dass sie darin zu unterstützen sind, aber auch, dass wir Fachleute von ihnen mehr als bis anhin zu lernen haben. Das ist der heikle und oft dornenvolle Versuch der Zusammenarbeit zwischen Fachleuten und Angehörigen, ein Bemühen, das wir erst im Begriffe sind zu lernen. Dies gelingt eher, wenn wir alle bereit sind, zu akzeptieren, dass Menschen, die auf Langzeithilfe angewiesen sind, nicht in ein Schema zu zwingen sind, dass wir zwar viel, aber immer *zu wenig* über solche Menschen wissen, und letztlich erfordert es die Bereitschaft aller, auch diese Menschen nicht als aufschlüsselbare Da-

tenbanken, sondern als Wesen zu sehen, denen wir, nebst allem Tun, auch staunend begegnen sollten und dürfen.
Sinnvolle Fachhilfe ist also jene, die dem Alltag dient und nur selten jene, die auf nichtgestellte Fragen Antworten, und seien sie noch so fachkompetent, gibt.
Die zweite Täuschung ist folgende: Vieles, aber längst nicht alles, was in Therapien und durch Sondermassnahmen erfolgt, unterscheidet sich oft in nichts von dem, was Laien, z.B. Mütter, ohnehin schon tun. Dies entwertet nicht die Fachhilfe, sondern entmystifiziert sie und wertet die Alltagsgestaltung auf. Es zeigt, dass hilfsbedürftige Menschen einfühlbare Wesen sind, denn das, was wir gesunden Menschenverstand nennen, leistet oft das Wesentliche. Sehen wir aber genau hin, so wissen wir, dass vieles im Leben sich sowohl der Fachhilfe als auch dem gesunden Menschenverstand entzieht, es vollzieht sich, unfassbar und unerforschlich. Ein auf Tun ausgerichteter Mensch wird das als aufzuhebende Schwäche betrachten. Wer sich hingegen mehr als Geschöpf denn als Schöpfer von Menschen versteht, wird dasselbe eher in Demut und Ehrfurcht und, soweit wie möglich, vertrauensvoll anzunehmen versuchen.
Notwendig sind also nicht noch mehr partielle Fachhilfen, sondern gesündere Lebenswelten, nicht mehr spezialisierter Fachverstand, sondern mehr Menschenfreundlichkeit und Humanität, angereichert durch Fachwissen.

3. Konkrete Massnahmen, um die Laienhilfe aufzuwerten

3.1 Generell sollten jene Eltern, die ihr Kind mit einer Behinderung zuhause behalten, für ihren Mehraufwand auch finanziell angemessen entschädigt werden. Meiner Meinung nach ist dies eine Aufgabe der Schweizerischen Invalidenversicherung (IV) oder

der Krankenversicherung. Aber auch Kanton und Gemeinden könnten Ausgleichsleistungen erbringen.
Als Voraussetzung dafür müssen die Laienhilfe und die Gestaltung des Alltags aufgewertet werden. Damit dies möglich wird, müssen wir eine Behinderung mehr als eine Art zu sein, die beeinflussbar ist, und weniger als eine zu heilende Krankheit betrachten.
Ich nenne einige konkrete Vorschläge, welche die IV betreffen:

a) *Die Pflegebeiträge*: Die IV leistet Pflegebeiträge an hilflose Minderjährige (Art. 20 IVG[2], Art. 1 IVV[3]). Ist die Hilflosigkeit schwer, so beträgt der Pflegebeitrag 26.- Fr. im Tag, ist sie mittelschwer 16.- Fr. und ist sie leicht noch 6.- Fr. Lebt der hilflose Minderjährige in einer Institution, so wird zusätzlich ein Kostgeldbeitrag von 35.- Fr. je Aufenthaltstag gewährt. *Lebt er in der Familie, entfällt dieser Beitrag.* Es wäre richtig, wenn entweder der Pflegebeitrag erhöht oder der Kostgeldbeitrag auch dann ausgerichtet würde, wenn das behinderte Kind in der Familie lebt. Dadurch würde die Familie aufgewertet und die Laienhilfe angemessener vergütet. Es gibt Familien, die ihr Kind zuhause behalten möchten, dies aber nicht tun können, weil sie auf den Doppelverdienst von Mann und Frau nicht verzichten können oder weil sie den Mehraufwand in der Betreuung nicht allein bewältigen, sich aber keine unterstützende Drittperson leisten können. Diese Familien sind aus finanziellen Gründen gezwungen, ihr Kind gegen die eigene Überzeugung in ein Heim zu geben.

   Revisionsbedürftig ist auch der Fragebogen, mit dem das Mass der Pflegebedürftigkeit und somit die Höhe des Pflegebeitrags eingeschätzt werden. Nach geltender Praxis erhält ein Kind, das sich kaum bewegen kann und vollständig gepflegt werden muss, zu Recht den höchsten Beitrag. Ist ein

[2] IVG = Schweizerische Invalidenversicherung, Bundesgesetz vom 19.Juni 1959
[3] IVV = Schweizerische Invalidenversicherung, Verordnung vom 17.Januar 1961

Kind jedoch in den motorischen Funktionen nicht eingeschränkt, muss aber dauernd beaufsichtigt werden, so wird es als leicht pflegebedürftig eingestuft. Der grosse und aufreibende Betreuungsaufwand, der nötig ist, damit das Kind sich nicht verletzt oder seine Umgebung durcheinanderbringt, wird also nicht berücksichtigt. Diese geforderte Änderung setzt deshalb voraus, dass man unter Pflege nicht nur pflegerische Handlungen wie z.B. Körperpflege, sondern die gesamte Betreuung versteht, also das, was das behinderte Kind benötigt, um in der Familie zu leben.

b) *Die Beiträge an die Hauspflege*: Nach Art. 14 IVG und Art. 4 IVV werden angemessene Aufwendungen für Pflegepersonal vergütet, wenn medizinische Massnahmen in Hauspflege durchgeführt werden. Für die Hauspflege kommen auch Laien in Frage, und das ist richtig. Diese Beiträge richten sich nach dem Aufwand und betragen monatlich 470.- Fr. bei 2 Stunden, 940.- Fr. bei 4 Stunden, 1410.- Fr. bei 6 Stunden und 1880.- Fr. bei 8 Stunden Aufwand pro Tag. Diese Beiträge, und das ist entscheidend, werden nur dann gewährt, *wenn die Behinderung die Folge eines Geburtsgebrechens ist.* Den Eltern von Ivo, und vielen anderen mit ihnen, wurde der Beitrag nicht gewährt mit der Begründung, die Behinderung sei die Folge einer Krankheit und nicht eines Geburtsgebrechens. Menschen, die nicht an einem Geburtsgebrechen leiden und dennoch einen hohen Pflegeaufwand erfordern, sind also rechtlich und finanziell benachteiligt. Von IV-Seite wird argumentiert, es sei in solchen Fällen Aufgabe der Krankenversicherung, den zusätzlichen Pflegeaufwand unter dem Titel der Hauskrankenpflege zu vergüten (Brief von Bundesrat Cotti vom 29.1.1992 an Frau Betschart). Es ist ungewiss, ob die Krankenversicherung aufgrund des neuen Krankenversicherungsgesetzes diese Leistung übernehmen wird. Für die Eltern ist es schlussendlich wahrscheinlich unwichtig, wer die Leistung übernimmt. Entscheidend ist

einzig, dass die längst erkannte Lücke baldmöglichst geschlossen wird.
Die Argumentation der IV-Instanzen ist zwar rechtens, aber ich finde sie weder zwingend, noch zeitgemäss. Eine Neuinterpretation oder eine Revision der IV-Gesetzgebung drängt sich deshalb auf. Insbesondere sollten Art. 14 IVG und Art. 4 IVV so geändert werden, dass für die Gewährung von Beiträgen an die Hauspflege nicht die *Ursache*, sondern allein das *Ausmass* des Pflegeaufwandes ausschlaggebend ist. Das wäre kein Novum in der IV, denn seit geraumer Zeit schon gewährt sie Beiträge an die Massnahmen für die Sonderschulung unabhängig von der Ursache, nur aufgrund des Ausmasses der Behinderung (Art. 19 IVG, Art. 9-12 IVV) und unabhängig von der Aussicht auf eine berufliche Eingliederung (Art. 8 Abs. 2 IVG). Ob IV-Leistungen erbracht werden oder nicht, hängt also einzig davon ab, *ob das Kind wegen seiner Behinderung zusätzliche Hilfen benötigt.* Das ist eine moderne und soziale Betrachtungsweise und sollte ebenso für die Beiträge an die Hauspflege gelten.
Zudem hat das Eidgenössische Versicherungsgericht (EVG), in einem andern Zusammenhang allerdings, erkannt, dass Leistungen der IV nicht aufgrund der IV-Systematik, sondern aufgrund ihrer Zielsetzung zu gewähren sind (EVG-Urteil vom 16.4.1992 in Sachen R.C. Ich weiss nicht, ob das Urteil publiziert ist (*J.Grond*)). Einem Kind, das gesund geboren wurde und mit sieben Monaten infolge eines Atemstillstands einen schweren Hirnschaden erlitt, der zu einer sehr schweren Behinderung führte, verweigerten die IV-Kommission und das Bundesamt für Sozialversicherung (BSV) die Übernahme der Kosten für die Physiotherapie mit der Begründung, diese könne nur bei Vorliegen eines Geburtsgebrechens bewilligt werden (Art. 13 IVG). Das EVG hingegen betrachtete die von einer Physiotherapeutin durchgeführte Physiotherapie als pädagogisch-therapeutische Massnahme im Sinne der Sondergymnastik (Art. 19, Abs. 2,

lit. c IVG und Art. 8, Abs. 1, lit. c IVV) und ordnete an, die Finanzierung sei von der IV zu übernehmen. Die Begründung lautete, die Physiotherapie verfolge in diesem Fall ein wesentliches pädagogisches Ziel, und zudem sei eine einzelne Massnahme stets in ein gesamtes Massnahmenpaket einzubetten. Konkret: Die Physiotherapie wurde deshalb als notwendig erachtet, weil ohne sie die Früherziehung wenig sinnvoll wäre. Die Früherziehung aber wurde anstandslos durch die IV bezahlt, eben weil bei dieser Massnahme für die Sonderschulung die Ursache der Behinderung nicht von Bedeutung ist.

Diese beiden Beispiele zeigen stellvertretend für andere, dass IVG und IVV sehr wohl einen Interpretationsspielraum, der eine angemessenere Berücksichtigung der Bedürfnisse des behinderten Menschen ermöglicht, offen lassen. Eine Gesetzes- und Verordnungsrevision, die Klarheit schafft, ist aber überfällig.

c) Ganz generell wäre zu prüfen, ob die verschiedenen Leistungen, die die IV an die Eltern von behinderten Kindern entrichtet (u.a. Pflegebeiträge und Beiträge an die Hauspflege), nicht besser durch einen einzigen *Betreuungsbeitrag* ersetzt werden sollten. Dieser Beitrag sollte allein *das Ausmass des Mehraufwandes* berücksichtigen. Es sollte den Eltern überlassen sein, wie sie ihn einsetzen wollen. Das wäre die gleiche Regelung wie bei den Renten. Die IV würde so bürgerfreundlicher, der Vollzug einfacher und ein Einsatz der IV-Mittel sinn- und wirkungsvoller.

d) In den letzten Tagen war zu lesen (NZZ, Nr.62, S.18), dass der Nationalrat gegen den Willen des zuständigen Bundesrates mit 87 zu 16 Stimmen eine Motion überwiesen hat, die möchte, dass inskünftig die berufsbedingten Kinderbetreuungskosten von den Einkommenssteuern abgesetzt werden dürfen. Denn, so wurde begründet, die Betreuung der Kinder durch Dritte sei oftmals eine Voraussetzung für die Berufsausübung. Diese Motion gehe von einer zeitgerechten Betrachtung von Familie und Berufsarbeit aus. Das mag sein. Mindestens so zeitgerecht aber wäre eine Motion, die möchte, dass jene Eltern, die ihr behindertes Kind zuhause betreuen, und wo ein Elternteil, meist die Mutter, auf die Berufsarbeit verzichtet, für *ihren Mehraufwand* im Sinne des oben vorgeschlagenen Betreuungsbeitrags angemessen entschädigt werden.

Wenn darüber hinaus die Betreuung durch die Mutter wie eine ausserhäusliche Berufsarbeit, z.B. wie jene einer Sozialpädagogin, entschädigt würde, so wäre die Familienhilfe der Betreuung in einer Institution finanziell gleichgestellt. Meine provisorischen Berechnungen, die sich auf die Tageskosten einer durchschnittlichen Institution stützen, zeigen, dass diese Lösung für die IV auch finanziell interessant sein dürfte, weil die in der Familie vorhandene Infrastruktur ja nicht mitsubventioniert werden muss. Vor allem aber wäre das eine familien- und sozialpolitisch innovative Tat, durch die vermehrt Kinder mit einer Behinderung in ihren Familien verbleiben dürften. Es wäre eine echte *Hilfe zur Selbsthilfe*; somit wäre der wichtigste ursprüngliche Grundsatz der IV erfüllt.

Dadurch wären Familien-, Nachbarschafts- und Laienhilfe aufgewertet. Das Zusammenleben wäre beziehungsstärker und die Entfremdung geringer. Selbst- und Laienhilfe wären die Grundpfeiler des Zusammenlebens, die Fachhilfe würde sie unterstützen und ergänzen, so dass die allgemeine Kompetenz in menschlichen Angelegenheiten wachsen würde, wie es bei jener in technischen Belangen bereits geschah. Wir allein entscheiden, ob das eine Utopie bleibt oder Wirklichkeit wird, indem wir uns auf den Weg machen. Deshalb möchte ich *ein Recht zur Selbst- und Laienhilfe* propagieren. Diese Forderung ist keines der heute so üblichen Spar-Plädoyers zur Eindämmung des Wohlfahrtsstaates und zur Belebung der unentgeltlichen Privathilfe (siehe aber unter 3.)

Nicht die Finanzhilfe des Wohlfahrtsstaates, sondern die Entfremdung der Hilfe durch den Wohlfahrtsstaat soll eingedämmt werden. Eine angemessene Umverteilung der Finanzen von der Fachhilfe hin zur Laienhilfe ist nur das Instrument, um der um sich greifenden Entfremdung vorzubeugen und um eine verantwortungsbewusstere und beziehungsstärkere soziale Kultur entstehen zu lassen. Das Ziel des modernen Wohlfahrtsstaates sollte es sein, *Rahmenbedingungen zu schaffen, unter denen möglichst viele Bürgerinnen und Bürger eine bessere Kompetenz in zwischenmenschlichen Belangen gewinnen.* Denn, entweder ist ein solidarisches und verbindlicheres Leben ein Wert, der alle angeht, oder es ist überhaupt kein Wert.
Welche Parlamentarierin, welcher Parlamentarier wird sich dafür einsetzen? Oder kommen ihnen gar der Bundesrat oder das Bundesamt für Sozialversicherung zuvor?

3.2 Die Fachleute werden ebenfalls gut daran tun, die Laienhilfe aufzuwerten. Sie wären schlussendlich entlastet, ihre Bemühungen würden mehr fruchten, die gegenseitigen Erwartungen könnten sich auf das Machbare reduzieren, und alles zusammen würde die Lebensqualität aller, vor allem jene der Menschen, die auf besondere Hilfen angewiesen sind, steigern.

3.3 Weit schwieriger wird es sein, die öffentliche Meinung zu beeinflussen, damit die Laienarbeit attraktiver wird. Menschen, die langfristige Unterstützung benötigen, erfordern auch bei bester Fachhilfe und finanzieller Unterstützung von ihren Angehörigen einen Mehraufwand an Zeit, Kraft und Verzicht und vor allem eine Umstellung im Alltag. Es müssen oft neue Schwerpunkte im Leben gesetzt und teilweise neue Werte angestrebt werden. Damit begibt man sich nicht selten an den Rand der modernen Gesellschaft mit ihren bevorzugten Werten von Selbstverwirklichung und Selbstbehauptung als Einzelkämpfer, oft auf Kosten der andern. Wer sich trotzdem für sich und den behinderten Angehörigen entscheidet, muss sich von diesen modernen sozialen Zwängen befreien, und das ist heute unpopulär. Wird eine solche Tat öffentlich zur Kenntnis genommen, so wird sie als Zeitwidrigkeit halb bewundert und halb belächelt (siehe Arbeit 14 in diesem Buch).

3.4 Eltern und Fachleute werden, allen Schwierigkeiten zum Trotz, nicht ermüden dürfen, ihre Erfahrungen und ihr Wissen in die Öffentlichkeit zu tragen, ihre Anliegen stellvertretend für Menschen mit einer Behinderung demokratisch, und das heisst immer sachlich und hartnäckig, zu vertreten. Dabei geht es nicht nur darum, die notwendigen öffentlichen Mittel für eine angemessene Betreuung sicherzustellen oder für mehr Akzeptanz der Menschen mit einer Behinderung zu sorgen. Viel entscheidender wäre es, den Menschen mit einer Behinderung die Möglichkeit zu geben, unser Gemeinwesen mitzugestalten.

3.5 Das alles wird aber nur gelingen, wenn die Ökonomie wieder mehr als Haushalten und weniger als Gelderwerb durch Gewinnmaximierung und Einkommenssteigerung verstanden wird. Das dürfte dazu führen, dass weniger finanziell/materielle und wieder vermehrt ganzheitliche Bedürfnisse und Werte des Menschen die Politik bestimmen (*Binswanger* 1975, 82). Das scheint die Voraussetzung zu sein, damit Freiräume für die Pflege des Zwischenmenschlichen und für die Laienhilfe geschaffen werden können.

Bibliographie

- *Binswanger, H. Ch.*: Ökonomie und Lebensqualität. In: Neue Helvetische Gesellschaft (Hrsg.): Lebensqualität. Jahrbuch der Neuen Helvetischen Gesellschaft, 46.Jg., Bern: 1975, 80-89
- *Grond, J.*: Nachwort in *Monika Betschart-Nietlispach*: Ivo gehört zu uns - trotzdem! Solothurn/Düsseldorf: Walter, 1995, 107f.
- *Neue Zürcher Zeitung*: Zürich: 1995, Nr.62, S.18

19

Qualitätsstandards

1992

Vor zwei Jahren hat man das Wohnheim mit geschützter Werkstatt totalrenoviert. Seither befasst man sich mit Qualitätsstandards. Man liess sich von Betriebswissenschaftlern und Psychologen beraten, füllte umfangreiche Fragebogen aus, verwertete sie per EDV, diskutierte die Ergebnisse in internen Fortbildungskursen, schickte führende MitarbeiterInnen an Managementkurse und setzte, wie es modernen Führungsprinzipien entspricht, die Erkenntnisse rollend in die Praxis um.

Kürzlich feierte man den Abschluss der Restrukturierung und den Beginn der neuen Ära mit einem Nachtessen für Heimkommission und MitarbeiterInnen. Der Präsident der Heimkommission würdigte die Arbeit in einer prägnanten Rede, deren Kernpunkte ich frei wiedergebe: „Nur in gemeinsamer Anstrengung konnte das modernste Heim weit und breit entstehen. Wir alle dürfen auf unseren Betrieb stolz sein. Unsere Finanzlage ist dank umfangreicher und werbetechnisch konzipierter Sammelaktionen solide, Organigramm und Führungskonzept genügen modernsten betriebswissenschaftlichen Erkenntnissen, jede Funktion, vom Direktor bis zur Hilfserzieherin, kennt ihren Aufgabenbereich, unsere Räume sind funktionell und wohnpsychologisch durchstrukturiert, unsere Mitarbeiter qualifiziert und unsere Auftragsbücher dank unseren ausgezeichneten Beziehungen zur Wirtschaft voll. Nun geht es darum, den hohen Qualitätsstandard zu sichern. Wir werden unsere Effizienz zusammen mit dem Universitätsinstitut jährlich evaluieren.“ Nachdem der Präsident den eingeladenen Journalisten - man liess die unternehmerischen Beziehungen spielen und gab viel auf Öffentlichkeitsarbeit - die Finanzen im Detail erklärt und die einzelnen Vorstandsmitglieder und ihre Chargen, „die sie selbstlos und ehrenamtlich zum Wohle unserer Behinderten ausüben“, vorgestellt hatte, erhob er das Glas und wünschte allen „sehr verehrten Herren viel Erfolg“.
Die Führungscrew und einige Mitarbeiter klatschten begeistert Beifall, ein Teil der MitarbeiterInnen tat's aus Anstand und einige, um nicht aufzufallen. Nur Frau B., eine langjährige Erzieherin, musste sich eben jetzt umständlich schneuzen und konnte so unauffällig daran denken, wie der frühere Präsident wenig von Führung und viel von den behinderten Bewohnern redete. Es schauderte sie und sie war unsicher, ob sie nicht doch eine Erkältung eingefangen hat.

Am folgenden Tag hatte ich im Heim zu tun. In der Eingangshalle traf ich wie üblich Gregor. Diesmal sass er in einem der modernen Sessel, starrte vor sich hin und erwiderte meinen Gruss nicht. Das war ungewöhnlich. Sonst kam er stets auf mich zu und wir tauschten Tabak aus, gerade genug für eine Pfeife, stopften sie in aller Ruhe, zündeten sie

an und Gregor stellte dann fest: „Nichts Besseres als eine Morgenpfeife.“
Ich setzte mich zu ihm und fragte, wie es ihm gehe. Mit trübem Blick, die Hände ineinander verkrallt, sprach er unzusammenhängend. Ich verstand nicht alles, sicher aber, dass man ihm verboten habe, in der Eingangshalle zu rauchen, dass er nicht mehr wie bisher Frau B. seine Sorgen erzählen dürfe, sondern zu Herrn M. müsse, den er ohnehin nicht möge, aber er müsse zu diesem, weil jetzt Herr M. für ihn zuständig sei, dass er seinen privaten Garten (eigentlich ist es nur ein Beet) aufgeben müsse, weil das nicht rentiere, dass er mit seiner Freundin immer zu Gruppengesprächen müsse, wenn diese ausflippe, und dass er es hasse, immer so füsologisch (er meinte wohl psychologisch) behandelt zu werden.

Nur mit Mühe konnte ich ihn dazu bewegen, mit mir in meinem Arbeitszimmer die obligate Pfeife zu rauchen. Das übliche Zeremoniell lief wortlos ab. Anstatt die Morgenpfeife zu loben, sagte Gregor: „Mich friert's, und Frau B. ist auch erkältet, seit gestern abend.“ Ich drehte die bereits warme Heizung auf - aus Verlegenheit.

20

Denkanstösse zu Gottesbildern

1994/1995

1. Vorbemerkung

In diesem Buch ist von Menschen die Rede, vorwiegend von Menschen mit einer Behinderung, und, wie ich hoffe, von jedem von uns. Wenn ich von Menschen rede, kann ich Gott nicht ausklammern, denn ich verstehe den Menschen als ein auf-Gott-hin-angelegtes Wesen. Gott und Mensch bilden eine Einheit.
So ist die Frage nach dem Menschen auch immer die Frage nach seiner Gottebenbildlichkeit und somit nach Gott selber.

Ich erfahre, dass viele Menschen mit einer Behinderung nach Gott fragen, aber oft ein engherziges Gottesbild haben. Ich beobachte, dass diese religiöse Dimension durch die Betreuer/innen vielenorts tabuisiert oder bestenfalls als Privatsache abgetan wird. Das ist nicht zu rechtfertigen. Die Beziehung zu Gott scheint mir so relevant zu sein wie jene zum Menschen.
In den letzten Jahren wurde z.B. die Beziehung des Menschen mit einer Behinderung zu seiner Sexualität wenigstens ansatzweise enttabuisiert. Dadurch fand ein Stück Befreiungsarbeit statt. Um die Beziehungsfähigkeit des Menschen in all ihren Facetten freizulegen und zu entwickeln, erachte ich nun die Enttabuisierung der Beziehung zu Gott als überfällig.
In meinen Thesen geht es nicht um theologische, moralische, ethische oder philosophische Fragen, sondern um die Möglichkeit des Einzelnen, in eine Beziehung zu Gott zu treten. Es geht um die Gottbegabung des Menschen. Wenn ich von Gottbegabung rede, so meine ich die erfahrbare Fähigkeit und das erfahrbare Bedürfnis des Menschen, sich als Teil von etwas Grösserem zu erfahren. Dieses Grössere nenne ich Gott. Diese individuelle Möglichkeit besteht unabhängig von Religionen und Konfessionen. Sie wird aber von diesen geprägt.
Wird diese Möglichkeit in der Arbeit mit Menschen mit einer Behinderung ausgeklammert, so werden grundlegende Bedürfnisse missachtet. Der Mensch wird nur als biologisches, psychologisches und soziales Wesen verstanden. Das ist er alles. Aber man kann ihn zusätzlich auch als transzendierendes Wesen verstehen. Dann ist er *er-gänzter*.
Die folgenden 15 Thesen sind die Zusammenfassung eines Manuskripts, das ich 1994 in verschiedenen Dekanatskonferenzen des Bistums Chur, im Rahmen der jährlichen Fortbildung, zum Thema „Gottesbilder aus psychologischer Sicht“ vortrug. Sie wurden in kirchlichen Fachorganen bereits veröffentlicht.

2. Fünfzehn Thesen

1. Zu allen Zeiten und in allen Kulturen haben Menschen an etwas geglaubt, das grösser ist als sie und das über sie hinausgeht. Dieses Höhere nannten sie Götter, seltener nannten sie es Gott. Mit Gott und den Göttern konnten die Menschen in Beziehung treten, mit ihm und mit ihnen kommunizieren. Götter und Gott gaben ihrem Leben einen neuen Sinn. Das Leben mit Gott und den Göttern wurde nicht einfacher oder bequemer, sondern verbindlicher.
   Wenn wir das, was Menschen zu allen Zeiten und in allen Kulturen getan haben, als Ausdruck des Wesens des Menschen verstehen, so ist es eine Tatsache: Der Mensch denkt wesenhaft über sich hinaus. Er denkt nicht nur über sich hinaus, er sehnt sich auch nach etwas, das grösser ist als er. Es ist deshalb richtig, den Menschen als transzendierendes Wesen zu bezeichnen. Er ist auf Religio, auf Rück-gebundenheit des Gemütes und des Gewissens, auf Werte des Sinnes angelegt. Den höchsten Wert des Sinnes nennen wir Gott. Man kann auch sagen, dass der Mensch gottbegabt ist.
2. Dieses Über-sich-hinausdenken-wollen ist aber lediglich eine im Menschen angelegte *Möglichkeit*, eine Begabung. Sie muss, wie alle Möglichkeiten, ausgeschöpft und wie alle Begabungen gepflegt werden. Wird die Begabung gepflegt, so wird das Bedürfnis gestärkt, über sich hinauszudenken und mit etwas Höherem in Beziehung zu treten. Dieses Bedürfnis kann zur Sehnsucht oder zum Zwang werden. Was daraus wird, ist abhängig vom Inhalt, also davon, an was oder auf wen hin ein Mensch denkt und wie er den Inhalt *erfährt*. Und wie er den Inhalt erfährt, wird bestimmt durch die Art, wie er an ihn herangeführt wird und durch die Qualität des Inhalts. Die Inhalte sind vielfältig. Das zeigen die unterschiedlichen Bilder von Gott, von Göttern und von Götzen, an die Menschen glaubten und glauben. Götzen sind Menschenwerk, also Geschöpfe, und der Mensch ihr Schöpfer. Götter und Gott sind Schöpfer und der Mensch ihr Geschöpf. Der Glaube an jeden Gott, also auch an den Christengott, ist nicht im Menschen angelegt, er ist eine kulturelle Leistung.

Die Bemühungen, dem Menschen zu helfen, seine Gottbegabung zu entwickeln, nenne ich religiöse Erziehung. Diese entscheidet, wie und woran ein Mensch glaubt. Sie erfolgt in der Primärgruppe, z.B. in der Familie, in der Gemeinschaft von Glaubenden, und heute wohl stärker durch die Lebensbedingungen, durch vorherrschende Werte und durch den Zeitgeist, das heisst durch das, was heute als richtig und falsch, als notwendig und überflüssig erachtet wird und den Menschen unbemerkt prägt. Im Religionsunterricht kann die religiöse Erziehung lediglich ergänzt und durch Wissen angereichert werden (siehe 4.). (Ab jetzt spreche ich nur vom Gott der Christen).

3. Die Möglichkeit und das Bedürfnis, sich mit dem Christengott zu verbinden, können unausgenützt bleiben oder verwahrlost werden: unausgenützt dann, wenn diese Möglichkeit nicht angesprochen wird; verwahrlost dann, wenn anstelle von Gott irgendwelche Götzen treten. Verbreitete moderne Götzen aus christlicher Sicht sind: Nation, Rasse, kulturelle Herkunft als ausschliessliche und letzte Werte; fundamentalistische Lehren, die die allein seligmachende Wahrheit für sich beanspruchen, das Gute im Menschen verleugnen und das Böse überbetonen, die Freiheit des Menschen verwerfen und ihn durch Gebote von oben vor dem Unglück bewahren wollen; esoterische Sichtweisen, nach welchen das Schicksal des Menschen allein durch materielle Werte (z.B. Sternenlauf, Wirkkraft von Steinen etc.) bestimmt wird; Lebensformen, die auf Verdrängung, Verschleierung und Betäubung des Menschen aus sind wie z.B. Drogen, Geld, Arbeitssüchtigkeit; jene Wissenschaft, in der allein das messbare Faktenwissen zählt, so dass hinter dem Konkreten nichts anderes mehr gesehen wird; Funktionalisierung, mit der alle Übel dieser Welt gesetzmässig erklärt werden wollen. Deshalb: An irgendetwas Höheres glaubt jeder Mensch. Ist es nicht Gott, so sind es Götzen.
4. Wie kann man an Gott glauben? Das ist letztlich keine psychologische, sondern eine Glaubensfrage. Für Christen gibt es meines Erachtens zwei Gründe, an Gott zu glauben, nämlich a), weil Gott sich dem Menschen versprach und b), weil der Mensch Gott erfah-

ren kann. Beides setzt aber bereits ein Minimum an Glauben voraus.

Zu a): Gott sagte: «Ich bin für euch da» (Ex 3, 14). Damit hat sich Gott dem Menschen versprochen. Er als Gott hat zum Menschen gesprochen, und es besteht für den Glaubenden kein Zweifel: ER ist für alle Menschen da, vom Anfang bis zum Ende. Gott sagte weder „Ich war für euch da", denn er hat seine Treue nicht aufgekündigt, noch sagte er „Ich werde für euch da sein, sofern ihr so und so seid und dies und jenes tut". Er ist da, bedingungslos. Gott hat geredet, zu jedem Menschen. Und dieser antwortet darauf als Mensch. Das ist eine Glaubensfrage, die sich jeder Psychologie entzieht. Eine psychologische Frage aber ist, wie der Mensch darauf antwortet, was ihm das bedeutet, wie er damit umgeht.

Obwohl sich Gott dem Menschen versprochen hat, gehört der Zweifel oder gar die Verzweiflung an Gott wesentlich zu jenen Menschen, die ihren Glauben bewusst verantworten, das heisst mit Gott das Gespräch suchen, mit ihm beten. Frei von Zweifeln ist bloss der blindlings und der oberflächlich Glaubende.

Zu b): Gott ist nicht berechenbar, nicht wissenschaftlich einfangbar, er muss erfahren und geglaubt werden. Der Mensch kann Gott als ein Du erfahren. Gott betrachtet den Menschen als ein Du, denn er hat jeden mit seinem Namen an- und aufgerufen. Deshalb verhält sich der Mensch zu ihm nach menschlichen Gesetzen, ähnlich wie zu Menschen. Und über dieses Verhalten zu einem *persönlichen Du-Gott* kann die Psychologie etwas aussagen, aber nur über dieses Verhalten, nicht über Gott selber, *denn er ist der Du-Gott und der Unfassbare zugleich.* Es kann vorkommen, dass jemand diesen Du-Gott nicht erfährt. Das ist nach meiner Erfahrung selten und nur zeitlich begrenzt. Viel häufiger wird der Du-Gott verneint, er ist ein Nicht-Gott, aber damit eben einer, den man verneinen muss, wie man etwas Unangenehmes verneint.

5. Die Vermittlung des Glaubens an einen Du-Gott erfolgt vorerst und ganz entscheidend durch Menschen, und zwar nicht durch das, was sie sagen, sondern durch das, was sie tun und sind. Gefragt sind glaubwürdige Menschen, also solche, die ihre Vorläufigkeit

ehrlich leben und nicht solche, die heuchlerisch ihre Schwächen verbergen oder wegdiskutieren und für sich Fehlerfreiheit beanspruchen. Gott kann man echt erfahren, zu jeder Zeit. Dann ist es keine Täuschung in Form etwa von Autosuggestion, von Projektion, auch keine Illusion und auch nicht Ausdruck von Infantilismus, auch keine Regression, sondern eine *tatsächliche Erfahrung der Befreiung*. Aber: Alle die genannten Täuschungen können vorkommen, vor allem bei jenen, die in Selbstgerechtigkeit die einzig richtige Wahrheit über Gott für sich beanspruchen.

6. Die An-Erkennnung Gottes ist nicht zwingend. Man kann Gott verleugnen. Aber die Anerkennung schafft Solidarität unter den Menschen. Denn, wer an Gott glaubt und danach lebt, für den sind alle Menschen im Wesen gleich, denn alle sind nach Gottes Ebenbildlichkeit geschaffen. Es gibt keinen vernünftigen Grund, diese Anerkennung zu verwerfen, aber viele praktische Gründe, sie zu akzeptieren. Das Leben könnte menschlicher und das heisst göttlicher werden, das Himmelreich auf dieser Welt. Der Glaubende wird zudem Gott nicht nur aus praktischen Gründen anerkennen, sondern weil *ER* (Gott) *ist*.
   Aber: Manche, die sagen, dass sie Gott anerkennen, merken nicht, dass sie bloss einen Götzen anerkennen, weil sie Gott als Mittel zur Erreichung ihrer Ziele umfunktionieren.
7. Die Erfahrungen, die Menschen während Jahrtausenden mit Gott gemacht haben, sind in der Bibel bezeugt. Die Bibel kann als eine Art Geschichtenbuch oder als eine Sammlung von Mythologien verstanden werden. Das kann nicht als falsch zurückgewiesen werden. Die Bibel wird dann aber wie ein weltliches Buch, wie irgendein Werk aus der Literatur behandelt. Sie kann aber als unendlich viel mehr verstanden werden, nämlich als Zeugnis, wie Gott dem Menschen und der Mensch Gott begegnet, als ein Buch, aus dem Gott zum Menschen spricht. Und: Wenn er zum Menschen sprach und spricht, so wohl, weil er annahm und annimmt, dass dieser ihn verstehen kann, grundsätzlich, auch ohne theologische Ausbildung.

Wird die Bibel so verstanden, so wird sie zum Heiligen Buch, zur Heiligen Schrift. Wer sich in sie einlässt und Gott begegnet, fühlt sich in einer Ganzheit aufgehoben, er ist heil.

8. *Heil* bedeutet gesund, ganz, gerettet, ungeschwächt, bedeutend. Heil im religiösen Sinne bedeutet aber nicht frei sein von Krankheit, Behinderung, Beschwerden, Belastungen und auch nicht völlige Funktionstüchtigkeit, obwohl dies dazu gehören kann. Es bedeutet die Kraft und die Zuversicht zu einem Ja zu sich und zu seinen immer wieder geprüften Überzeugungen und ein Ja zur Welt mit allen Stärken und Schwächen, nicht überheblich und nicht leichtsinnig, sondern demütig, aber aufrechten Ganges. Dieses Ja zu sich beinhaltet ein Ja zu Gott als dem Verbündeten, zu dem, der den Menschen trotz seiner Mängel liebt und annimmt, zu dem, der den Menschen nach seinem Ebenbilde schuf, der ihn benötigt und den der Mensch benötigt. Das sind jahrtausendealte Erfahrungen und keine Spekulationen.

Der Mensch kann ohne Gott gesund und funktionstüchtig sein, auch moralisch so einwandfrei wie Menschen eben sein können. Man braucht nicht Gott zu bemühen, um anständig zu leben. Aber das Leben gewinnt eine neue Dimension, wenn es in und aus Gott gelebt wird. *Ganz* wird es oft erst dann. Auch das ist eine Erfahrung.

Zudem: Der Glaubende weiss, dass Gott anerkannt werden will. Wer ohne Gott lebt oder ihn verweigert, der verwirft den Urgrund, auf dem er lebt. Wer ohne Urgrund lebt, neigt zu Verzweiflung oder zu Masslosigkeit. Den wichtigsten Grund für die Sinnleere unserer Zeit sehe ich letztlich in der Verleugnung des persönlichen Gottes. Diese Sinnleere kann auch durch nichtreligiöse Weltanschauungen nicht restlos ersetzt werden. Manche, die Gott so ersetzen, behaupten, sie lebten befreiter, verantwortungsbewusster und menschlich würdiger als die Gottgläubigen. Für sie sind Glaubende irgendwie Naivlinge und Unfreie oder solche, die den Glauben als Mittel zur Machtausübung missbrauchen. Das kommt zweifelsohne vor, oft sogar. Aber es ist nicht Ausdruck des Glaubens, sondern Ausdruck von Glaubensmissbrauch. Der echt Glaubende kann in Gott befreit sein, auf ihn hin verantwortungsbewusst und aus ihm würdig leben.

Nichtreligiöse Weltanschauungen können, wie der religiöse Glaube, als Lebensgrundlage taugen, und sie tun es oft. In jeder nichtreligiösen Weltanschauung aber steckt so etwas wie Trotz (ich *will* nicht glauben), Verzweiflung (ich *kann* nicht glauben), Misstrauen (ich *wage* nicht zu glauben), Überheblichkeit (ich *muss* nicht glauben, denn der Mensch genügt sich selber) und verspannte Angst (ich *darf* mich Gott nicht vertrauensvoll hingeben). Deshalb: Unfrei und bruchstückhaft lebt nicht, wer um den Gottesglauben ringt, sondern, wer Gott und damit einen Teil in sich verneint.

9. Die Sehnsucht und das Bedürfnis nach etwas Höherem erwacht oft in besonderem Masse, wenn der Mensch leidet und seine Mängel erfährt. Mitunter werden im Leben des einzelnen Leiden und Verzweiflung zum Fegefeuer: Nebensächlichkeiten werden weggefegt und es tauchen Fragen auf, die der Mensch als wesentlich erachtet. So z.B. die Frage nach dem Sinn des Lebens, des gelebten und des noch zu gestaltenden, und jene nach dem Sinn des Leidens. In der abendländischen Tradition spricht man von letzten Sinngehalten des Daseins, die dann, in Zeiten des Leidens und der Verzweiflung, zum Durchbruch gelangen.

Trotzdem ist Leiden grundsätzlich unerwünscht. Wir bemühen uns, das Leiden zu verhindern und zu lindern. Davon zeugt unser Gesundheits- und unser Sozialwesen. Es ist ein technisches, in dem Gott kaum der Rede wert ist. Wir haben uns angewöhnt, für jedes Leiden ein Gegenmittel zu erfinden. Viele verstehen das Gesundheits- und das Sozialwesen als technische Dienstleistungen und die eigene Gesundheit und das eigene Wohlergehen als Konsumgut. Sie beanspruchen, gegen Bezahlung vom Leiden befreit zu werden. Und immer zahlreicher werden jene, die nicht mehr nur die Krankheiten als Leiden betrachten, sondern auch Spielformen des menschlichen Lebens wie z.B. Behinderungen, das Altern, die natürliche Müdigkeit und jene Schwankungen unseres Wesens, die die optimale Arbeits- und Genussfähigkeit einschränken. Wer so denkt und handelt, ist leidenssüchtig und verwechselt Leben mit Funktionstüchtigkeit. Eigentlich versteht er sich als Maschine, die zu warten ist. Er verwirft seine geistige Dimension im Zwang nach "Gesundheit".

Wir wissen aber, dass es Leiden gibt, das nicht behoben werden kann und auch, dass wir durch Therapien manchmal neues Leiden verursachen oder Leiden verlängern, für viele ein Ärgernis. Wenn das Leiden nicht behoben werden kann, so fordern manche, solche Menschen doch vom Leiden zu erlösen. Leidensfreiheit ist für sie wichtiger als das Leben selber.

Wir wissen, dass es fürchterliche Leiden gibt und wir wissen von Menschen, denen wir gönnen möchten, dass sie sterben dürften. Die Erfahrung zeigt aber, dass die meisten Betroffenen mit ihrem Leiden leben möchten, aus uns unerklärlichen Gründen. Die Frage, wen wir eigentlich erlösen möchten, uns selber oder die Leidenden, ist deshalb berechtigt.

Wir wissen auch, dass Leiden für alle oft nur noch *sinnlos* scheint. Aber *fürchterlich* wird es dann, wenn solcherart Leidende allein gelassen werden. Das heisst: Menschliche Beziehungen, und wenn es nur die leeren Hände eines echt Mitleidenden sind, können Leiden lindern. Und wir könnten wissen, dass der Glaube an einen Gott Leiden zwar nicht behebt, aber erträglicher macht. Das ist keine Leidensmystik, sondern eine jahrtausendealte Erfahrung. Tatsache ist auch, dass der Glaube an Gott in letzter Stunde bedeutsamer sein kann als menschliche Nähe. Der Gottesglaube wird aber auch hier durch menschliche Nähe erleichtert. Der Leidende braucht in besonderem Masse den Menschen *und* Gott, oder genauer, Gott im Menschen und den Menschen in Gott.

Nach christlicher Lehre gilt Jesus als Sohn Gottes, der für die Menschen gelitten hat und für sie gestorben ist, um sie zu erlösen.

Erlösung durch Leiden und Sterben kann so gedeutet werden, dass Neues nur entstehen kann, wenn etwas stirbt. Es ist die uralte Menschheitserfahrung des „stirb und werde“, des „Phönix aus der Asche“, die Erfahrung, die täglich möglich ist: dass Loslassen neue Möglichkeiten eröffnen kann, Befreiung oft die Niederlage

voraussetzt. Hinzu kommt die urchristliche Erfahrung, dass fremdes Leid durch Mit-Leiden (nicht durch ungeduldiges Mitleid) und manchmal nur durch Für-Leiden (nicht durch Vereinnahmung) gelindert oder gar erlöst werden kann. Manche sehen heute im Leiden und im Sterben nur die Niederlage und nicht mehr die mögliche Befreiung, nicht mehr den möglichen Aufbruch zu etwas Neuem. Darum verzweifeln so viele im und am Leiden. Für sie ist Jesus ein Versager und nur Schwächlinge folgen seiner Lehre. Wer aber die Erfahrung der Erlösung durch Leiden machte, wer diese Möglichkeit zuliess, kann eine neue spirituelle Ganzheit, kann sich als *heil im Leiden* erfahren. Manche nennen das *Gotteserfahrung*. Das ist keine Autosuggestion, es ist eine mögliche Erfahrung jenes Menschen, der die Beziehung zu Gott sucht. So betrachtet ist es richtig, Gott als Heiler und Heiland zu bezeichnen, auch im irdischen Sinne. Und daher ist es verständlich, dass Menschen in ihrem Leiden in besonderem Masse Gott suchen. Das kann billige Vertröstung und Flucht sein. Es kann aber auch die tiefe Erfahrung sein, dass es Situationen im Leben gibt, in denen sich der Mensch nach dem Besseren in und über sich sehnt. Wer all dies verwirft, vergibt eine Möglichkeit der Selbstverwirklichung, die durch nichts anderes ersetzt werden kann.
Oft leiden wir nicht nur an konventionellen körperlichen und seelischen Krankheiten, sondern (vor allem) an der Unfähigkeit, zu unseren Meinungen und Möglichkeiten zu stehen, sie zu leben. Das nenne ich die Krankheit der Selbstverwerfung. Sie macht das Leben bequemer, aber armseliger und verantwortungsloser. So betrachtet, ist Seelsorge der Leidenden nicht einfach Spitalseelsorge, sondern die Begleitung aller Menschen auf dem Weg zu ihren Möglichkeiten.
Aber auch folgendes gilt: Im Leiden kann der Mensch ebenso in besonderem Masse Gott entgleiten, an ihm verzweifeln, sich von ihm abwenden und verlorengehen. Deshalb benötigen vor allem diese Menschen behutsame seelsorgerliche Hilfe. Und jede und jeder kann sich in diesem Sinne als Seelsorger berufen fühlen.

10. Die Erfahrung, dass es Gott gibt, ist ein *Prozess* und nicht ein Zustand. Der Prozess ist stets gefährdet, ins Götzenhafte abzugleiten, denn Götzen sind definiert, fassbar, eindeutig, und gerade deshalb *vorläufig* hilfreicher. *Aber*, und auch das ist eine Erfahrung und keine Ideologie, sie begrenzen den Menschen, engen ihn ein, legen ihn fest, hemmen ihn in seinem Anruf zum Heil. Sie verraten den Menschen, genau wie alle Fundamentalismen. Aber es gibt solche, die sich im Götzendienst recht wohl fühlen. Und es gibt solche, die den Schritt zum verantworteten Gott nicht oder nur sehr begrenzt schaffen. Aber nach christlicher Lehre sind auch diese, wie jene, die fest im Glauben stehen, auf dem Weg zum unfassbaren Gott. Da gibt es keine Unterschiede, jeder ist angerufen, und das kann befreiend wirken.
11. Wer *glaubt*, Gott auf bestimmte Art und Weise erfahren zu haben, wer ihn festlegt und die eigene eingeengte und so sichere Wahrheit als das allein Richtige betrachtet, der gewinnt, psychologisch betrachtet, an Sicherheit. Aber er verliert an Wahrheit. Denn der Gottesglaube lässt Fragen offen. Er ist die Fähigkeit, mit offenen Fragen zu leben in der Gewissheit, dass es gut wird. Deshalb ist es unchristlich, die alleinseligmachende Wahrheit über Gott für sich zu beanspruchen. Christlich ist es, zu beten, dass Gott mit uns ist.
12. Die *Begegnung* mit Gott ist letztlich nicht machbar, nicht planbar, kein organisierbares Geschäft, sondern erfordert Geduld und Zeit. Man kann sich einzig darum bemühen. Für den Glaubenden ist es auch eine Frage der Gnade, denn Ursachen und Bedingungen der Gotteserfahrung können *nie* abschliessend erklärt werden. Gnade ist aber allen Menschen verheissen. Sie ist die in der Ganzheit schlummernde Kraft zu einem gelingenden Leben.
13. Das *Wissen* über Gott kann die Begegnung mit ihm erleichtern, aber letztlich kommt es auf das Sicheinlassen, aufs Schauen und Zulassen an. Das ist in der Stille und im Schweigen, im Nicht-Tun also, oft leichter als im Tun und ganz gewiss leichter als in der Hektik. Man kann diese Erfahrung nicht käuflich erwerben und nicht delegieren. Man muss die eigenen Möglichkeiten selber erspüren. Das Lesen in der Heiligen Schrift und das Hören auf das

Wort Gottes, allein und in Gemeinschaft, können wichtige Hilfen sein. Auch jene, die der Heiligen Schrift kritisch gegenüberstehen, können sich darauf einlassen, denn sie zeigt, wie andere über ihre Erfahrungen mit Gott berichten. Niemand kann alle biblischen Berichte aus eigener Erfahrung nachvollziehen. Alle aber können fragen, woran es liegen mag, dass das, was die biblischen Erzähler über ihre Erfahrungen mit Gott berichten, entweder soviel mehr oder soviel weniger ist als das, was sie selber erleben. Damit hätten sie die Bibel weitergeschrieben und sie zum Buch unserer Tage werden lassen. Die versuchte Antwort darauf kann therapeutisch, also *heilend* wirken, indem verschüttete Teile im Menschen belebt werden.

Genau genommen wird das Bewusstsein erweitert. Erkannt wird nicht nur, was jetzt ist und was wir Wirklichkeit nennen. Bewusst werden auch Erinnerungen aus dem evolutiven Unbewussten und Vorahnungen an das, was noch werden könnte. Vielen fällt es so nicht nur leichter, eine Kraft anzuerkennen, nämlich Gott, die dies alles ermöglicht; sie sehnen sich danach.

Unter „evolutivem Unbewussten" verstehe ich die unbewussten Erfahrungen aus der persönlichen Geschichte (persönliches Unbewusstes), aus der Geschichte der Menschheit (kollektives Unbewusstes) und die in jedem Menschen angelegten, aber nicht bewussten Erfahrungen alles Lebendigen, vom Einzeller über alle Evolutionsstufen bis hin zum Menschen.

Dieses erweiterte Bewusstsein übersteigt auch die Zeitspanne, die wir üblicherweise erfassen können und umschliesst, sich erinnernd, die tiefe Vergangenheit und, erahnend, eine begrenzte Zukunft. Wer so denkt, erfährt, dass er in etwas eingebettet ist, das sich der Mensch, der nur dem *Jetzt* verhaftet ist, nicht vorstellen kann. So betrachtet, macht dieses erweiterte Bewusstsein *heil und ganz* und ist nichts anderes als eine natürliche Fähigkeit, die besonders entwickelt wurde. Sie entfaltet die Glaubensbegabung.

Und, ganz praktisch: Wer aus diesem ausgeweiteten Bewusstsein heraus lebt und glaubt, relativiert sich selber und seine Probleme und schärft sein Bewusstsein für die Grösse der Schöpfung und für ihre "lenkende" Kraft, für Gott also, mit dem er sich verbunden erfährt. Er wird gelassener und rücksichtsvoller, aber auch entschiedener für das Notwendige, eigentlich liebesfähiger.

14. Wenn der Mensch Gott begegnet, so macht er sich *Bilder* von ihm. Ein verantwortetes Gottesbild ist stets persönlich, nämlich die ganz eigene Antwort auf das Suchen von Gott. Es ist Massarbeit dieses Menschen in Verbindung mit Gott. Es gibt deshalb genauso viele Gottesbilder wie Menschen. Allgemein vorgeschriebene Gottesbilder, ich nenne sie Konfektion im Unterschied zur Massarbeit, taugen erst, wenn sie verinnerlicht, beseelt werden. Dann sind sie persönlich verantwortet. Geschieht dies nicht, so bleiben sie Etikette, Äusserlichkeit, götzenhaft. Gottesbilder unterscheiden sich nicht von andern geistig-seelischen Inhalten, wir müssen sie uns aneignen, um sie zu besitzen.

    Ich meine aber, dass der Mensch mindestens vorübergehend festgeprägte und vorgegebene Gottesbilder braucht, von denen aus er sein persönliches Gottesbild entwickeln kann.

15. Wenn Gottesbilder persönlich sind, so heisst das nicht, dass sie willkürlich sein dürfen. Wahre und stimmige Gottesbilder entstehen wohl nur aus dem wiederholten Reden mit Gott, und das heisst nichts anderes als durch das Gebet, allein und zusammen mit andern, also in einer lebendigen Gemeinschaft. Das kann eine kirchliche sein. Eine lebendige Kirche hat den Auftrag, die während Jahrtausenden erfahrenen Gewissheiten zu verkünden, das heisst, sie so zugänglich und so erlebbar zu machen, dass wir versuchen können, sie neu zu beleben. Diese Neubelebung ist Sache des einzelnen. Dafür können und dürfen die professionellen Seelsorger und Seelsorgerinnen keine Verantwortung übernehmen. Tun sie es dennoch, so bevormunden sie den einzelnen.

    Die starke Betonung des individuellen Lebens in der heutigen Zeit befreit den Menschen einerseits von Zwängen und von Leerformeln auch in Bezug auf Gott. Anderseits droht sie ihn aber in die Vereinsamung und Rücksichtslosigkeit zu führen. Das gemeinsame Beten ist, psychologisch gesehen, eine Möglichkeit, sich in einer Gemeinschaft aufgehoben zu fühlen und in ihr Gott zu erfah-

ren. Für den Glaubenden ist es darüber hinaus die Gelegenheit, sich an das Geheimnis der sich immer neu vollziehenden Menschwerdung Gottes zu erinnern, eigentlich daran teilzunehmen.
Ob im persönlichen oder im gemeinsamen Gebet, wir nennen es auch Gottesdienst, können wir stets nur *Gott suchen*. Wenn Gott der Unfassbare ist, so gilt das für den einzelnen ebenso wie für die Gemeinschaft der Glaubenden und ebenso für jedes Lehramt. Nur in diesem stets neu gewagten Fragen nach Gott, in diesem lebendigen Dialog wird Gott dem Menschen offenbar, als Erfahrung, dass es etwas gibt, das grösser ist als er selber, und dass jede und jeder in diesem Grösseren aufgehoben ist. Das ist die Erfahrung der Hoffnung, also nichts anderes als die Gewissheit, dass unsere Zukunft gelingen wird. Diese Hoffnung kann zwar nicht bewiesen, wohl aber bestritten werden durch alle, die sie nicht selber erfahren haben. Doch jahrtausendealte Erfahrungen zeigen, dass diese Hoffnung tatsächlich erfahren werden kann. Das allein wäre doch Grund genug, den Versuch zu wagen, die eigene Gottbegabung zu verwirklichen.
Und ein Letztes und Unbequemes: Die persönlichen und lehramtlichen Antworten auf die Frage nach Gott erfordern grosse Behutsamkeit, wache Ehrlichkeit, aufrichtige Demut und die Gesinnung echter Reue. Nur so ist es eher möglich, Göttliches von Götzenhaftem, Gutes von Bösem zu unterscheiden. Psychologisch betrachtet soll das Böse weder verdrängt noch roh ausgelebt, sondern *gezähmt* werden. Dann wird der Mensch bescheidener und stärker, eben heiler und befriedeter. Das Wagnis, sich mit Gott zu verbünden, kann eine sanfte und befreiende Hilfe in der Zähmung des Bösen und in der Verlebendigung des Menschen sein; eine Hilfe zu einem hoffnungsfrohen und menschenfreundlichen Leben.

Verwendete Literatur

(nebst der Bibel und allgemeiner psychologischer Literatur)

- *Augustinus*: Bekenntnisse. Übertragen von C.J. Perl. Luzern: Schweizer Volksbuchgemeinde, 1963
- *Buber, M.*: Werke Band I. Reden über Erziehung. München: Kösel, 1963, 795-808
- *Dürr, H.-P. (Hrsg.)*: Physik und Transzendenz. Bern/Wien: Scherz, 1986
- *Epiktet:* Handbüchlein der Moral. Zürich: Diogenes, 1987
- *Flammer, A.*: Erfahrung der eigenen Wirksamkeit. Bern/Toronto: Huber, 1990
- *Grom, B.* : Religionspsychologie. München/Göttingen: Kösel & Vanderkoeck & Ruprecht, 1992
- *Grond, J. (Hrsg.)*: Im Schatten des Apfelbaumes. Schweizerische Schriftstellerinnen und Schriftsteller schreiben über Menschen mit Behinderungen. Frauenfeld: Huber, 1992, (1. und 2. Auflage)
- *Grond, J.*: Laien in der Kirche zwischen Gehorsam und Mitverantwortung. Bündnerinnen und Bündner für eine glaubwürdige Kirche (Hrsg.). Chur: 1993
- *Guardini, R.*: Der Herr. Würzburg: Werkbund-Verlag, 1964, (13. Auflage)
- *Meier, Franziska und Susi*: heute hat es nicht geregnet. Nachwort von *Grond, J.* Zürich: pendo, 1986
- *Moser, S.; Pilick, E. (Hrsg.)*: Gottesbilder heute. Königstein/Ts: Haustein, 1979
- *Sartory, G. und Th. (Hrsg.)*: Lebenshilfe aus der Wüste. Die alten Mönchsväter als Therapeuten. Freiburg i.Br.: Herder, 1992, (5. Auflage)
- *Thiele, J. (Hrsg.)*: Jesus. Auf der Suche nach einem neuen Gottesbild. Düsseldorf/Wien: Econ, 1993

- *Varela, F.J.; Thompson, E.*: Der mittlere Weg der Erkenntnis. (Der Brückenschlag zwischen wissenschaftlicher Theorie und menschlicher Erfahrung. Bern/Wien: Scherz, 1991

21

Warum Herr Martin den Richard-Club gründete

1991

Als Herr Martin, der Werkstattleiter, nach langem Zögern endlich den Rat seines Hausarztes befolgte und sich auf den Weg zu einem Psychotherapeuten machte, bog er plötzlich ab, fuhr zu seinem Direktor und bat um seine sofortige Entlassung. „Weil ich völlig ausgebrannt bin, die Behinderten und meine Mitarbeiter nicht mehr ertrage, selber an Körper und Seele krank bin und manchmal Angst habe, wahnsinnig zu werden", so begründete Herr Martin seinen Entschluss. Er war erleichtert, dass er diesen lange vorbereiteten Satz so gekonnt vorzutragen vermochte. Nun wartete er auf den Einspruch des Direktors. Dieser, ein erfahrener Mann, selber kurz vor der Pensionierung, hatte längst erwartet, dass Herr Martin so auftreten würde. Er fragte lediglich, ob er sicher sei, das Richtige zu tun und bemerkte dann wie beiläufig: „Vielleicht solltest Du noch mit Richard reden". „Mit Richard, ausgerechnet mit Richard soll ich reden", entfuhr es dem erbosten Martin. Insgeheim hatte er erwartet, dass der Direktor mit ihm über seine missliche Situation sprechen, ihn trösten und vor allem betonen werde, dass er auf gar keinen Fall auf ihn verzichten könne. Der Direktor war seine letzte Hoffnung. Er hätte ihn aufrichten können, obwohl es Herrn Martin ärgerte, dass er, früher so selbstsicher, plötzlich von diesem alten Herrn abhängig war. Aber lieber das, als sich offen einzugestehen, dass sein Leiden „seelisch bedingt" sei. In der Nacht, nachdem ihm der Arzt attestierte, dass er körperlich gesund sei, hatte er sich im Traume gesehen: Als Behinderten unter Behinderten - er, der Werkstattleiter. Und er war bachnass und schreiend aufgewacht. Und nun mutete ihm der Direktor zu, ausgerechnet mit Richard zu reden, mit jenem Mann, den alle im Heim nicht ohne versteckte Bewunderung nur „den Träumer" nannten.

Richard war Erzieher, ein älterer Jahrgang. Er soll ein paar Semester Romanistik studiert und dann einige Jahre bei einer Zeitung gearbeitet haben, wo er für Behindertenfragen zuständig war. Er war erfolgreich. Nach einigen Jahren hatte er es aber satt, immer nur über Organisationen und Raumprogramme zu schreiben, Stiftungsräte zu benennen und die finanziellen Aufwendungen der Öffentlichkeit für Behinderte hochzuloben und Sponsoren zu ehren. Er wollte hinter die Fassade sehen, Menschen mit Behinderungen direkt zu Wort kommen lassen, und wurde Erzieher. Das war vor 15 Jahren. Er lebte allein, galt als kauzig, nahm kaum an Diskussionen über Heimreorganisationen und dergleichen - und auch nicht an Fortbildungskursen - teil. Aber mit den behinderten Menschen konnte er es gut. Seine Spezialität waren Rollenspiele, eigentlich kleine Theaterstücke, die er seinen Darstellern auf den Leib schrieb und dann einübte. „Kleines Welttheater", nannte er seine Unternehmung, und er war empfindlich stolz darauf. Nur wenige konnten ihm dabei helfen. „Euch fehlt die Intuition", war sein

häufiger Kommentar, und damit war die Zusammenarbeit meistens endgültig beendet.
Und zu diesem Mann sollte Herr Martin. In all den Jahren hatte er kaum einmal mit Richard gesprochen. Er hatte sich bemüht, diesen links liegenzulassen. Jetzt erst wusste er, dass er ihm eigentlich ausgewichen war. Richard hatte ihn gekränkt und wohl auch durchschaut. Denn immer dann, wenn Herr Martin seine Lieblingsthemen in der ihm gewohnt tierisch ernsten Art vorbrachte, und das waren „Wie können wir die Rendite des Unternehmens steigern?“ und „Strategien zur Verbesserung des Betriebsklimas“ und in jüngster Zeit „Modernes Management in Dienstleistungsbetrieben“, hatte Richard geschwiegen oder gar still die Konferenz verlassen. Herr Martin hatte Richard nie zur Rede gestellt. Das verboten ihm sein Stolz und seine fachliche Überlegenheit. Nun fragte er sich, ob er nicht vielmehr Angst vor Richard hatte.

Bereits seit längerer Zeit hatte Herr Martin gemerkt, dass ihm sein Stolz abhanden gekommen war. An seine Stelle war eine jener Formen von Verstocktheit getreten, die den Menschen unberechenbar machen. Das muss wohl der Grund gewesen sein, dass Herr Martin an einem Freitagabend Richard besuchte. Er hatte sich peinlich genau vorbereitet. Nur keine Blössen, keine Sentimentalitäten (Herr Martin nannte Gefühle gern „blosse Sentimentatlitäten“)! Den andern zum Reden bringen und dann vorsichtig reagieren, das hatte er in Führungskursen gelernt. Ganz im Innersten freute sich Herr Martin auf die Blamage, die der Direktor würde einstecken müssen.

Ob er einen Aperitif wolle, fragte Richard. Nein, danke, er habe schon gegessen, entgegnete Herr Martin und schaute sich unverfroren im Raume um. Er fühlte sich trotzig stark. An der Wand viele Skizzen, sauber gezeichnet und beschriftet, sie erinnerten ihn an Theaterskizzen. Ob dieser Kauz letzten Endes seine Theaterstücke bis ins Detail genau vorbereitet, fragte sich Herr Martin, und erstmals sah er Richard etwas verunsichert an. Sonst ein gewöhnlicher Raum, etwas asketisch eingerichtet, aber durchaus wohnlich.

„Der Direktor bat mich, dir meine Übungen für ein gesundes Leben zu zeigen. Darf ich beginnen? Es sind sieben und eine. Wenn du jeden dritten Tag eine machst, werden wir uns in genau drei Wochen wieder treffen."

Da Herr Martin nicht widersprach, fuhr Richard fort: „*Übung eins* besteht darin, dieses feine Garn durch die Ösen dieser 24 Nadeln zu führen." Herr Martin war sprachlos und fühlte sich zum Narren gehalten. „Damit du lernst, von dir abzusehen", sagte Richard und ging zu *Übung zwei* über. „Hier sind zwölf Suchbilder. Suche die versteckten Figuren heraus. Damit du lernst, das Feine, das Versteckte zu finden, das, was man leicht übersieht." (Hinweis an die Leser: Such- bzw. Vexierbilder, wie man sie oft in Schülerzeitschriften findet, sind geeignet, um die Übung zu versuchen.)

Übung drei ist ähnlich, und Richard zeigte mehrere Bilder, Kippfiguren wie die folgende:

„Das Bild zeigt dir, dass das, was wir als eindeutig zu wissen glauben, zumindest zweideutig ist, wenn wir offen genug sind. Es regt an, die Menschen von mehreren Seiten her zu betrachten, sie nicht vorschnell festzulegen nach unserem Sinn."

Abbildung 2: Übung drei, bald sieht man die weisse Schale und bald zwei schwarze Profile.

„*Übung vier* ist bereits schwieriger. Hier hast du ein paar Linien", und Richard zeigte diese Figur:

Abbildung 3: Übung vier

„Gib den Linien eine Gestalt, einen Sinn." Herr Martin starrte das Blatt an, zählte die Striche, verglich ihre Längen, stellte fest, dass sie etwas sorglos hingeworfen seien, dass er keine Symmetrie finde und dergleichen analytische Nebensächlichkeiten mehr. „Nimm das Bild auf Augenhöhe und schau es dir von der linken Seite her an", sagte Richard betont ernst. Herr Martin vermochte das Kinderporträt, es soll von Leonardo da Vinci stammen, erst zu sehen, als Richard es ihm liebevoll erklärte. „Mit solchen Übungen habe ich gelernt, die Seelen unserer Kinder hinter ihren verzerrten Gesichtern zu schauen. Wer schauen lernt, findet im andern einen Freund, eigentlich sich selber. Wer bloss analysiert, zerschlägt den andern in Stücke und verliert sich selber."

Übung fünf: „Schreibe von jedem Menschen mit einer Behinderung drei Vorzüge auf, die du *überzeugt* vertreten kannst. Beginne bei den umgänglichsten und gehe dann zu jenen über, die dir besondere Mühe bereiten. Dasselbe kannst du auch mit Mitarbeitern tun. Am Schluss kommst du selber dran. Damit kannst du lernen, die positiven Seiten im Menschen zu sehen, statt dich von seinen Defiziten erdrücken zu lassen."

Übung sechs: „Erfinde für jeden Menschen mit einer Behinderung eine kleine Geschichte, in der er als Held vorkommt. Wenn es uns nicht gelingt, sie als Helden in einer Geschichte zu sehen, als positive Helden wohlverstanden, werden wir ihnen stets vergegnen."

Übung sieben: „Schreibe deine grösste Erwartung an deine behinderten und nichtbehinderten Mitarbeiter auf. Achte aber darauf, dass die Erwartung für die andern erfüllbar ist und nicht bloss dir selber gut tut." Richard wartete, und als Herr Martin, wie ihm schien, etwas betreten schwieg, fuhr er fort, nicht nur, um ihn zu ermuntern:

„Wenn du dich in alle Übungen eingelassen hast, lade ich dich ins Theater ein, und danach essen wir bei Giovanni, so ganz italienisch, um die Freuden dieser Welt zu geniessen. Denn wer sich nicht freut, vermag auch nicht zu hoffen, dass er und andere gelingen werden."

Herr Martin fand nach anfänglichem Zögern Gefallen an den Übungen. Und nachdem seine Organisationsfreude wieder erwacht war, gründete er den Richard-Club. Wie man so was anpackt, hatte er in Führungsseminarien gelernt. Richard trat nicht bei und schlug auch das Ehrenpräsidium ab. Unterdessen haben die Leute vom Richard-Club, es sind viele aus dem Sozialbereich, eine Vielfalt an Übungen, eigentliche Programme, zusammengestellt. Einige, denen es zu betriebsam wurde, haben Richard aufgesucht, wie damals Herr Martin. Richard nimmt sie aber nur einzeln.

Bibliographische Daten der verschiedenen Beiträge

1 **Vom Umgang mit geistig behinderten Menschen**
Festvortrag, gehalten am 16. November 1985 an der Theologischen Hochschule in CH-Chur anlässlich der Eröffnungsfeier des IFOK (Institut für Fort- und Weiterbildung der Katecheten).
Veröffentlicht in: Schweizerische Kirchenzeitung 1985 (51/52), 778-784.

2 **Zur Gewalt**
Kolumne „Aus der Ferne betrachtet".
Erschienen in: Lebenshilfe. Die Zeitschrift der Lebenshilfe Österreich. A-Wien 1995 (1), S.15.

3 **Verhaltensstörungen bei geistig Behinderten**
Vortrag, gehalten an der Delegiertenversammlung der SVEGB vom 15.-17. Mai 1987 in CH-Delémont.
Veröffentlicht in:
- Tagungsbericht der SVEGB
- Schweizerische Heilpädagogische Rundschau (SHR) 1988 (1), S.1-7

4 **Vom Umgang mit Gegenständen**
Erschienen in: Lebenshilfe Osttirol. Information der Lebenshilfe Osttirol. A-Lienz. November 1992.

5 **Menschen mit schwerer geistiger Behinderung und unsere Gesellschaft**
Hauptvortrag am Kongress der österreichischen Lebenshilfe vom 10.-12. November 1989 in A-Windischgarsten.
Veröffentlicht in: Lebenshilfe Österreich (Hrsg.): Schwere geistige Behinderung. Tagungsbericht. Wien 1990, S.7-25.

6 **Selbstbestimmt leben - ein unbequemes Gespräch**
Kolumne „Aus der Ferne betrachtet".

Erschienen in: Lebenshilfe. Die Zeitschrift der Lebenshilfe Österreich. A-Wien 1990 (3/4), S 16.

7 **Wohnen und Freizeit. Bedeutung und Problematik für Menschen mit Behinderungen und für ihre Angehörigen**
Hauptvortrag an der Studientagung „Wohnen und Freizeit für Menschen mit Behinderung" vom 12./13. Oktober 1989 in I-Bozen.
Veröffentlicht in:
- Tagungsbericht, Bozen 1989, S.22-35.
- Schweizerische Heilpädagogische Rundschau (SHR) 1990 (2), S.29-35.

8 **Wohnen - Illusionen und Wirklichkeit**
Kolumne „Aus der Ferne betrachtet".
Erschienen in: Lebenshilfe. Die Zeitschrift der Lebenshilfe Österreich. A-Wien 1991 (2), S.12.

9 **Die Schulung von Kindern mit schwerer Behinderung - eine Herausforderung für Schule und Gesellschaft**
Zusammengestellt aus:
- Vortrag, gehalten am 29. September 1990 zum 15jährigen Bestehen der Heilpädagogischen Sonderschule für mehrfachbehinderte Kinder in Zürich.
- Vortrag „Zum Verständnis vom Menschen mit schwerer Behinderung, Konsequenzen für die Betreuung", gehalten am 17. November 1990 an der Impulstagung der RGZ-Stiftung zugunsten cerebral Gelähmter und der Erziehungsdirektion des Kantons Zürich.

Veröffentlicht in: Dokumentation: Erziehungsdirektion des Kantons Zürich und RGZ-Stiftung Zürich, Februar 1991.

10 **Selbstbestimmung und Ideologie**
Kolumne „Aus der Ferne betrachtet".
Erschienen in: Lebenshilfe. Die Zeitschrift der Lebenshilfe Österreich. A-Wien 1994 (2), S.13.

11 **Frau K.**
Kolumne „Aus der Ferne betrachtet".
Erschienen in: Lebenshilfe. Die Zeitschrift der Lebenshilfe Österreich. A-Wien 1991 (4), S.15.

12 **Ethische Fragen zum Menschen mit Down-Syndrom**
Vortrag, gehalten am 30. Oktober 1993 am Internationalen Down-Syndrom-Symposium in CH-Basel.
Erschienen in: Leben mit Down-Syndrom. Rundbrief der Selbsthilfegruppe für Menschen mit Down-Syndrom und Ihre Freunde e.V. D - Erlangen: 1. Teil: Mai 1994 (16), S.3- 9.
2. Teil: Sept.1994 (17), S.5-11.

13 **Die Demokratin**
Originaltitel: Kongress zum Thema „Der Fötus als Patient"
Kolumne „Aus der Ferne betrachtet".
Erschienen in: Lebenshilfe. Die Zeitschrift der Lebenshilfe Österreich. A-Wien 1992 (2), S.15.

14 **Heilpädagogische Früherziehung in der Schweiz: Grundlagen-Erfahrungen-Perspektiven**
Vortrag, gehalten am 21. März 1994 an der Enquete der Niederösterreichischen Landesregierung in A-Wien.
Veröffentlicht in: Bericht der Enquete: Frühförderung und das Netz Früher Hilfen. 21. März 1994, S.20-32.

15 **Perspektiven der Früherziehung Behinderter und von Behinderung Bedrohter - unseriöse Träumereien**
Ansprache, gehalten am 9. Februar 1990 in Zürich an der HPS-Diplomfeier der FrüherzieherInnen und AudiopädagogInnen der Ausbildung 87/89.
Veröffentlicht in:
- Bulletin des Berufsverbandes der Früherzieher der deutschen, rätoromanischen und italienischen Schweiz (BVF) 1990 (13), S.4-12.
- Heilpädagogik (Fachzeitschrift der Österreichischen Gesellschaft für Heilpädagogik.) 1990 (2), S.34-41.

16 **Fragwürdigkeiten in der pädagogischen Arbeit**
Vortrag, gehalten am 29. März 1995 an der Jahrestagung 1995 des Vereins Bündner Sonderschul- und Kleinklassenlehrer/innen VBSK.
Veröffentlicht in: Informationsblatt des Berufsverbandes der Früherzieherinnen und Früherzieher der deutschen, rätoromanischen und italienischen Schweiz. 1995 (28), S.3-28.
Erweiterung von: „Fragwürdigkeiten in der Frühförderung"
Erschienen in: Behinderte in Familie, Schule und Gesellschaft. A-Graz 1994 (4), S.5-14.

17 **Diskriminierung**
Kolumne „Aus der Ferne betrachtet".
Erschienen in: Lebenshilfe. Die Zeitschrift der Lebenshilfe Österreich. A-Wien 1994 (4), S.12.

18 **Aufwertung der Laienhilfe als Sozialisierung des Sozialstaates**
Erweiterte Ansprache vom 4. März 1995 in CH-Zug, verfasst für die Vernissage des Buches: Monika Betschart-Nietlispach: Ivo gehört zu uns - trotzdem! Nachwort von Jörg Grond. Solothurn/Düsseldorf: Walter 1995.

19 **Qualitätsstandards**
Kolumne „Aus der Ferne betrachtet".
Erschienen in: Lebenshilfe. Die Zeitschrift der Lebenshilfe Österreich. A-Wien 1992 (1), S.11.

20 **Denkanstösse zu Gottesbildern**
Erschienen in: Pfarrblatt von Chur. Dompfarrei, Erlöserpfarrei, Heiligkreuzpfarrei.
1. Teil: Denkanstösse 1- 7, Nr. 9, September 1994, S.3-4.
2. Teil: Denkanstösse 8-15, Nr.10, Oktober 1994, S.3-4.

21 **Warum Herr Martin den Richard-Club gründete**
Kolumne „Aus der Ferne betrachtet".
Erschienen in: Lebenshilfe. Die Zeitschrift der Lebenshilfe Österreich. A-Wien 1991 (3), S.17.

Der Z - Verlag wurde im Sommer 1995 als kleines Familienunternehmen gegründet.

Im Herbst 1995 erschienen:
- *Schneider, Elsbeth*: Gespräche. 96 S. ISBN 3-909307-00-0
- *Grond, Jörg*: Verletzungen. Zur Sozialisierung des Sozialen. 359 S. ISBN 3-909307-01-9

Adresse (auch für den Direktbezug von Büchern):

Z - Verlag, Postfach 22, CH-7205 Zizers
Tel und Fax: 081/51'75'15